领导致辞大全

王宇 编著

中国商业出版社

图书在版编目（CIP）数据

领导致辞大全/王宇编著. —北京：中国商业出版社，2012.5（2020.8 重印）

ISBN 978-7-5044-7520-6

Ⅰ.①领… Ⅱ.①王… Ⅲ.①领导人员-语言艺术 Ⅳ.①C933.2

中国版本图书馆 CIP 数据核字（2011）第 260012 号

责任编辑：刘树林

中国商业出版社出版发行
010-63180647　www.c-cbook.com
(100053　北京广安门内报国寺 1 号)
新华书店经销
三河市宏顺兴印刷有限公司

* * * *

710 毫米×1000 毫米　16 开　20 印张　436 千字
2012 年 5 月第 1 版　2020 年 8 月第 2 次印刷
定价：45.00 元

* * * *

（如有印装质量问题可更换）

序

  莎士比亚说:"我的言语高高飞起,我的思想滞留地下;没有思想的言语永远不会上升天界。"可见,一个人的说话水平对一个人的事业发展有着多么重要的影响。尤其是对领导者来说,经常会有当众致辞的需要,如果你的讲话内容毫无内涵,就很难打动场下的听众,更不能在他们心中树立自己的个人威信和人格魅力。

  关于讲话的水平,有位哲人曾这样说过:"世间有一种成就可以使人很快完成伟业,并获得世人的认识,那就是讲话令人喜悦的能力。"其实,早在很久以前,聪明的人类就已经意识到了说话对一个人成长和发展的重要性,中国自古就有"片语可以兴邦,一言可以辱国"的训诫,更有"一人之辩重于九鼎之宝,三寸之舌强于百万雄师"的壮语。在国外,埃及古墓上也刻有"便捷的口才将使你雄辩滔滔,占尽上风"的铭文……对于普通人而言,拥有妙语莲花的口才,就会在生活和工作中左右逢源,游刃有余,并能为自己争取到更多的机会和权利;对于领导者来说,肩负着上下级之间的沟通和协调工作,当众讲话更是工作中不可或缺的重要部分,拥有超凡的讲话水平,不仅能够让自己的工作和事业如鱼得水,更能够保障自己在成功的道路上越走越远。

  作为领导者综合素质的一面镜子,同时也是领导者综合能力的一把尺子,讲话水平日益成为事业兴衰成败的重要决定因素,更是一个人命运和前程的方向盘。古往今来,有太多关于讲话艺术的故事广为流传,苏秦游说诸国,诸葛亮舌战群儒,纪晓岚铁齿铜牙……无一不在向世人昭示:有了好的口才,可以让成功越来越近。

  或许对于一些老练的领导者来说,最不屑的就是当众讲话了,或许多年的历练已经让他们可以毫无准备地讲上两三个小时,更有人可以临场发挥、滔滔不绝，对于所讲的内容也是如数家珍。我们不能否认，这其中有一些是讲话的高手，他们的讲话也十分精彩；但也不能否认，相当部分领导者的讲话水平实在是不敢恭维。这里有一个笑话讲道，一个领导者在主席台上口若悬河讲了半天，终于结束了讲话，会场上顿时掌声雷动，听众欢呼雀跃。不明就里的领导者以为是自己的讲话很精彩，获得了听众热情的回应，正在这位领导人沾沾自喜的时候，忽听得前排的一名观众长呼一口气，高呼："这该死的讲话总算是结束了！"原来，听众不是为了讲话精彩而鼓掌，而是为了结束这难熬的会议而欢呼。

英国首相丘吉尔也曾说过："一个人可以面对多少人，就代表这个人的人生成就有多大！"包括政界领袖和商界精英在内，古今中外，最具影响力的成功者中，十有八九都是具有高超口才艺术的人。

一个人的致辞水平不仅能够很好地展示自己的智慧和才华，更能体现讲话者的风度和气质，因此，讲话者不仅要让自己的讲话内容丰富有加，还要具备强烈的感染力和号召力，让听众对你的致辞感到精神上的振奋，思想上的点拨。而要想做到这一点，领导者的致辞就一定要晓之以理，动之以情，从根本上吸引和打动听众。当然，好的致辞水平并不是天生就有的，更多的是需要人们长期地努力和锻炼。

为了帮助社会各界的领导人士和企业领袖提高自己的语言能力，《领导致辞大全》一书不仅详细论述了领导致辞的相关细节和理论常识，更为读者朋友精选了中外名人极具分量、更可以说是点石成金的经典范文，每一篇都融汇总结了许多令人拍案叫绝的睿智和闪光思想，同时也希望读者能够从中挖掘到最适合自己的致辞风格，或激昂、或温和、或含蓄、或直接……相信本书一定不会辜负读者的期望，在最短的时间内可以让自己的讲话水平有一个很好的提升。当然，由于编者自身水平和思想的局限性，本书中的内容一定也会存在疏漏或者错误，在这里欢迎读者指正！

目　录

第一章　致辞艺术，潜心钻研取真经

　　领导致辞是一门科学，更是一门艺术，想要运用这门科学，掌握这门艺术，就必须掌握领导致辞的秘诀，并在平时工作和生活中多学、多听、多看，逐渐积累自己的理论知识，充实自己的文化底蕴，在讲话的时候，注意使用恰当的语言，把话说到听众心里。高水平的致辞不但富有感召力，促使人们吸收和贯彻讲话者的思想，还能给人留下深刻的印象；反之，如果致辞者居高临下，将自己的意志强加于人，不但不能收到良好的效果，反而会引起听众的抵触情绪。因此，学好领导致辞这门学问，是所有领导者都应该高度重视的一件事。

1. 领导致辞的基本要求和效用 ……………………………………… 2
2. 领导致辞的特点有哪些 …………………………………………… 4
3. 如何在致辞中体现领导者的魅力 ………………………………… 7
4. 领导致辞需要遵循的原则 ………………………………………… 10
5. 领导致辞中的禁忌 ………………………………………………… 11
6. 领导致辞中应该克服的一些习惯 ………………………………… 16
7. 领导者如何提高自己的致辞水平 ………………………………… 20

第二章　节日致辞，普天同庆喜洋洋

　　中国人一直对传统佳节十分重视，每逢佳节来临之时，举国上下都要按照当地的风俗进行庆祝，因此，重大节日在中国人的生活中有着举足轻重的地位。这时候，各级领导出于礼仪，都要代表各自的单位和企业进行致辞，其核心内容就是表达自己对下级的祝福，同时做好节前、节后的工作总结和希冀。当然，领导在进行此类致辞时，需要喜庆、热情、富有感染力，让听众完全感受到节日的气氛。

1. 领导元旦致辞范文 ··· 26
2. 领导春节致辞范文 ··· 30
3. 领导妇女节致辞范文 ·· 34
4. 领导植树节致辞范文 ·· 38
5. 领导五一劳动节致辞范文 ·· 40
6. 领导五四青年节致辞范文 ·· 44
7. 领导儿童节致辞范文 ·· 49
8. 领导建党节致辞范文 ·· 51
9. 领导建军节致辞范文 ·· 54
10. 领导教师节致辞范文 ··· 58
11. 领导国庆节致辞范文 ··· 63

第三章 庆典致辞，轻松诙谐气氛好

  身为领导者，总是会不可避免地参加一些大大小小的庆典活动，每当这时，领导者就会被请到台上致辞。对于任何一场庆典活动而言，良好的开端就是成功的一半。因此，领导致辞一般都会成为活动的前奏，开场辞说得好，就能让人们对活动本身充满更多的期待，也更能吸引人们全身心地投入到活动当中。因此，领导者在庆典活动上的致辞，一定要热情洋溢，用词也要有喜庆的渲染色彩，除了表明活动的主题，调动活动的气氛之外，还要激起参与者的兴趣，带领他们尽快进入欢庆的状态中。

1. 领导在婚礼庆典上的致辞范文 ······································· 68
2. 领导在联谊会上的致辞范文 ·· 72
3. 领导在开幕式上的致辞范文 ·· 77
4. 领导在闭幕式上的致辞范文 ·· 82
5. 领导在开业庆典上的致辞范文 ······································· 86
6. 领导在颁奖典礼中的致辞范文 ······································· 91
7. 领导在剪彩仪式上的致辞范文 ······································· 96
8. 领导在周年店庆上的致辞范文 ······································· 100

第四章 欢迎致辞，宾至如归显诚意

  欢迎辞在社交礼仪中是比较常见的致辞种类，无论是比较隆重的庆典、大型的会议，还是接待来宾之类的宴会，为了表示对来宾的欢迎，主办方都会有代表出来致辞，一方面表达双方友好交往的心愿，营造和谐美好的社交气氛；另一方面也是对参与者的一种尊重。一般来说，领导者在致欢迎辞的时候，语言要热情、真挚、亲切、诚恳，格调力求高雅，不能有过多的议论，言辞也要中肯精当，万不可过分渲染，以免给人留下虚空的不良印象。

1. 领导欢迎上级领导考察致辞范文 …………………………… 106
2. 领导欢迎新员工入职致辞范文 ……………………………… 108
3. 领导欢迎考察团参观学习致辞范文 ………………………… 110
4. 领导欢迎毕业生入职大会致辞范文 ………………………… 113
5. 领导在联谊会上欢迎的致辞范文 …………………………… 118
6. 领导在博览会上的欢迎致辞范文 …………………………… 123
7. 领导在艺术节上的欢迎致辞范文 …………………………… 126
8. 领导在欢迎专家指导会上的致辞范文 ……………………… 130
9. 领导在欢迎客商投资会上的致辞范文 ……………………… 132

第五章　表彰致辞，热情洋溢多夸人

表彰致辞大多是为了嘉奖做出突出贡献和杰出表现的人而专门进行的表扬、夸奖。领导者在这类会议上的致辞，要满怀欣喜，同时对被表彰者满怀敬意，言辞一定要突出他们被表彰的原因和事迹，号召听众学习他们的精神和品德。表彰会的目的一方面是嘉奖个人，另一方面就是让好的行为和意志得到进一步的发扬，因此，领导在这种会议上的致辞应该是积极的，情绪是欣喜的，而不应太过严肃。

1. 领导在优秀教师表彰会上的致辞 …………………………… 136
2. 领导在员工表彰大会上的致辞范文 ………………………… 141
3. 领导在表彰劳模会上的致辞范文 …………………………… 143
4. 领导在表彰优秀员工大会上的致辞范文 …………………… 147
5. 领导在见义勇为职工表彰大会上的致辞范文 ……………… 148
6. 领导在突出贡献表彰会上的致辞范文 ……………………… 151
7. 领导表彰抗险救灾单位和个人的致辞范文 ………………… 155
8. 领导在年度优秀干部和职工表彰大会上的致辞范文 ……… 158
9. 领导在纳税先进单位表彰大会上的致辞范文 ……………… 161

第六章 答谢致辞，真切诚恳感人心

答谢致辞是领导为了感谢来宾的参与和帮助的一种致辞，这类致辞一般都建立在合伙、合作的关系上，双方之间也都抱着和谐美好的社交意愿，所参加的活动大多也是为了增进彼此之间的情感。作为东道主，在致辞的时候不仅要表达出对来宾参与的谢意，还要表明自己友好真诚的立场，只有这样，才能够进一步增进彼此之间的感情。

1. 领导在企业上市答谢股民会上的致辞范文 …………………… 166
2. 领导在答谢新老客户会上的致辞范文 …………………… 168
3. 领导在答谢员工会议上的致辞范文 …………………… 170
4. 领导答谢合作伙伴的致辞范文 …………………… 172
5. 领导在小型庆功会上的答谢致辞范文 …………………… 175

第七章 庆功致辞，激昂奋进激励人

庆功致辞是指领导者在庆功大会上的致辞，通常来说，这类致辞需要朴素简洁的语言文字，言辞要热情洋溢，内容更要充分展现庆功事项的可贵之处，并要求与会人员积极主动地学习和推广积极向上的行为和精神。领导者在此类会议上讲话时，一定要富有激情和感召力，让听众深切感受到庆功大会的奋发向上，鼓励人们以更加高昂的姿态向前迈进。

1. 领导在年终业绩总结会上的庆功致辞范文 …………………… 178
2. 领导在企业上市成功庆功会上的致辞范文 …………………… 179
3. 领导在工程竣工庆功会上的致辞范文 …………………… 181
4. 领导在公司成立纪念日大会上的致辞范文 …………………… 182
5. 领导在挂牌活动上的致辞范文 …………………… 189

第八章 慰问致辞，温言细语暖人心

每逢特殊的日子或者时期，领导者都要到基层进行慰问，一方面为基层所面临的困境给予安慰，表达上级对基层的关心和支持；另一方面也是鼓励他们勇敢面对挑战，克服当前的实际困难，取得令人瞩目的成绩。慰问致辞要充分表现领导者的诚挚，以及对慰问者的关心和体贴，不能敷衍了事，故作姿态。通常慰问活动都会发生在重大灾难或者重要的节假日期间，慰问辞讲得好，可以有效拉近上下级之间的情感距离，对后期的工作会有很大的帮助。

1. 领导慰问抗震救灾官兵战士的致辞范文 …………… 194
2. 领导慰问留守儿童的致辞范文 …………………… 197
3. 领导慰问孤寡老人的致辞范文 …………………… 200
4. 领导慰问职工家属的致辞范文 …………………… 201
5. 领导慰问外地职工及家属的致辞范文 …………… 204
6. 领导慰问基层员工的致辞范文 …………………… 205
7. 领导慰问受难职工的致辞范文 …………………… 207

第九章 欢送致辞，大方得体有礼节

与欢迎辞相对立的还有一种欢送辞，欢送辞一般都会为了感谢来宾的参与以及双方共同交流的心得，并表达以后继续交往合作的意愿等。言辞上要保持诚恳，不要过分夸张，实事求是更能取悦来宾。同时需要注意的是，欢送会或多或少都会有一些离别的愁绪，这时候，欢送辞就要体现一些真情在里面，一方面预祝欢送之人有好的发展，另一方面也要表达自己依依不舍的情绪。

1. 领导欢送前任领导离职的致辞范文 ……………… 210
2. 领导欢送考察团的致辞范文 ……………………… 215
3. 领导欢送老员工退休致辞范文 …………………… 216
4. 领导欢送离职员工致辞范文 ……………………… 224
5. 领导欢送外出学习进修员工致辞范文 …………… 226
6. 领导欢送外出务工人员致辞范文 ………………… 227
7. 领导欢送外国友人交流合作致辞范文 …………… 229
8. 领导欢送上司调职的致辞范文 …………………… 230

第十章 其他致辞，临场发挥有诀窍

领导致辞其实包括很多方面，除了前面提到的欢迎辞、慰问辞、祝贺辞、答谢词、表彰辞之外，还有很多在专门的场合或仪式需要进行特别的致辞。例如本章中所要提到的就职、竞聘、离职、悼念等场合，都需要专门的语言艺术。相比于之前的致辞种类，这些致辞都有别于一般的语言艺术和惯例，不仅需要严谨的措辞，还需要配合当时的氛围。领导者在这些活动中，也要特别注意自己的言辞。

1. 领导在公益活动中的号召性致辞范文 ················· 236
2. 领导在相关奠基仪式上的致辞范文 ··················· 243
3. 领导在悼念会上的致辞范文 ··························· 249
4. 领导在纪念重要领导干部大会上的致辞范文 ······· 254
5. 领导在工程竣工大会上的致辞范文 ··················· 260
6. 领导在代表团招待会上的致辞范文 ··················· 266
7. 领导在就职大会上的致辞范文 ························· 270
8. 领导在竞职大会上的致辞范文 ························· 276
9. 领导在离职告别大会上的致辞范文 ··················· 281

附录　风格迥异的名人演说致辞赏析

所谓"震天下者必震之于声，导人心者必导之于言。"领导干部在公共场合和社交仪式中，经常会遇到致辞这样的讲话方式，并借助这样的形式来表述自己的立场与态度，达到提升人气，调动气氛的目的。因此，任何一位领导者都应该具备在公众场合讲话的能力，这不仅仅是为了增加个人的魅力和亲和力，更能通过自己妙语连珠的口才，为自己的工作和事业打下良好的基础。现在我们不妨从古今中外那些著名的领导者身上学习一些致辞的艺术和技巧。

1. 杰出的领导都拥有超凡睿智的演说技能 ············ 290
2. 看周恩来如何运用语言艺术 ··························· 294
3. 纪晓岚卓尔不群的口才天赋 ··························· 301
4. 最具演说魅力的政治领袖丘吉尔 ····················· 304
5. 用语言艺术俘获人心的美国总统奥巴马 ············ 306

第一章 致辞艺术,潜心钻研取真经

领导致辞是一门科学,更是一门艺术,想要运用这门科学,掌握这门艺术,就必须掌握领导致辞的秘诀,并在平时工作和生活中多学、多听、多看,逐渐积累自己的理论知识,充实自己的文化底蕴,在讲话的时候,注意使用恰当的语言,把话说到听众心里。高水平的致辞不但富有感召力,促使人们吸收和贯彻讲话者的思想,还能给人留下深刻的印象;反之,如果致辞者居高临下,将自己的意志强加于人,不但不能收到良好的效果,反而会引起听众的抵触情绪。因此,学好领导致辞这门学问,是所有领导者都应该高度重视的一件事。

1. 领导致辞的基本要求和效用

无论是高高在上的领导人，还是身处基层的小干部；无论是企事业单位的负责人，还是政府机关的部门领导，只要身居领导者的职位，就不可避免地要参加一些讲话活动。领导致辞不仅是领导者参与社交活动的一种重要方式，更是实现自身职能的一种重要途径。因此，领导者都要掌握一些讲话的基本技能和方法，以备不时之需，同时也能提高自己的讲话水平。

领导致辞在不同的场合和情景下，需要达到的目的或者起到的作用是各不相同的，但它们的基本要求都是大同小异的，只有首先掌握了领导致辞的基本要求，才能避免和减少讲话中出现低级的错误和失误。现实生活中，我们就经常能够见到某位领导在台上夸夸其谈，丝毫没有意识到自己的讲话完全是文不对题、谬误百出，这样的讲话不仅不能起到积极的作用，反而会产生极大的负面影响，同时也会让领导者本人的形象和威信直线下滑。那么，领导致辞究竟需要掌握哪些基本要求呢？

（1）观点要正确。这是最基本也是必须要把握好的要求，身为领导者，所说的每一句话都具有一定的权威性，同时对下级也具有极强的指导性，因此，领导讲话一定要严格遵守党和国家的方针、政策、路线和法规精神，同时结合所在单位和地区的实际情况，准确把握讲话中的精神实质，并在讲话中体现和渗透正确的思想观念，坚决杜绝一些领导因为讲话水平不高，在毫无意识的情况下，传播一些与基本方针政策相违背、脱离实际情况和大众利益的错误思想，这种低级的错误不仅会影响领导者本人的形象和威信，更会造成不可预知的严重后果。

（2）要有鲜明的立场。毛主席曾经说过："我们必须坚持真理，而真理必须旗帜鲜明。"身为领导者，任何讲话都要明确自己的思想，给听众以指导，因此，领导者讲话不仅要鲜明、有号召力，还要结合实际有的放矢，切忌讲一些空话、模棱两可的话。

（3）前后观点要一致。同一次讲话，无论篇幅长短，都不能出现前后不

一、自相矛盾的话语。这就要求领导者讲话的时候，一定要有内在的逻辑性，使之成为一个完整的体系，而不是前后矛盾，互相冲突。

（4）要有自己的风格。领导者在讲话的时候，都会按照自己的思维特点和语言习惯来展开论述，需要注意的是，无论遵循什么样的风格，都应该符合语言、用词、逻辑等方面的一般规律，这样才能让绝大多数听众乐于接受。而不是为了追求新颖独特，故意使用一些生僻高深的语句，无形中拉开了讲话者与听话者之间的距离。

总体来说，领导者在致辞的时候，只要掌握了以上几点要求，就不会犯根本性的错误，讲话也不会偏离正题。接下来就要明白每一次致辞要达到什么样的效用了，这是领导致辞之前必须清楚的问题。只有明确了目标，才能朝着正确的方向前进，讲话也是如此。大致来讲，领导致辞要达到的目的分为以下几种。

（1）宣传重要思想和精神。领导人是上级思想和政策的传播者，一旦上级确定了某一基本路线、重要方针和政策，领导者就要及时把这种思想传达下去，进而推广执行。因此，领导致辞的第一效用，就是要起到权威有力的宣传作用。

（2）部署下一阶段的工作安排。身为领导者，都会在某一方面或者某几方面肩负掌控大局，统筹一切的责任和义务，如何让接下来的工作被深入理解和有效执行，就需要领导者在必要场合把未来的工作目标，相关部门的工作任务，执行过程中的要求以及采用什么样的方法和途径等细节讲清楚，只有这样，工作才能顺利开展。

（3）提高下级和民众的认识。很多问题和观念，领导者因为站得高，看得远，再加上深入地讨论和求证，往往是最先接受新思想的群体，他们的理解也会比普通大众要深刻得多。为了统一认识，让新思想、新观念得到贯彻实施，领导者就要对下级和民众进行深刻的阐述和分析，让他们从根本上了解和接受最新，最有用的信息，只有在思想上统一了，才能在行动上保持高度一致。因此，提高下级的思想意识，让民众跟上时代的步伐，都是需要领导者用自己的言辞去灌输和说服的。

（4）鼓舞人心，调动全民积极性。很多大的事情是需要全民动员才能实现和完成的，一个国家和民族的进步也离不开全民参与，因此，在重大事件和公益活动上，但凡是促进民族发展，有利于人类进步的活动，领导者都会在全民中进行广泛的号召，调动民众的积极性，让更多的人参与到活动中，

为事件的成功和民族的进步贡献力量。

（5）抵制不良风气，弘扬科学发展观。任何一个国家和社会都会存在一些不良的风气和捣乱分子，他们的行为会严重危害国家的风气和民众的利益，为了抨击歪风，褒扬正气，领导者就要及时列举坏风气造成的不良影响和后果，让人们深刻认识到不良习气对自身的危害，同时弘扬科学的精神和作风，有力地遏制歪风邪气的形成而蔓延，激励和号召民众走上科学正确的道路。

（6）总结失败的原因或成功的经验。领导者作为把握全局的人，对每一阶段的工作都要进行总结，无论是失败还是成功，都要对之前的作为有一个深刻的反省，以促进和保障后续工作的顺利开展。因此，领导每隔一段时间，都会对一个阶段或者一个任务的完成工作进行总结，让人们深刻认识到失败的原因，吸取成功的经验。只有时时总结，才能避免同类错误的再次发生，而成功的经验也能帮助人们在后续工作中轻易避开难关，达到预期的目的。

（7）释疑解惑，澄清模糊认识。领导的话都具有一定的权威性，更容易被大众认可和接受，当民众对一些思想和问题产生疑问，或者对一些认识有些摸不着头脑的时候，就需要领导者以权威的形象坚定人们的一些思想，消除他们心中的疑虑，让他们对当下的形势有一个清醒的认识。稳定民心是每一个领导者肩负的责任，因此，领导者在致辞或者讲话的时候，务必明确观点，并进行深入浅出的阐述。

（8）保持和谐，增进各单位之间的友好交往。领导者不仅要管好自己的内部事务，更要拓展业务，开展一些外交活动。只有这样，才能促进发展。因此，领导者在重要的合作上，都要明确表明自己的友好诚意，以增进彼此之间的距离，保持和谐美好的合作氛围。

2. 领导致辞的特点有哪些

领导致辞是领导工作的一个重要部分，也是领导者参与社会活动的形式之一，更重要的是，领导者的致辞水平是其管理水平的一个最直接的体现。由此看来，领导致辞艺术会越来越受到领导者的重视。当然，如果领导者只是为了单纯地追求致辞本身的艺术性，在致辞的形式上刻意设计一些娇柔做作的东西，反而会让领导致辞本末倒置，给人留下牵强附会的印象。毕竟，领导致辞所追求的最根本艺术就是实用性。也就是说，无论领导者在什么样的场合致辞，都应该有切实的目的性，而要想达到预期的目的，就必须让自己的致辞内容深入人心，让听众由衷地认可和接受你的思想观念，继而感染听众，让他们愿意按照领导者的意图做出某些反应或者是行动。

领导致辞不同于其他形式的讲话，它无须长篇大论，也不像很多大型会议那样严肃，可以说，需要领导致辞的场合都具备一些共同的特点。例如，原本平淡无奇的小会议，只要有了权威领导的致辞，就会无形中提升这次会议的档次和重要性，也就是说，领导致辞会在现场产生非常显著的效果，让人们从内心重视所参加的活动。其次，人们可以从致辞者的身份和职位来判断活动参与者的层次，如果致辞者只是一个小小的代表，聪明的人会明白，这只是一种例行的小活动，活动上也不会有新奇的事物发生；反之，如果一个看似规模不大的活动，却有重要的权威领导前来致辞，就应该另当别论了，它足以说明此次活动的重要性，甚至会有令人意想不到的状况发生。也就是说，领导致辞是一个活动层次最直接的体现。再次，领导致辞的受众除了现场参与人员，还有可能会以各种形式和途径传播到其他群众那里，因此，领导致辞所面对的不仅仅是有限的到场人员，而是无限的大众人员，这就决定了领导致辞的影响范围会很大，甚至超出致辞本人的预想和估计。总体来说，领导致辞不仅受众广，而且影响范围很大。为了让领导者更好地领悟到致辞的要领，我们就来总结一下领导致辞的基本特点。

（1）领导致辞要感情真挚，富有诚意，言辞应朴实无华，而不易使用过多华丽的辞藻，否则会让人觉得不真实，太虚无缥缈。每个人都是富有情感的动物，即使高高在上的领导者在做致辞的时候，也会在不经意间流露自己的情感，因为他所说的每一句话都在试图用自己最诚挚的情感来影响听众，并博得听众的认可。中国有句老话，动之以情，晓之以理，通情才能达理。只有真挚的情感才能拉近听众的心，让他们主动配合讲话者的意愿。从听众的感受角度来说，越是朴实的语言，越能体现讲话者的真情实感；反之，那些华丽漂亮、有过多修饰的言语大多是缺乏诚意的虚话、套话，让人感觉不真实。何厚铧在讲到自己对澳门的认识时，深情地说道："澳门是我生活、家庭和事业的根基，澳门的一切，伴随着我长大。澳门人的思想，熏陶了我的性格；澳门人的忧与乐，都与我息息相关。我对澳门有着发自内心的热爱和归属感,这份感情也时刻鞭策着我要为澳门贡献自己的一切。在澳门重投祖国怀抱之际,身为一个中国人,我理应当仁不让,竭尽所能,用自己的一份热忱之心,来承担这一历史的使命。"在这短短的几句话里,何厚铧既没有使用华丽的辞藻,更没有夸大其词,曲意逢迎,而是把自己对澳门的那份感情以真挚朴素的言语表达出来,让人听了不禁为之动容,更让人为他的申请话语深感折服。

(2) 领导致辞要言之有物,内容充实,而不应使用空洞泛泛的词句。这一特点就是让领导者意识到,在任何场合下,开口说话之前,一定要尽所能地对所在的场合,所参加的活动,所面对的听众等问题进行深入细致的调查,并对所要讲说的内容了然于心。领导者的特殊身份和地位决定了他们必须承担大众行为方式带头人和引导者的重要作用,如果领导者在讲话的时候,根本对听众的心理一无所知,他讲话的内容也必定不会真正灌输到听众的脑海中,而听众也不能从领导者口中听到清晰、具体的事物。相信不少人都在现实生活中见过,一些领导人在上台讲话之前,因为没有做好准备工作,站在台上语无伦次,左顾右盼,求援无助,这种窘态往往会让领导者的形象和威信在听众的心目中大打折扣。

(3) 真诚坦率的语言能够点亮人们的心灵,因此,领导致辞的第三个特点就是要做到态度诚恳,言行一致。一个成功的领导者从来不会隐藏自己的观点,尤其是面对广大的听众时,他们尤其能够做到知无不言,言无不尽,这种打开天窗说亮话的态度往往能够给人留下真诚坦率的印象。当然,领导者所说的话一定要在现实生活中体现出来,也就是说,领导者必须严格执行自己的观点,而不是说一套做一套,一旦领导者有这样的行为,并被群众发现,就会让他们对你的言辞产生极大的怀疑,从此不再信任你的任何言论。因此,领导在致辞的时候,越真诚、越坦率、说话越具体,就越能赢得听众的信赖;反之,那些浮躁华丽、脱离现实,朦胧抽象的讲话,丝毫不能给听众留下任何印象,更不能让听众对你产生信任。周恩来总理深知领导讲话的这一特点是多么重要,因此,他曾多次以自己的实际行动告诉人们,不要有个人迷信和盲目崇拜的行为。为了引领大众摆脱错误思想和观念,他还多次在公共场合,以真诚、坦率的态度向人们讲述他的出身、家庭背景和成长经历等。他这种光明磊落、平易近人的做法不仅显示了一个无产阶级革命家的胸襟和智慧,还在平实的交流和沟通中营造出了良好的氛围,让听众很容易就能接受他的观点。最重要的是,周恩来的这种讲话习惯已经成为他的人格魅力的重要体现。

（4）领导致辞应该做到旁征博引，深入浅出。领导在致辞的时候，所讲的内容或许会有深度，难以被听众理解和接受，这就需要领导者换一种方式，用自己的智慧来化解与听众之间的障碍，让他们对自己的言论充分吸收，只有这样，才能达到致辞的目的。如果领导者只是枯燥地把一些理论和思想传达给听众，而不考虑大众是不是能够充分理解和接受，听众就不能很好地配合领导者付诸行动。因此，领导致辞的时候，一定要站在听众的角度上，按照大众的理解能力和接受能力，用大家熟知的言论和实际情况作为论证，淡化所讲内容的深刻性，才能达到预期的目的。例如，一位领导者在对听众解释"局限性"的时候，列举了许多历史名人的故事，通过对历史人物的分析和评价，深入浅出地为听众解释了局限性的内涵。他在事例中还不忘联系实际情况，让历史与现实挂钩，强烈的对比和鲜明的结果让原本深奥难懂的命题变得浅显易懂，而听众也听得十分入迷，丝毫没有觉得这是一个多么枯燥和晦涩的问题。

（5）领导致辞的内容一定要高度概括，条理清晰。领导讲话一般都会分条分点，这就需要领导者在讲话的时候，尽量使用高度概括的语言，清晰而又明确地表明自己的立场和观点，一般采用先表明立场，然后分条举证的方法，这样比较有利于听众理解和接受。如果领导讲话毫无章法，想到哪里说到哪里，就会让听的人摸不着头脑，最终什么也没记住。

3. 如何在致辞中体现领导者的魅力

随着人们思维意识的逐步提高，人们对领导致辞水平的要求也在越来越高。人们不再单纯地满足领导上面讲，群众下面听的形式和状态，而是越来越强烈地要求参与到会议精神的实质中去。随着这种呼声的越来越高，触觉灵敏的媒体也相继报道出领导讲话时，会场秩序混乱，听众打瞌睡、早退、缺席现象严重极度，这不仅令人们深思：为什么会出现这样的现象？是听众真的对会议本身不够重视，还是所有的致辞都是千篇一律，老生常谈，让听众失去了重复聆听的兴趣？

　　为了改善领导致辞时候的现场局面，领导者不得不从自身做起，深刻反思自己的致辞水平，努力提高自己的讲话质量，希望能够引起听众的注意，进而真正落实会议精神。其实，领导讲话不仅是为了传达精神或者解决问题，还反映了领导者的领导水平和工作能力，更是自身魅力的直接体现。

　　对于大多数人而言，领导者一般都是神秘的，无论在任何场合，都会给人一种神龙见首不见尾的感觉。这就意味着领导者在大众眼中是不容易亲近的，尤其是近距离观察他们的言谈举止，更不用说获取他们的所思所想了。尽管公务繁忙的领导者对外界来说很难揣测，但聪明的人都能从一个人的说话中判断出他的文化修养，也能明白讲话的人究竟有没有扎实的文化功底和知识根基。其实，领导者要想在群众中保持自己的人格魅力，只需在平时注重学习，多读书，多观察，提高自己的语言素质，在实践中锤炼自己的讲话能力，就能在致辞的时候，发挥自己的水平，给听众留下深刻的印象。那么，什么样的致辞才能体现出领导者的魅力呢？

　　（1）具有魅力的致辞一定是具有鲜明主题的。领导致辞一般代表的都是所在单位，因此宣讲的内容都不能超出自己的职权范围，无论是宣传政策、分析形势，还是提出建议，指导行动，都必须理论结合实际，针对具体问题进行具体分析，从而达到教育和指导的目的。而这正是高水平致辞所要坚持的态度，支持什么，反对什么，一定要明确，不能游离于主题之外，闪烁其词，误导听众。

　　（2）领导致辞分为不同的场合，这就需要领导者酝酿好自己的感情基调，致辞时的情绪状态一定要符合当时的场景和氛围，不能装腔作势，无病呻吟，否则，不仅不能引起听众的共鸣，严重时还会导致会场秩序的混乱。

　　（3）永远不要把领导致辞当成是传达讯息的工具，高水平的致辞懂得在旧的内容里添加新意，让听众在同样的主题感受到新颖和创造性。这就要求致辞者一定要有创新精神，例如，在致辞的时候避开众所周知的观点和话题，讲一些听众并不熟知的新鲜内容；或是站在一个完全相反的角度去论述相同的道理，都可以让听众产生耳目一新的感觉。毕竟没有人会对千篇一律、言之无物的长篇大论抱有什么兴趣。当然，这样的发挥会直接体现领导者的认知水平，如果没有深厚的功底和个人修养，是很容易弄巧成拙的。随着社会的发展，任何活动好像缺少了领导致辞这一环节，就没有办法开展一样，领导是否会出席一个活动也理所当然地成为衡量活动重要与否的一个重要标志。

这时候，如果领导确实对活动本身没有什么可讲的，千万不要勉强，因为这时候，生拉硬扯真的不是一个明智的选择。

（4）领导在致辞的时候，一定要考虑周全，任何一个小小的忽视都有可能造成意想不到的遗憾和损失。这里所强调的"周全"不仅仅是指领导者在致辞的时候内容全面，把领导者的思想意图完整地表达出来，还在于致辞者要充分考虑听众的组成和现场感受，营造良好的现场互动氛围。例如，很多致辞活动都会有比较复杂的成员结构，无论是会议的组织者、志愿者、会场布置人员、嘉宾、特邀人士……都需要在致辞的时候顾虑到他们，并在致辞中对他们表示问候，如果你的问候中忽略了某类成员，就必定会让他们感到被忽视的失落，同时也会让与会人员对活动方和致辞领导的水平产生质疑，造成非常恶劣的影响。因此，充分考虑活动中的每一个因素，并在致辞中有所体现，不仅可以充分展示领导者的水平和能力，也会赢得听众的尊崇和喜爱。

（5）一般来讲，致辞高手都会十分重视听众的感受和现场的气氛，并认为这是致辞成功与否的关键，因此，好的领导致辞都会竭尽所能地调动听众的情绪。正如一位著名的演讲者所说："讲话成功与否不在于你讲了些什么，而在于听众听了些什么。"那么，优秀的领导致辞应该如何牢牢抓住听众的心呢？正所谓，好的开始等于成功的一半。领导致辞也一样，需要一个精彩而又吸引人的开头。这样的开头不仅要内容新颖，还要简洁明了，容易让听众接受，可以说，一个好的开头是领导与听众之间的融合剂，成功的开头不仅能够吸引听众的兴趣，还会为接下来的致辞奠定一个良好的基调。

（6）幽默让致辞更具魅力。只有真正智慧的人，才懂得幽默的力量。连战先生的演说之所以总是生动活泼，轻松有趣，就在于连战身边有一个充满智慧的人，他的讲稿中总会有意无意地穿插一些妙趣横生的文字游戏，让听众总是印象深刻，记忆犹新。其实，幽默的作用不仅能够让人轻松愉悦，拉近彼此的距离，更能在危机关头化解尴尬和误会，给人无穷的回味和智慧的启迪。正如莎士比亚所说："幽默和风趣是智慧的体现。"朱镕基总理在一次外国记者招待会上，面对个别不太友好的记者提问，朱镕基表现出了大国总理的睿智和机敏。例如，在回答外国记者关于中国腐败问题的提问时，朱镕基回答道："我从来不认为中国政府是最腐败的政府。大家都知道，中国是人口大国，腐败案件当然会多一些。正如国民生产总值人均排行中国总是排在发达国家后面一样，如果腐败案件也以人均分摊，中国政府的腐败程度也一定是排在发达国家后面的。"这种机敏而又不失幽默的回答，不仅有力地反驳了外国记者的不友好提问，同时也给外国记者留足了面子。从这一点来看，如果领导者能够在致辞的时候多一点幽默，一定能够有效提升自己的领导魅力。

领导致辞不仅是大众聆听上级声音的重要渠道，还是领导者个人魅力的直接体现，因此，领导致辞不仅要代表群体的意志，还要突出自己与众不同的个性。例如，站在致辞的舞台上，就必须学会从领导者的角度看问题和分析问题，相比于台下的听众，领导者的发言一定要更加宏观、全面和深刻；然而，领导者还要考虑到实际现状，不能只喊口号，还要考虑到现实性和可行性，因此，总体来说，领导者在致辞的时候，既不能像学者一样太专业，也不能太过大众化，言辞一定要规范、得体、有依据，同时注意使用一些具有独特风格和特色的表达方式，丰富的表情、形象的肢体语言、亲切的语气助词等都可以从侧面增加领导者的个人气质，让听众领略到领导者别具一格的讲话风格。

在众多的致辞中，我们不难发现，有些领导者是非常受欢迎的，他们的致辞往往会成为整个活动的亮点，甚至有人愿意专门为了他们的致辞而亲临现场。之所以会出现这样热烈的场景，最大的原因就是致辞者已经成功塑造了自己的个人魅力，并在听众心中留下了深刻的印象。

4. 领导致辞需要遵循的原则

领导致辞不同于一般的讲话，也不同于学科性、普及性、商业性的演讲，它是一种工作，更是一种十分必要的存在形式。领导致辞之所以和演说家的学术演讲不同，是因为领导致辞必须遵循以下几个原则。

（1）领导致辞必须具有一定的权威性。领导所传达的每一个观点，每一种思想，都是具有一定的政治性的，它是各级领导宣传和推广工作，统筹安排部署的重要形式，如果领导这时候缺乏权威性，就不能令人们信服，上级的工作安排就得不到有效的执行。领导致辞所起到的政令作用也是有别于其他发言的关键所在。

（2）领导致辞要有力度。一般来说，领导致辞的过程，也就是教育和鼓舞群众，发动群众积极参与性的过程，在这个过程中，领导者只有不断提升自己的感召力，让听众把焦点放在你的身上，才能增强领导致辞的效果，赢得听众的认可与赞扬。如果领导在致辞的时候缺乏力度，不但不能吸引听众的注意，不能有效指导全局工作，还会让听众产生厌烦心理，更会对致辞者留下不良的印象。

（3）领导致辞要有生动性。没有人会喜欢枯燥无味的言论宣传，只有动听的语言才能吸引听众的兴趣。领导在致辞的时候要深刻地意识到这一点，尽量采用一些形象具体的食物来论证自己的观点，只有鲜明生动的语言，才容易被听众接受。因此，无论领导者在什么样的场合，宣传什么样的言论，都必须摒弃那些干涩难懂、空洞乏味的基调，只有保持致辞的生动性，才能在听众中产生良好的效果。

（4）领导致辞要有针对性。之所以需要领导致辞，就是希望领导者能够当众解决一些问题或者就某些备受关注的焦点问题给出一些建设性的意见，这就要求领导致辞的时候一定要有较强的针对性。例如，对致辞的场合、背景、活动的主题、需要讨论的问题、希望达到的目的等都要进行一个系统的了解，然后根据受众的心理需求做出致辞，只有这样，才能引发听众的共鸣。

（5）领导致辞一定要严谨，准确把握讲话的分寸，不能口不择言，有失领导风范。领导致辞不同于闲聊，它具有一定的强制性和约束力，在很多方面，都要严格做到"令行禁止"。不过，现在领导致辞已经越来越强调人文化、人性化，领导者也要顺应这种趋势，不断提高自身的魅力。

5. 领导致辞中的禁忌

领导致辞看起来简单，实际操作起来却并不容易。长期以来，领导在公开的致辞、讲话、或者演讲中形成了一些令人难以容忍的形式主义，站在台上侃侃而谈，听众却云里雾里，一头雾水，不知道讲话者到底要说些什么。

空话连篇、言之无物、装腔作势、语言空洞、毫无新意、离题万里……这些都是领导致辞中经常出现的问题。好在随着时代的发展，很多领导已经意识到当众讲话对自己领导魅力和形象的影响力，越来越多的领导者开始自觉学习，希望能够快速提高自己的讲话水平。下面我们就来具体介绍领导致辞中的禁忌，希望领导者能够对照自己，找出问题的根源，让自己的致辞水平有一个快速的提高。

第一，领导致辞切忌平淡无趣。这里所说的平淡是指领导者在讲话的时候，因为没有做好充分的准备，观点不够鲜明，语言平淡无味，听众找不到领导讲话的重点所在，更不清楚领导在台上说的话是要表明什么态度，还是要解决什么问题……例如，很多领导在讲话的时候，不知道要讲些什么，最后随便整理一篇文章念给大家；要么就是材料运用太过浅显，基本格式就是一个观点加一个故事，缺乏由表及里、由浅入深的深层分析，讲话缺乏层次感和立体感。还有领导在讲话的时候，气势平淡，从头到尾没有节奏，讲话内容也没有轻重缓急，缺乏一种高潮迭起、波澜起伏的感染力，听众对这种讲话是最不感兴趣的。最后一种是领导者不懂得采用精彩的语言来表达自己的观点，通篇讲话像白开水一样平淡无奇，没有鼓动性，听众打不起精神，没有丝毫听讲的兴趣。那么，领导者应该如何避免让自己的讲话平淡无奇呢？

一篇好的致辞稿，是能够充分调动听众聆听兴趣，听了之后也能够让听众记住其中的重要观点，甚至一些精彩的讲话段落都能够被听众广泛传颂。一般化的讲话是很难在听众的脑海中打上烙印的，散场之后，也不会给听众留下任何值得回味的语句。试问，这样的讲话能够打动听众、启发听众吗？领导讲话要想突破这一点，就必须懂得对看似平凡的立意中深入挖掘，充分理解材料内容，做到由此及彼，由表及里，在现实与理论之间建立起一道连接，让人们跟随你的思维逐渐深入，最终打动听众，让他们从中受到启发。

要在语言修饰上下功夫。呆板枯燥的语言往往会让听的人昏昏欲睡，听得多了，难免会让人生厌。要想让听众自觉主动听你讲话，就必须使用有特点和个性化的语言，如果可以，还可以适当使用一些修辞手法，加入一些新鲜的词汇，让内容变得充实一些、有趣一些。当然，语言的应用需要长期的积累，平时多接触一些新鲜的知识，逐步提高自己的文字表达能力，才能让自己的讲话变得生动活泼、通俗易懂、新颖别致。只要能够做到这一点，你的讲话就能够给听众带来全新的感觉，并成功引导听众听你讲话，有足够吸引力的讲话还能够充分调动听众的情绪，让听众和讲话者之间发生热烈的互动。这样的讲话效果一定是所有领导者都期盼的。

第二，领导讲话切忌只讲空话、套话。有些领导者在讲话的时候，只叙述观点，或只讲原则要求，从来不进行论述，更不会有具体的行动措施，让讲话变得空洞乏味，没有丝毫可操作性。这样的讲话即使重复再多次，听众也不会明白到底应该如何开展工作，即使勉强实施，也会因为讲话内容缺乏一定的激励和约束措施，而让听众觉得事情做与不做、做得好或者不好都是无关紧要的。显然，这样的讲话效果是任何一位领导都不希望看到的。

领导讲话之所以会出现空话、套话，原因是多方面的，其中最常见的就是讲空话、套话最不费力，随便拉扯几句就可以应付了事；而要讲一些有真材实料的东西，就需要做足准备，还要深入调查和分析，将问题研究清楚，并进行整理。这个过程要花费太多的时间和精力，没人愿意为了一次讲话牺牲太多。其次就是平时不学习，不懂得积累材料，临时要讲话，自然没东西可写，为了蒙混过关，就只能讲些空话、套话，糊弄听众，也糊弄自己。因此，领导者要想避开这个讲话禁忌，就必须端正态度，在平时的工作中事实就是，全面加强自己对每项工作的深入把握，只有这样，才能把一切都掌控在手中，即使临场发挥，也有充足的话题可讲。那么，领导者在讲话的时候，应该如何避免这样的空话、套话出现呢？

首先，领导讲话必须要有实际的调查取证，如果对于一项工作没有进行缜密的思考和研究，没有具体的实施措施，就开始动员人们大干一场，这样的讲话势必有虚无实，讲了也是白讲。

其次，如何在讲话中充分将论据表达出来也是至关重要的。有些领导明明有充分的材料可以让讲话变得很有分量，却因为不懂得整理而顾此失彼，让讲话漏洞百出。这就需要领导者锻炼自己的逻辑思维能力，先讲什么，后讲什么，如何总结……只有思路清晰了，才能让材料进行合理的完善和补充，让讲话有理有据，增强说服力。

第三，领导讲话切忌烦冗啰唆。俗话说："精短的人心。"听众都是有一个忍耐极限的，在这个极限范围内，听众会很好地配合讲话者，认真聆听讲话的内容。一旦超出这个极限，听众就会出现烦躁心理，对讲话者的内容失去耐心和兴趣。因此，领导讲话不能过长，而应该尽量简短。林语堂是我国著名的文学大师，他曾幽默地指出："绅士的演说应该像女人穿的迷你裙，越短越好。"由此可见，领导者做到"惜语如金"是十分必要的。从大众心理来看，没有人会喜欢听长篇大论的讲话，干脆利落，绝不拖泥带水的精练讲话，更能给人一启迪和鼓舞。

或许有人会认为，领导讲话的时间越长，证明领导对讲话中提到的事情越重视，因此，即使有些事情并没有多少实质性的内容，为了表示足够的重视，也会反复强调，故意延长讲话时间。其实，领导大可不必如此。平时我们就强调："有话则长，无话则短。"欧文·古柏也说过："只要足够简短，任何讲话都不会是完全糟糕透顶的。"如今，很多领导者已经充分意识到长话短说的必要性，并深刻的总结出"有话则短，无话则不讲"的经验教训。其实，不讲话并不代表没水平或者不重视，只是没有必要重复和啰唆。很多时候，领导讲话越是精短，就越精彩，给人留下的印象也会越深刻。

在当今生活和工作节奏不断加快的时代，精悍有力的讲话会越来越受欢迎。所谓"言不再多，达意则灵""文约而事丰"，讲的都是这个道理。领导者千万要明白，洋洋洒洒、拖泥带水的"马拉松"讲话，终究会被时代所淘汰。

这里有一个非常经典的小故事和大家分享一下。明朝有一个官员叫作茹太素，他是刑部主事，他在一次给皇帝朱元璋的奏折中，洋洋洒洒陈述了上万字，朱元璋听着他的万字长言，越来越不耐烦，因为皇上在听到六千多字的时候，还没有切入正题。于是，朱元璋大怒，说道："茹太素虚词失实、巧文乱真，朕厌恶透了！从今以后，谁再敢在朝堂上长篇大论，虚话连篇，朕就治他的罪！"于是，茹太素当众被痛打了一顿板子。晚上，朱元璋命人继续念茹太素的奏折，终于在听到一万六千多字的时候，明白了茹太素要上奏的是什么事情。经过皇帝的认真总结，他发现茹太素一共上奏了五件事，其中有四件事情的解决方案是非常可行的，于是，朱元璋采纳了可行方案，将事情交给相关部门去执行。事后，朱元璋再次对茹太素和群臣强调："许陈实事，不许繁文！茹太素的奏章中只有五百字是言之有物的，其余都是虚话。以后写奏折都应该吸取这个教训，文风要精简，否则，定罪不饶！"由此可见，精练的言辞更能表明文章的中心思想，越是冗长的言辞，观点就越不鲜明，听众也难以领略其中的主要内容。

细心的人会发现，国际上通行领导人在讲话的时候要站着，就是要让讲话的人少讲一会儿，讲得短一些、精练一些。由此可见，无论在什么样的场合，领导致辞都应该尽量简短，只有这样，才能给人留下深刻的印象。

第四，领导致辞不能贪多求全。很多领导在讲话的时候，很容易犯一个毛病，就是力争面面俱到，深怕漏掉哪怕一个小细节。这样的讲话往往会因为涉及面太广，分析问题更是不厌其细，看上去很全面，很系统，很有条理，实际上是臃肿、散乱、主次不分，不仅拉长了篇幅，还掩盖了真正要强调的内容。这样的讲话方式其实是犯了最低级、最幼稚、也最庸俗的形式主义错误。想要让讲话重点突出，就必须统筹兼顾，选一两个方面进行比较充分、新颖的论述，给人以较大的启发就足以达到讲话的效果，试图在一篇文章里将所有的问题都论述清楚只会适得其反。因此，真正有水平的讲话通常都只抓住当前最为关键、最需要强调和解决的问题进行论述就可以，不必把面铺得太宽。

那么，领导致辞如何避免这个问题呢？首先要限制文章的篇幅，在有限的字数范围内，充分表达自己的意思。整理材料时，要做到该简则简，该繁则繁，既要有分量，又不显得过分苛求细节。其次，要抓住最中心，最本质的内容，在讲话中快速切入，纵向挖掘，把一个问题讲得够有深度，让内容显得高度集中就可以了。

第五，摆脱模式讲话，切忌雷同重复。一些领导在学习致辞艺术的时候，很快便总结了一套"经验"，即每一类致辞都有自己的固定模式，到时候直接套用就可以了。结果领导无论在什么地方的讲话都如出一辙，真可谓是"年年岁岁花相似，岁岁年年貌相同"。这些套用固定模式的讲话丝毫没有新意可言，更不懂得联系实际情况，讲话缺乏针对性和指导性，甚至出现一些不符合当地习惯和实情的讲话，这些都是照搬照抄的后遗症。曾有一位经常参加各种会议的人笑称："领导的讲话不用听都能背下来，难道有一种讲话稿是万能的，无论哪个领导，也无论在什么样的场合，统统可以拿出来读一遍吗？"

其实，领导讲话看起来平凡普遍，但却直接体现了一个领导者的工作态度和责任心。如果领导者始终保持一种工作热情，不断深入基层工作，提高自己的创新能力，更新自己的思想观念，在讲话的时候，一定会有自己的内容要讲。其中最重要的还是要求领导者自身能够摆正态度，认识到当众讲话的影响力。俗话说，领导讲话就是一个材料加工的过程，要想讲出的话有见地，有新意，确实是一件很难的事情，因为要经过很多个程序。领导者只有经常关注和研究新形势、新动态、新问题，在新中求异，不断否定自己，让能让自己多一些新观点，新经验，思想新了，讲出的内容也就新了。哪怕旧话重提，也会有不一样的见解。如果领导者都能做到这一点，任何讲话都无须再借用他人的模式。

第六，领导讲话不能太过直白和肤浅，缺乏震撼力。太过浅显的道理大家都明白,领导再郑重其事、翻来覆去地重复,听众就会产生厌烦心理;还有一些领导在讲话的时候,从头到尾板着一张严肃的面孔,不是刚性要求,就是规章制度,让听众丝毫没有聆听的欲望。还有一种领导对事情挖掘不够深,分析不够透,讲出来的内容没有说服力,对听众来说缺乏号召性,自然达不到预期的讲话效果。这是因为讲话者站得不够高,看问题的视野不够开阔,理论功底相对薄弱造成的,也有一些领导不是因为问题分析得不够透,而是因为讲话的时候有顾虑,不敢轻易发表自己的新主张,该深入的没有深入,从而让讲话效果大打折扣。一篇精彩的讲话稿会在听众中产生一定的震撼力,给人以深刻的启迪和教育,让人们对某一问题进行更加深入的思考。所谓有深度的讲话是领导力的充分体现,领导者在以后的讲话中一定要避开肤浅这个禁区。

第七,领导讲话切忌跑题、偏题。一些领导者在讲话的时候,太过自由发挥,往往在讲这个问题的时候,延伸到其他的问题上,严重偏离讲话的中心思想。这是因为讲话者没有一条贯穿内容的主线,内容也过于散乱,最终在讲的时候就容易主题不突出,观点不鲜明,给听众留下逻辑混乱,前后矛盾的不良印象。还有的同志在讲话时喜欢用一些生僻难懂的词语,以显示自己高深的语言艺术,其实这种做法往往会弄巧成拙。我们不能否认,一些古词旧典的恰当使用,确实能够起到画龙点睛的作用,给文章增添许多光彩,但也不能滥用,尤其要分清场合和听众对象,否则,只能让听众更加厌烦。

以上提到的几点,都是领导在讲话中普遍存在的问题,这些弊端和禁忌不仅严重影响了领导讲话的水平和效果,还会让听众对讲话者的个人魅力和领导水平产生怀疑。希望所有的领导人都可以详细参阅,对照自身存在的问题,进行潜心的学习和钻研,让自己的讲话水平在短期内有一个很好的提升。

6. 领导致辞中应该克服的一些习惯

我们不能否认,近年来,很多领导干部都对自己的讲话水平十分重视,并在有意识地提高自己的讲话水平,这种良好的发展趋势在现实生活中也有所体现，例如，我们时常能够在平时的会议或是公开场合听到一些精彩的讲话，而那些富有个性化的官员也越来越受到关注，他们独特、率直的语言风格直接体现领导者清新、健朗的形象，更为可喜的是，这个队伍越来越壮大，深受大家的欢迎。但我们也不能因此否认现实中一些领导者在讲话的时候，依然喜欢走套路，说官话，他们的讲话无论在什么样的时间和场合，也不分听众对象，讲得全是一些"正确的废话"，群众不仅不喜欢，而且唯恐避之不及。这些坏的讲话习惯是在长期的行为模式下形成的，经过总结，我们大体归纳了领导讲话中普遍存在的一些坏习惯，希望能够引起领导者的注意，在以后的讲话过程中尽量克服掉这些毛病，让自己的讲话水平有一个质的飞跃。

第一，习惯说套话。说套话不是一两个领导的毛病，很多地方的领导都喜欢一开腔就满口原则，套话连篇，年年可用，人人可讲，真把那些老掉牙的话当成了"永久牌"和"万能稿"，问题是，领导讲话是省心省力了，讲起来是驾轻就熟，一点不费劲儿，可听得人就不乐意了，试想，谁喜欢没事听废话呀，即使是正确的废话。随着网络的飞速发展，领导讲话的范文和模式更是要什么类型有什么类型，只要将讲话的关键信心输入电脑，马上就会蹦出很多符合要求的讲话稿。可是，听得多了，群众难免会厌倦的。因此，领导讲话最好舍弃那些套话和空话，多讲一些实话，哪怕语言朴素一些，也会受到听众的欢迎，至少听众可以从中听出讲话者的诚意。

第二，习惯高调讲话。有一个现象不知大家注意没有，凡是发表讲话的地方，都要比听众席高一个台阶，至少没有设置讲台，也要站在人前，在众目睽睽之下开讲。不知道是讲话台太神奇，还是其他什么原因，只要角色摆不正的人一走上去，就会马上和台下的听众产生距离感，讲话者本身也会产生一种油然而生的自豪感，高高在上的优越感。于是，很多讲话就难免变成了发号施令、给人授课的大好机会。所以，绝大多数领导者一站到讲台上，就自我感觉良好，讲起话来，嗓门不高调子高，官位不大架子大，丝毫没有意识到自己已经把听众远远地拒之门外了。习惯讲话高调的人，无论面对基层群众还是普通干部，不管讲话内容涉及什么内容，都要大谈马列主义，大谈国内外形势，大谈党的路线、方针、政策，却把群众的现实问题抛之脑后，丝毫不提。还有人整篇引用报纸和杂志上的观点和事例，与需要解决的实际问题不沾边，让听众昏昏欲睡；更有一些领导者为了显示自己的优越感，故意讲长话，用深奥的道理和华丽的辞藻卖弄才华，故弄玄虚，罗列出来的所谓的观点、亮点都是拼凑出来的，让人感觉牵强附会，毫无连贯性可言。殊不知，对于听众来说，只要内容实在，没有套话、空话，多使用一些生活化的语言，反而更贴近听众的心。例如有这么一段讲话稿："我们的奋斗目标是，让人民群众喝上干净的水，呼吸清新的空气，有更好的工作和生活环境。"看起来，这句话既没有华丽的辞藻，也没有难懂的概念，更没有专业术语和任何修饰，是再平白朴实不过的一句话，可就是这样的话，让群众听起来入耳，因为这是关乎他们实际利益的话，是大实话。领导者是否可以从中领悟到一些讲话的真谛呢？

第三，习惯不说实话。很多会议是需要领导者按照官位大小轮流登台的，虽然会议的主题只有一个，但因为每个人都要讲两句，于是你方讲罢我登台，这个指示几点，那个再强调几点，最后上台的人必须再补充几点，尽管所讲的内容大同小异，但为了不丢面子，不失身份，证明自己在会议上也是有资格发言的，于是，即使无话可讲，也要说两句。其实，这样的讲话已经变成了领导者的一种政治待遇，好像不讲话你就不是领导一样。于是，领导讲话变得越来越虚，实质性的内容越来越少。上级讲虚话是为了显示自己的权威，下级讲虚话则是为了取悦上级，完全将听众置之不顾，这样的会议开得没意义，听众也没有听的必要。其实，领导讲话大可不必如此，只要做到言之有物，该讲则讲，实在没什么可说的，保持沉默也是很受欢迎的。相比之下，沉默比那种令人反感、废话连篇的讲话还是很明智的。在此提醒各位领导者，言不由衷的废话和虚话以后还是少说为妙。

第四，习惯套用固定讲话模式。我们常说，不能形成思维定式，要有创新精神。这个观点其实也是非常适用于领导讲话的。毛主席就曾指出："有人积习难改，讲起话来'八股味'很浓，这样的人讲话，喜欢用数字排列语言，看似如数家珍，实则空洞无物。不看实际情形，死守着呆板的旧形式、旧习惯，这种现象，不是也应该加以改革吗？"我们不难发现，绝大部分领导干部在讲话的时候，总是以"高举××旗帜，在××思想的指引下，沿着××道路前进"这样的话开头，然后以"坚决要××""一定要××""为××而努力奋斗""为××做出新的更大的贡献"等为结语。总之，一切讲话都被庸俗化，模式化，除了假、大、空，再也找不出一句有用的内容。这样的讲话不仅领导念起来像吃剩饭，听众听起来也厌烦透顶！

第五，习惯带着官气讲话。能够在台上讲话的人，都是不一般的人，这种不一般就在于"官大一级"，正因为比别人高了一级，讲话就习惯性地发号施令，即使声音不高，也带着拒人千里的距离感。听众虽然和讲话者站在同一地平线,但还是不自觉地有一种仰视的感觉,领导者的讲话也是高谈阔论,丝毫没有亲和力。这样的讲话内容即使再精彩,也会让人产生不舒服的感觉。有这样一个事例,一个香港商团来到内地访问,一位省级领导负责安排会见这批商团。因为当天会有记者现场采访,这名官员特意提前到场,专门接受记者访问。几天过后,相关的报道出来了,有趣的是,领导精心准备的,自认为十分精彩的讲话都是当地的媒体报道的,境外的媒体刊登出来的都是他随口说出的话,有的甚至是他无意中说漏嘴的话,也就是所谓的那些不够严谨的话。其实,对于民众来说,那些随口讲出的话才是他们真正想了解的,什么方针政策,招商引资,外交辞令……这些都和他们没有太大的关系,他们只关心那些实实在在,和他们的生活息息相关的事情。由此可见,官腔官调已经不受欢迎了,做一个朴实的、贴近民众生活的领导者,或许会让你轻松很多,也容易很多。老摆着一副官架子,不累嘛!

第六,习惯了僵硬的语言。不知从什么时候起,只要挂上领导的头衔,都要时刻保持严肃,好像随和一点儿,生活化一点儿,就有失领导的身份,有失领导的庄重,不严肃,不一板一眼,似乎就不能表明自己的高度重视。殊不知,这样的态度往往会瞬间拉大和群众之间的距离,有谁喜欢对一个高高在上,离自己的现实生活太远的人感兴趣呢?反过来,如果领导者能够多采用一些通俗化的语言,听众会不会更乐意接受呢?身为领导者,很多正式的场合都是需要保持严肃的,也应该体现庄重的一面,但严肃不等于刻板,庄重不等于僵硬,通俗一些并不意味着庸俗,轻松有趣的语言风格,生动幽默的事例论证,往往会受到更加出其不意的良好效果。千万不要过分追求庄重而疏离了听众,更不要让您的讲话成了一场"独角戏"!

第七,习惯了持稿讲话。领导身边为什么要有秘书?因为他们离开了秘书的笔头子,就不会讲话了。一些领导只要需要张嘴讲话,就会习惯性的拿出稿子开始念,即使一个简单的祝酒词,也要提前让秘书写好稿子。时间长了,领导就习惯了,讲话也难以脱稿了。其实,只要领导者在讲话的时候贴近生活、贴近群众,多和民众说一些知心话、贴己话,即使你的讲话不够严谨,不够华丽,拿不拿演讲稿都会受到听众的尊敬和爱戴。

以上这些坏习惯完全是由于领导者的惰性形成的。或许刚开始,领导者是处于能力有限,担心讲话抓不住要领,或者担心自己会讲错;还有就是想让自己的讲话尽量天衣无缝,滴水不漏,以博得上司的青睐。不管出于什么样的初衷和原因,总之,领导者都渐渐养成了这样那样的坏习惯。只要领导

者认识到自身的问题并加以改正,就能轻而易举地让自己的讲话水平取得进步。

7. 领导者如何提高自己的致辞水平

不知道从什么时候开始,领导致辞成了一种必然的形式,无论是企业还是政府单位,只要有或大或小的活动,都要请到场的领导说上几句,并称之为领导致辞。近些年,领导致辞更是习惯性地出现在各种各样的场合中。虽然领导致辞本身并没有什么不好,但不能令人忽视的是,绝大部分领导者并不具备现场致辞的能力和语言天赋,即使勉为其难地走上台,说出的话要么官腔十足,要么长篇大论,废话连篇,不但没有给活动添彩,还会让听众产生厌烦心理,使活动留下败笔。有人把千篇一律的领导致辞称为"新八股",先是讲一些空洞乏味的陈词滥调,然后是极尽夸张的溢美之词,最后就是对活动本身或组织单位的祝贺或是希冀,毫无新意可言。这样的致辞多了,不免让人们对领导致辞产生抵触和厌烦的情绪,但碍于情面,还不好将此项删掉。那么,如何才能让"鸡肋"般的领导致辞摆脱现在的尴尬境遇呢?最根本有效的方法就是要求领导者从自身做起,提高自己的致辞水平,让自己的发言成为活动的亮点。

那么,领导者如何才能提高自己的致辞水平呢?其实,很多人把领导致辞想得十分简单,殊不知,这也是一门十分讲究的艺术,不经过精心地钻研和学习,是很难领悟其中的诀窍的。有这样一个典故形象地体现了领导致辞的精髓所在。美国总统威尔逊是一位十分擅长现场讲话的政治高手,有人在向他请教领导致辞的秘诀时问道:"请问威尔逊总统,您平时准备一份大约10分钟的讲稿,需要花费多长的时间呢?"威尔逊想了想说:"至少需要两个礼拜吧!""那准备1个小时的讲稿需要多长时间呢?"那个人又问道。"最多一个礼拜就可以了。"威尔逊肯定地回答。那人听了威尔逊总统的话,若有所思地又问道:"那如果要准备2个小时的讲稿呢?您需要多长时间呢?"威尔逊听了,爽朗地笑了起来:"这个根本无须准备,我现在就可以开始讲。"威尔逊总统的故事告诉我们，领导致辞要想做到精练简短，是需要做好充足的准备的。越是简短的致辞，越需要对内容进行高度的凝练，做到用最简短的话体现最丰富的内涵，这是每个领导者都需要认真考虑，并对自己的语言进行锤炼的关键所在。

一个懂得语言艺术的领导，在致辞的时候一定懂得，一篇好的致辞，一定能够赢得听众的掌声、叫好声，关键还要有笑声。可以说，这是所有精彩讲话的标志，领导致辞只要让听众有了这三种反应，就可以称得上是一次完美的致辞了。首先，致辞中间有掌声响起来，证明发言人的讲话赢得了听众由衷地肯定和赞扬；致辞中间有笑声，可以充分说明领导者的讲话是生动形象、风趣幽默的，同时笑声是最好的互动形式，可以有效调动听众的情绪；而叫好声则是对演讲者观念的充分认可，证明讲话者的言论具有强烈的说服性，并得到了听众的积极响应。领导致辞的过程中，如果中间时常伴随这些声音，那么，毫无疑问，您的致辞水平已经达到了一个很高的水平。

或许人们又要问，致辞能够得到听众的响应当然是件求之不得的好事，但如何才能让自己的讲话牵动听众的心，并得到他们的附和呢？这就要求领导者在讲话的时候，无论从外部形式上，还是从内部深意上，都要力求新颖、鲜活、足够的吸引人。也就是说，领导在讲话的时候，从一开始就要充分调动听众的耳朵，毕竟，任何讲话只有先"入耳"，才能够"入心"。要做到这一点，讲话的内容就应该生动、有趣、贴近听众的心理，让人产生听的欲望。之后，就要在讲话深度上做文章了，如果为了吸引听众而忽视讲话的质量，听众会在内心认定讲话者是一个毫无深度，没有内涵的人。只有真正有深度，让人听后回味无穷的讲话才能让听众从内心里折服。当然，任何讲话如果超时，就会让自己的致辞水平大打折扣，为了尽量避免这种恶性现象的发生，讲话者一定要做到"意尽言止"，当然，如果你有足够高的讲话水平，能够很好地做到"言止而意未尽"，那是最好不过了。这就需要领导者对自己的口才有充足的自信，同时也对现场听众的心理把握得十分准确到位。

相信很多人都会有这样的体会和经验，凡是失败的致辞，会场纪律一般都很混乱，听众大多也表现得心不在焉，放眼望去，很少会有人专心致志地听台上的人讲话。为了维持现场秩序，主办方总是会想方设法对会场纪律进行干预，然而，这种强制性的方法虽然能管住听众的身体，却管不住听众的心。相反，真正有质量，有魅力的讲话，根本无须维持纪律，听众就会自觉地集中精神，全身心投入到与演讲者的互动中去。这时候，你会发现，现场很少会有人打瞌睡，也很少有人乱走动、干杂事……通常来说，能够吸引听众的讲话都会尽量做到通俗化、规范化、感情化、个性化。抓住了这几个要点，讲话的效果就会明显不同。其中，通俗化要求讲话者尽量使用大众化的语言，尽量做到通俗易懂，让绝大多数的听众都能够接受，并能够理解讲话的内容。这里需要强调的是，很多人会把通俗化理解成庸俗化，这是讲话失败的最常见原因。通俗是指语言的运用要朴素、自然，接近大众的水平，而不是为了显示自己的高雅故意装腔作势，使用晦涩难懂的词句和呆板乏味的说教，甚至有些人在讲话的时候，为了吸引听众，故意讲一些不登大雅之堂的流俗，大大降低自己的致辞水平。规范化是领导讲话最基本的要求，主要是让讲话者注意使用得体的语言，语言句式都要符合与语法规范，不能让人在听的过程中产生歧义，不明就里；当然，讲话的内容也要符合政策要求和法律规范，不能胡编乱造，乱说一气。感情化要求讲话者在讲话的同时融入自己的感情，让自己看似朴实无华的语言亲切入耳，具有一定的感染力，而讲话的人也要保持和蔼亲切的态度，语气要能感化人，情理结合，只有这样才能博得听众的喜爱。很多人在讲话的时候之所以不能引起共鸣，就是因为他们时刻保持一种高高在上的态度，言辞也总是曲高和寡，以权压人，这样一来，听众就会轻易被拒之千里，自然也就达不到理想的致辞效果。最后一点要强调的是要保持自己的个性化。每个人都有自己的个性，也会有自己的讲话风格，如果为了赢得听众的心，摒弃自己的特点，追求千篇一律的风格，也是很难让听众留下深刻的印象的。因此，在遵循讲话的要点和原则的同时，领导者应该根据自己的性格和特点，培养一种与众不同的、专属于自己的讲话风格，让听众一听到你的声音，就会深深地记住你，并喜欢上你的演讲。

综上所述，领导人如果想要从根本上提高自己的讲话水平，是需要长期地钻研和付出的。任何能力都不会是一朝一夕就能拥有的，致辞看似简单，其实是对一个人素质、能力、现场操控水平和文化底蕴的综合考量，因此，需要领导者从多方面提高自己，让自己成为一个心藏智慧的人。为了让所有身为领导的人都可以从根本上提高自己的致辞水平，为自己的个人魅力加分，现在，我们就来系统总结一下，绝对精彩的领导致辞应该具备哪些因素，或者说，领导者应该从那些方面提高自己的讲话水平。

（1）领导讲话一般都是政治领袖或者是各企事业单位和政府部门的各级领导为了场面或是工作需要进行的一些言论宣传。因此，领导讲话代表的不是个人，应该具有一定的权威性。尤其是当领导的讲话内容涉及宣传政见、安排部署之类的工作时，更应该与一般的演讲和发言区别开来。权威性的致辞能够真正起到政令的作用，因此，领导讲话的第一点就是要具备权威性。

（2）领导致辞如果想要被听众接受，首先要有吸引力，让听众有听下去的欲望，只有这样才能取得预期的效果。而要做到这一点，领导在讲话的时候，都应该尽量使用具体、形象的语言和材料，让听众无论身处什么样的场合和环境，无论具备什么样的文化层次，都可以轻易理解和接受讲话者的言论，因此，领导者的讲话一定要生动，并且传神，尽量做到自己所说的，正是听众想要听的，也就是说，领导者在讲话的时候，要善于抓住群众的心理。总而言之，领导者应该明白一句话，无论任何时候，鲜明生动的语言都比干涩难懂、空泛乏味的说教更能赢得喝彩。

（3）领导者讲话能够直接体现出自己的水平和深度，高水平的致辞能够给听众留下受益匪浅、听有所获的感觉，相信所有的领导人在讲话的时候，都希望能够给听者留下这样深刻的记忆。这就需要领导者在讲话的时候，善于渗透具有科学性和知识性的内容，给听众提供明确的、有价值的信息，让他们感受到言辞中的深度和力度，相信，任何一个听众都渴望听到的是一场具有深刻意义和科学性的文化盛宴，而不是随意的空洞口号！

（4）领导者应该是时代的引领者，他们在任何场合说的话，都应该带有新鲜的血液，而不是总讲一些老套过时的言论。因此，聪明的领导者无论是语言的使用，还是讲话的内容，都会尽量吸收当下最具有创造性的，具有时代气息的思想和成分，让自己的言论具有强烈的时代感，而不是让人感觉自己是一个思想守旧的老古董！虽然真理不怕重复，但如果领导者讲话总是老调子，毫无新意可言，即使所说的话都是金科玉律，也很难引起听众的共鸣！

（5）之所以会有领导致辞，就是需要借助领导的身份说明或者解决一些问题的。因此，领导致辞一定要有强烈的针对性，讲话的时候，要切中要害，把话说到点子上，让问题得到彻底的解决。这就需要领导对会议的主题、说话的场合、活动的性质等问题有一个较为全面的了解，在具体实施的过程中，也要考虑到听众的心理需求和接受程度。这不仅需要领导者具有敏锐的洞察力，还要准确把握活动的主题，讲出的话必须要有实际内容，有切实可行的对策和招数，切勿装腔作势、哗众取宠，以一些空话和官腔来敷衍听众。

（6）领导讲话一定要控制好时间，不能一开口就长篇大论，没完没了。对于大众来说，没有人喜欢冗长的、毫无意义的讲话，真正高质量的致辞大多会惜语如金，讲话绝不拖泥带水，而是用最简练的语言干脆利落地表达自己的观点，给人以启迪和鼓舞，同时也更能赢得听众的称赞。

第二章　节日致辞，普天同庆喜洋洋

中国人一直对传统佳节十分重视，每逢佳节来临之时，举国上下都要按照当地的风俗进行庆祝，因此，重大节日在中国人的生活中有着举足轻重的地位。这时候，各级领导出于礼仪，都要代表各自的单位和企业进行致辞，其核心内容就是表达自己对下级的祝福，同时做好节前、节后的工作总结和希冀。当然，领导在进行此类致辞时，需要喜庆、热情、富有感染力，让听众完全感受到节日的气氛。

1. 领导元旦致辞范文

"元"对于中国人而言有开始的意思,而"旦"则指的是天明的意思,"元旦"便是新的一年开始的第一天,这一天也是我们国家的传统节日,很多机关、企业、学校都会放假,但是在放假前夕,几乎所有的单位都会举行相应的元旦晚会、茶话会,用以总结过去一年的工作,并对新一年做出规划和憧憬,在晚会上,领导同志的节日致辞是至关重要的,能够在很大程度上鼓舞士气、增加气氛。

范文一:××学校元旦晚会致辞

致辞人:××学校校长

致辞场合:学校举行的元旦晚会现场

在场人物:学校全体师生

各位老师、同学们:

大家好!再过短短几个小时,××年希望的钟声就将敲响了!此时此刻,我的心情和大家一样,都是异常兴奋和激动的!爆竹声声辞旧岁,载歌载舞贺新年。新的一年开启新的希望,新的一年承载新的梦想。在这样一个美好的夜晚,我们欢聚于此,举办这个元旦文艺晚会,大家一起共度美好时光。放眼望去,我们整个校园、整个礼堂都洋溢着节日的欢乐气氛,每个人的脸上都洋溢着无比愉悦和舒畅的笑容。

首先,我代表学校全体领导向所有辛勤的园丁和奋斗在教学一线的老师们表示崇高地敬意和无比地感激!在过去的一年中,学校的全体教职员工在自己的工作岗位上勤勤恳恳、任劳任怨,始终保持着一颗真诚的心,无私地为学生奉献着自己的精力和心血。正是因为这样,我们学校在过去的一年中才能够保持行业领先水平,培养出了更多的优秀学子。在这里,我要向各位辛勤耕耘的老师们以及处于管理职位的教育工作者们致以节日的祝福和新年的问候!

回顾即将过去的××年,每个人的心中都会浮现出无数的画面。学校秉承一贯的校训和宗旨，在上级领导的重视和培养下，在全校老师的共同努力下，在全体学子求学上进的精神状态下，我们学校取得了优异的成绩，并获得了长足的发展，学校的办学质量大大提高，师资力量也更加壮大。目前，我们学校在全省的排名十分靠前，并成为省级文明示范单位。在学生动手竞技能力方面，我们学校也取得了骄人的成绩。可以说，过去的××年是丰收的一年，是值得我们庆贺的一年。岁月在我们身边悄悄流逝，很多人和事已经被我们逐渐淡忘，而你们这些可爱的人将永远成为我们心中永远挥之不去的记忆，我们的人生因为你们而精彩！

展望即将到来的××年，我们倍感任重道远。但是有在座各位优秀老师的支持和学生的努力，我们心中充满了希望。××年，我们学校依旧用发展的眼光看问题、坚持把人性化和创新力作为主题、以各位的鼓励和支持为动力，坚定克服一切困难的决心，在新的一年创造更好的成绩。而学校的管理层也会不遗余力地贯彻上级领导的指示和安排，做好分内的本职工作，放下架子为学校的事业做出应有的贡献。

各位老师，同学们，回望过去，我们心中感慨万千；展望未来，我们心中充满希望。作为学校的一校之长，我甚至自己肩负的责任和义务。在新的一年中，我愿意和各位老师一起，为学校的教育事业兢兢业业、无私奉献；我也愿意和各位同学一起，排除学习过程中遇到的艰难险阻。你们是我最亲爱的朋友，在这里我祝愿各位老师和同学在新的一年中，工作顺利，学业进步！我坚信，在全体师生的共同努力下，我们学校的发展一定会上一个新的台阶！

各位老师，同学们，冬日的暖阳亲吻着我们的脸庞，美好的希望留存在我们心中。祝福各位老师和同学们元旦快乐！在这个热情洋溢的晚上，大家尽情高歌，尽情欢乐吧！在庆祝这个美好佳节的同时，也期待学校的明天会更好！谢谢大家！

范文二：机关领导元旦茶话会致辞

致辞人：××机关负责人

致辞场合：××机关举行的元旦茶话会现场

在场人物：××机关全体职工

各位领导、同志们：

大家好！丰收的××年即将向我们挥手告别，充满希望的××年迈着大步正向我们走过来！新年钟声即将敲响，历史即将翻开新的篇章，而我们×

××机关也将迎来崭新的一年。在这辞旧迎新，欢聚一堂的喜庆日子里，能够在此畅谈未来的大好形势，展望××机关的美好未来，闲话友谊，共叙深厚的工作感情，真是一件无比亲切、无比温馨的一件事！

在这里，我代表××机关的党政班子，向辛勤工作一年的机关同人表示诚挚的感谢和美好的祝愿，并致以元旦佳节的亲切问候！在此，我代表××机关向各位同人的家属致敬，祝他们元旦快乐，新年能有新起点、新年会有新辉煌！

即将过去的××年，对于我们××机关而言是非常不平常的一年。以××局长为首的新一届的领导班子，面对全球经济不景气带来的严峻挑战，带领机关的全体同人攻克各个方面的困难，牢牢抓住"经济发展、促进民生"两个重点建设工程，在艰难险阻中逆流前行，在克服困难的过程中永不后退，在化解危机的过程中不断发展。在全体同人的共同努力之下，全市的产业发展势头越发强劲，项目建设卓有成效，各部门的管理也在不断深化，职工的思想水平和生活水平都有了显著提高，××机关上上下下呈现出了良好的发展势头。可以说，现在××机关全体职工的信心指数不断提高，领导班子的凝聚力更加强势，这为××机关未来的发展奠定了坚实的基础。

回首过去的一年，我们深深地感受到了工作的压力和困难，也体会到了成功的来之不易。我们取得的成绩饱含了各位的汗水和泪水，是各位团结拼搏、无私奉献的精神支撑着××机关在风雨中继续前行。在此，我向各位表示深深的敬意和由衷的感谢！

展望即将到来的新年，我们深感责任重大。但因为有各位的鼎力相助，我们觉得信心十足！明年是经济起死回生最关键的一年，也是我们机关发展的转轨之年，在新的一年中，我们更应该抓住身边的机遇，乘风破浪，努力把××机关的业绩做得更好，让我们机关成为市里最优秀的机关！

各位同人，新的一年预示着新的希望和未来，在未来的征程中如何谱写壮丽的篇章，还需要仰仗各位的支持和帮助！在此，××机关的党委班子希望全体机关工作人员，要紧紧围绕党政中心，以大局为重，狠抓落实，进一步提高个人素质，树立良好的机关形象，全心全意履行自己的责任和义务，为广大人民群众办实事、办好事，以优异的成绩回报党的培养和人民群众的支持！

最后，我代表××机关的党政班子、领导班子祝大家元旦快乐，合家幸福，身体健康，工作顺利！

范文三：企业领导元旦晚会致辞

致辞人：××企业总经理

致辞场合：××企业举行的元旦晚会现场

在场人物：××企业全体员工

尊敬的各位领导、各位来宾：

大家晚上好！爆竹声中一岁除，春风送暖入屠苏。伴随着胜利和喜悦的心情，满怀着对美好未来的期待和憧憬，我们即将迎来充满希望的××年。××公司向在座的各位领导、来宾以及所有的员工问好，同时向一直工作在一线部门的团队和员工致以诚挚的问候和由衷的祝愿！

天道酬勤，在即将过去的××年，对于××公司而言，是艰苦奋斗的一年，是团结拼搏的一年，也是××公司开拓中国市场最艰苦的一年。对于××公司来说，××年是非常不寻常的一年。经过一年的市场考察和时间考验，××公司以过硬的软件设施、先进的生产技术、科学创新的市场运作理念、稳健的生产力分配制度、深厚的企业文化、雄厚的资本实力和合法的经营策略，得到了国内外市场的一致好评和认可，同时，也得到了其他行业领域的合作和青睐！××年即将离我们远去，但是××年对于××公司而言是至关重要的一年，我们××人通过一年的开拓创新、不辞辛苦，让公司的业绩迈上了一个新的台阶，并让公司的先进技术与市场紧密地结合在一起，奠定了××在同行业中取得领先地位的基础。

现在，××公司已经走上了从生产单一产品升级为生产多元化产品的路线，公司的业务面也更加宽广。目前，公司和世界500强的××企业正在合作研发一种新型的产品，这项产品面世之后一定会让我们公司的声望大振。

对于未来，××公司充满期待，展望即将到来的××年，我们的心情是无比激动的，××的未来是无可限量的，××人的未来也是前程似锦的。在新的一年中，我们应该继续秉承科学的发展观和公平竞争的理念，赢得更大、更广的市场。坚持"诚信是企业的生命、质量是企业的未来"这样的企业文化理念，把自己的客户看作是企业发展的先决条件，抓住市场竞争带来的机遇，将公司现有的技术力量发挥到最大、最强。

在即将到来的××年，××公司将会加大资金投入力度，加强技术开发人员的综合素质建设，更加贴近消费市场，不断进行改革创新，加快新产品的研发、生产工作，为公司培育更多新型的经济增长点。

新年的脚步距离我们越来越近，新年的钟声即将敲响，××年的曙光即将照耀在我们每个人的脸庞上，在即将过去的××年里，我们已经播种了希望的种子；在即将到来的××年，我们××人应该团结在一起，携手并肩，向着更大、更远的目标不断奋进，去续写××公司明天的新篇章，去开创××公司未来的新辉煌！

在此，我谨代表××公司的高层和董事会向在座的各位致以衷心的祝愿和美好的祝福！祝在座的各位以及各位的家人元旦快乐，新年愉快，身体健康，事业顺利，合家欢乐！谢谢大家！最后，让我们在觥筹交错中，在欢歌笑语中，在幸福愉悦中，开始元旦佳节的庆祝晚宴！大家一起举杯，为美好的明天尽情畅饮吧！

2. 领导春节致辞范文

春节是中华民族的传统节日，它是辞旧迎新的一个节日，也是一个充满生机和希望的节日。因此，国内有很多公司、企业会把公司的年会放在春节来临之前召开，而公司年会中领导的致辞则是年会中最令人关注的开场。因此，好的总经理年会致辞或者新春致辞，对于领导而言是至关重要的。

范文一：××公司领导春节晚宴致辞
致辞人：××公司领导或负责人
致辞场合：××公司举行的年会晚宴
在场人物：××公司全体员工
全体员工：

大家好！律回春晖渐，万象始更新。非常高兴今天能有这样一个机会，和各个部门的员工欢聚一堂。在我们国家的传统节日——春节即将到来之即，请允许我代表××公司对各位的到来致以热烈的欢迎和新春的祝福。

对于××公司而言，××年是勤勤恳恳、辛勤耕耘的一年；是锲而不舍、不断超越的一年；是创新奋进、成长升华的一年。在公司××部、××部等部门的统一协调、组织、指导和监督下，在各分支机构的通力合作下，我们顺利完成了××年的工作计划。

在这里，我们回顾××年，心中充满了感慨，我代表公司感谢全体员工的支持,同时我在这里也再次感谢××部、××部、××部……对公司业绩的提升所做出的巨大贡献,谢谢各位员工对公司的支持和帮助!

如今,××年我们所取得的所有成就和辉煌都已经成为过去,我们付出的辛劳和汗水也已经得到了相应的回馈和收获。但是,所有的成绩都属于昨天,在新的一年中,我们将会继续紧密团结在一起,各部门之间也将继续进行密切的配合,把我们公司的发展推向另一个新的高峰。

在新的一年中,我们对新的一年充满了期待和向往,××公司将继续弘扬企业文化,秉承"团结、创新、共赢"的企业宗旨,为社会做出更大的贡献,为员工谋求更多的福利。××年的春节就要在我们的期待中走来了,我希望所有员工都对公司的未来满怀憧憬,相信公司的未来会更好!

新的一年,代表新的希望、新的机遇和新的挑战,我们会共同迎来更加紧密的合作关系!我们期待在××年的今天,还能够欢聚一堂分享胜利的果实,畅想美好的未来!

今夜是值得我们回味的一夜,我们欢聚于此不仅是为了欢送辛苦奋斗的××年,更是为了迎接充满机遇的××年,让我们扬起希望的风帆,在新的一年中乘风破浪,取得更大的成就!

在此新春佳节来临之际,我谨代表××公司,再次向各位员工致以新春的问候和诚挚的祝福!祝大家在新的一年中身体健康,万事如意,步步高升,财源滚滚!

范文二:××市领导春节致辞

致辞人:××市领导

致辞场合:××市委、市政府举行的春节晚会

在场人物:社会各界人士

尊敬的各位来宾、朋友们:

大家晚上好!在这辞旧迎新的时刻,在这万家团圆、处处充满着节日气氛的时刻,我代表××市委、市政府、市人大、市政协,向全市人民拜个早年!向一直以来关心和支持××市经济发展的社会各界表示由衷的感谢,向支持市政工作的广大职工、武警官兵、公安干警、离、退休老干部致以节日的问候和新春的祝福!在此,特别向在节日期间依然坚守在工作岗位和生产前线的同志和朋友们表示真挚的感谢,并祝你们新春愉快!

××年的钟声即将敲响,即将过去的××年是不寻常的一年。我市在过去的一年中经历了不同的发展历程,全市上上下下都在牢固树立和落实科学

的发展观，紧紧围绕在党和国家的周围，抓住全国经济气温回升的有利时机，在省委、省政府的正确领导和细心帮助下，我市牢牢抓住经济建设和生态建设两大重点，攻克了无数难关，同时也开辟出了一些新的道路，为我市的经济发展注入了新鲜血液。与此同时，我市在资源管理和能源利用发面都取得了不俗的成绩，各个项目建设也卓有成效，全市职工和群众的生活水平都有了明显提高和显著改善！另外，我市的教育、文化等各项事业都取得了进步和发展。全年完成地区生产总值××亿元，实现财政收入××万元，城镇人均可支配收入达到了××元，全市农民人均纯收入达到了××元。在前不久刚刚结束的××会上，我市获得了全省经济发展目标考核的第××名。目前，全市呈现出经济稳步、快速发展，社会安定和谐，人民群众安居乐业的良好势态。出现这样的良好局面，离不开社会各界的帮助和支持，离不开上级领导的关心和爱护，我代表××市委、市政府在此感谢大家，希望在未来我们可以有更好的合作！

  新的一年孕育着新的希望。即将到来的××年是我市加快经济建设步伐的一年，也是我市经济发展最关键的一年。在新的一年中，我们一定要遵从市委、市政府的领导和部署，深入贯彻科学的发展观，坚持科学的发展战略，全面加强对我市的资源保护和能源利用，对各项市政建设予以支持和关怀，不断创新改革机制，密切关注民生，为我市的发展奠定坚实的基础，同时也为我市的健康、可持续性发展提供有效的支持和鼓励！

  同志们，朋友们，旧岁已展千重锦，新年再进百尺竿。我相信，在未来的日子里，遇到的任何困难都不会改变全市人民共创美好生活的强烈愿望和决心，任何挑战都不能阻挡全市人民加快经济发展的决心和斗志，只要我们众志成城，用更足的干劲儿和更顽强的毅力去拼搏、去奋斗，就一定能够取得更加优异的成绩、迎来更加辉煌的明天！

  最后，由衷祝愿全市人民新春愉快，合家欢乐，身体健康，心想事成，万事如意！

范文三：××煤矿党委书记春节致辞

致辞人：××煤矿党委书记

致辞场合：××煤矿举行的春节活动

在场人物：全体职工、家属

广大职工，各位家属，离、退休的老同志们：

春节好！在这万家团圆之际，我谨代表××集团的领导班子向广大职工、各位家属以及集团的离、退休职工拜年，向在节日期间依旧工作在一线的广大职工致以诚挚的问候，祝大家新春快乐、工作顺利！

即将过去的一年，对于我们煤矿行业而言是形势多变的一年，国内外的经济形势在一年中出现了各种令人无法揣测的变化，面对复杂多变的局面，××集团的各级组织和广大职工坚持以科学发展观为导向，坚持可持续的发展战略，面对混沌的局面，采取积极的态度去改革和创新，最终，××集团在技术研发、体制改革、节能减排等方面都获得了长足的进步和发展，职工的生活水平也因此得到提高和改善。

取得这样令人惊喜的成绩，源于各级领导正确的指导方针，源于各位职工工作上的努力，源于各位家属的支持，源于历任领导打下的良好基础。借此机会，我代表××集团向各位表示衷心的感谢！

××年，将会是××集团在煤矿行业立足新起点的一年，也是××集团实现跨越式发展的一年，在新的一年中，××集团在确保安全生产的同时，将大力发展节能减排事业，这样才能维持集团在未来的可持续性发展战略。面对新的经济形势，我们必须坚持科学的生产和发展观，把握方向调整的主攻方向，把深化改革作为重要的发展手段，把企业的党政优势作为可靠保证，以更大的决心、更足的动力，保质保量完成明年的工作计划和工作目标。集团的各级组织和广大的干部职工要进一步加强自身的机遇意识和责任意识，振奋精神、鼓舞士气、凝聚力量、狠抓落实、万众一心，共创××集团新的辉煌！

同志们，把××集团发展得更好、更强，是我们每一个职工的心愿，也是广大职工家属的热切盼望，同时也是上级领导的期望。在新的一年，××集团的职工身上的责任将会更重，让我们紧密地团结在一起，为××的发展贡献自己的绵薄之力吧，让我们再接再厉，共同奋斗，为××集团提升核心竞争力注入更强的力量！

最后，祝大家春节愉快，在新的一年中身体健康，事业顺利，步步高升，合家欢乐！谢谢大家！

3. 领导妇女节致辞范文

世界因为有了女人，而变得分外美丽；生活因为有了女人，而变得分外精彩！在世界上，因为女性的独特和个性，出现了女性专属的节日——妇女节！在这个专属女人的节日里，世界上的很多国家都会举行相应的活动，以此来祝福女性！在隆重的节日庆典上，领导同志的致辞就显得格外夺目！

范文一：××市领导三八妇女节庆祝晚会上的致辞
致辞人：××市妇联领导
致辞场合：妇女节庆祝晚会现场
在场人物：社会各界的妇女代表
亲爱的妇女同志们：

大家好！今天我们欢聚一堂迎来了全世界女性朋友共同的节日——三八国际妇女节！在今天这个值得庆贺的日子里，我们有幸能和大家聚集在一起庆祝美好时光，真是一件值得欣喜的事情！

今天是国际妇女节成立的第××周年，在今天这样喜庆、祥和的日子里，首先请允许我代表××市妇联向全市的妇女姐妹们致以节日的问候和衷心的祝福！向一直以来支持和重视妇女解放和妇女平等的各位领导和社会各界人士表示由衷的感谢！

1910年，在哥本哈根召开的第二次国际社会主义妇女代表大会上，通过并确立了每年的3月8日为全世界妇女的节日，以此来加强全世界劳动妇女的团结，并支持世界范围内的妇女解放运动。直至今日，每年的3月8日就成了全世界劳动妇女争取平等、权益、自尊的伟大节日！

在过往的岁月中，中国妇女的地位一直都在不断改变，中国的妇女解放运动也经历了无数的艰难险阻。回顾过往的里程，我们如今感到万分幸运，在中国共产党的正确指引下，中国广大的妇女同胞们把自己的命运同国家、民族的伟业紧紧联系在一起，这个时候，妇女的作用发挥出前所未有的力量，而中国妇女的精神面貌也得到了翻天覆地的变化，中国的妇女事业也出现了前所未有的发展和进步！

随着中国妇女解放运动的不断发展，我市的妇女事业也取得了很大的进步。在我市的经济建设领域，各位姐妹们充分发挥自己的聪明才智，解放原有的落后思想，敢作敢为，为我市的经济发展和新农村建设发挥了极大的力量，同时也彰显了妇女姐妹们的巾帼风采！在精神文明建设方面，妇女姐妹们也充分发挥了各自独有的优势，在全市范围内开展了文明健康的生活方式，让全市人民在讲正气、促和谐的文化氛围中幸福、愉快地生活！

去年，姐妹们继续弘扬和宣传勤劳勇敢、尊老爱幼的传统美德，在全市开展扶贫济困的公益活动，推动了我市知荣辱、促团结的良好社会风尚。在倡导民主建设的今天，我市各个行业、阶层的女性同胞们积极发挥自己的光和热，关注社会发展的新动态和新方向，积极地参与到社会的各项生活活动中去，各行各业都涌现出一批先进知识女性的身影。

如今，男女平等的理念已经深入人心，一个尊重妇女主权、支持妇女就业、创业的社会大环境已经逐步形成和改进，妇女的解放运动进入了一个崭新的时代，同时也取得了前所未有的成功！在此，我代表全市××万的女性同志向关心、支持女性事业的各级政府、部门再次表示感谢，向全市各个领域的妇女干部表示崇高的敬意！谢谢你们！

回顾过去，我们付出了勤劳和汗水，收获了喜悦和成功，但是这仅仅属于过去，而我们的使命在明天、在未来！新的征程、新的起点正在召唤着我们，亲爱的姐妹们，就让我们携起手来，为建设和谐社会、创造美好生活继续奋勇拼搏吧！我相信，在今后的日子里，只要我们携手共进、万众一心，就一定能够为社会做出新的贡献，也一定可以在维护妇女儿童权益方面拥有新的作为！

虽然我们是一群小女人，但是我们在各自不同的工作岗位上用我们的努力和优势彰显着我们的特色，发挥着我们的作用！在各项社会工作中用各自的社会实践渲染着缤纷的色彩！相信自己，让社会和家人因我们而骄傲吧，因为我们从不放弃，因为我们一直在努力！

姐妹们，让我们的青春在维护妇女权益中绚烂绽放！让我们的理想在促进男女平等中飞翔！让我们的激情在无私奉献中尽情挥洒！等我们头发花白、满口假牙的时候，我们可以自豪地说，我们无愧于这个进步的时代！

最后，祝大家妇女节快乐！谢谢大家！

范文二：××公司领导庆祝三八妇女节致辞

致辞人：××公司相关领导

致辞场合：××公司

在场人物：××公司员工

尊敬的各位领导，尊敬的女士们、先生们：

大家好！今天对于女性同胞而言是一个比较特殊的日子，因为今天是属于女性的伟大节日——三八妇女节！在此，我谨代表公司向公司的女士们致以节日的问候，祝你们家庭幸福、事业顺心、青春永驻！

我们知道，妇女节是为了纪念全世界劳动妇女争取民主、平等、解放的节日，直至今日已经有了近百年的历史。在当今的社会环境下，妇女节又被赋予了新的含义，当代女性在社会主义建设的过程中发挥了巨大的作用，而在我们公司，女性的作用是举足轻重的，为公司的发展起到了关键的推动作用！

当我们的公司实现跨越式发展的时候，当我们的公司实现一年一个新台阶的时候，当我们公司的业绩呈现芝麻开花节节高的势态时，我们不能忘记公司管理层中的巾帼英雄们，是你们向我们展示了巾帼不让须眉的气概和魄力，工作中尽职尽责、雷厉风行，是你们的无私奉献和兢兢业业让公司的业绩上了一个新的台阶。还有公司广大的女性职员，是你们把公司当作家，风里来雨里去，一门心思扑在工作上，为公司的发展做出了巨大的牺牲！

我们没有办法忘记公司产品的精美包装背后，是我们朴实、细心的车间姐妹，是你们远离家乡、远离父母，不分日夜坚守在自己的工作岗位上，用自己灵巧的双手为公司描绘出一张蓝图。

我们没有办法忘记公司餐厅的阿姨们，是你们用勤劳的双手为我们做出了可口的饭菜，你们无怨无悔、任劳任怨，每天早出晚归，舍小家为大家！是你们的汗水和勤劳为我们换来一桌可口的饭菜、一片干净的工作环境！

是女性支撑着公司的半边天，为公司的进步和发展做出了重要的贡献、奉献了巨大的力量！在此，诚挚地说一声，你们辛苦了！××公司取得今天的成就有你们一半的功劳！

公司还是要继续往前走的，属于我们的辉煌和成就还在等着我们去奋斗和创造，当然，属于我们的挑战和困难我们也应该继续应对和接受！在新的时期，我们应该用更加饱满的激情和斗志去奋斗和挑战，而作为新时期的女性，同样应该紧跟时代的步伐。在此，我代表公司希望各位巾帼英雄们用更加激昂的斗志和更加饱满的热情投入到××公司下个阶段的工作中去，××

的明天需要你们去描绘！

范文三：××煤矿领导庆祝三八妇女节致辞

致辞人：××煤矿的女干部

致辞场合：××煤矿

在场人物：××煤矿的女员工

女职工同志们：

大家好！三月是万物复苏的时节，我们在三月也迎来了我们女性的节日——国际妇女节！春回大地，万物复苏。就在今天，我们在这里举行隆重的庆祝活动，来纪念女性伟大的节日。借此机会，我代表××煤矿党委、××煤矿的领导班子向在座的各位女职工致以节日的问候，祝愿各位幸福美满、万事如意、青春永驻！

妇女节是全世界劳动妇女的节日，这个节日也预示着全世界妇女团结奋斗、争取解放的光辉历程！一百多年以来，世界妇女的解放运动表现得波澜壮阔，而我国的妇女解放运动也取得了卓越的成就。随着经济发展的脚步，广大的妇女同志积极要求思想上的进步，充分发挥自身的聪明才智，向国人展示了巾帼风采。

在我矿的发展历程中，同样充满了女性的智慧。广大女性同志将自己的个人利益和××煤矿的发展紧密地联系在一起，在各自平凡的工位上做出了不平凡的贡献、创造了不平凡的业绩，为矿井撑起了半边天，用自强、自立的时代精神构筑了××煤矿一道绚丽的风景线。

各位姐妹们，矿区的发展离不开大家的支持和帮助；矿区的也离不开大家增砖添瓦。因为××煤矿，使我们大家聚集在一起；因为共同的事业，使我们彼此心灵相通。××煤矿拥有今天的成就是我们打击共同努力的结果，但是，成绩只属于过去，只有不断进步才有未来。女职工们，在新的一年中，我们面临的任务会更加艰巨，希望大家在矿区领导的指挥和引导下，振作精神、不断开拓进取，在各自的职能岗位上，再创新的佳绩！我们只有以更加努力的状态、更加愉悦的心情，才能够在激烈的社会竞争中脱颖而出，为矿区贡献自己的聪明才智！

铿锵玫瑰，风雨彩虹！我相信，有你们这样一群像花木兰一样的娘子军的大力支持，我们××煤矿的明天将会更加美好、更加繁荣！

最后，祝全体女职工节日快乐，也希望大家在今后的工作和生活中一帆风顺！愿成功的喜悦永远留存在各位心中，愿胜利的果实永远青睐你们的双手！谢谢大家！

4. 领导植树节致辞范文

随着经济的发展和社会的进步，人们的环保意识逐步加强，"低碳、环保"的理念已经深入人心。植树节被越来越多的城市和人们利用起来，人们在这一天会开展各种不同类型的植树活动，很多地方都会开展一些有创意和深意的植树活动。在这些植树活动开始之前，领导的致辞总会起到鼓舞士气的作用！

范文一：××市领导植树节活动致辞

致辞人：××市领导

致辞场合：××市的植树活动典礼上

在场人物：社会各界人士

同志们，朋友们：

你们好！春回大地，万象更新。欢迎各位来宾在百忙之中抽空参加××市一年一度的植树活动。我谨代表××市委、市政府向参加和支持此次植树活动的社会各界人士表示衷心的感谢，向支持我市绿化事业的同志和朋友们表示由衷的敬意和深深的感谢，向在造林、绿化一线的广大职工群众表示亲切的问候和衷心的感谢！

在过去的一年中，我们经历了多年不遇的干旱天气，在市委、市政府的正确指引下，在全市广大市民的支持和配合下，在社会各界人士的关心和支持下，我市以"绿化美好家园"为主题，开展了一系列的园林绿化工程和义务植树活动，都取得了圆满的成功和显著的成效！

今年，全市人民要围绕"树立科学的发展观，建设林业生态市"的主题，进一步提高对国土绿化的认知，坚持科学、可持续的发展观，为建设园林示范城市和生态文明城市奠定基础！通过全市坚持生态、经济协调发展来提升全市人民的生产、生活质量，实现我市环境优质发展，重现市民眼中的青山绿水、蓝天白云，为我市全面实现小康生活提供生态环境方面的保障。

在新的一年中，我市需要进一步改变方针政策，进一步加大城市绿化的宣传力度，在今后的生产、生活中，要有针对性地对市民宣传国土绿化知识和义务植树知识，并向市民大力宣传生态建设的重要性和巨大意义、只有不断深化全民的绿化意识，才有可能实现我市人与自然的和谐发展，才有可能让全市人民自觉关心、支持、参与我市的绿化建设中来！

对于植树活动，我们要做的就是不断创新、不断丰富、不断发展，不仅要在形式上吸引更多的人参与进来，还要在宣传上下足功夫，让不同年龄阶段的市民都能够踊跃参加到我市举办的义务植树活动中来。在新型的社会形势下，全民参与的义务植树活动，要在原有的基础上，往更宽广的方向拓展，往更深入的方向推进。在内涵上要做到有深意，在形式上要有创意！保证做到领导到位、措施到位、资金到位！

对于我市而言，要大力开展部门绿化工作，完善部门绿化责任制。我市各个单位在搞好自身绿化的同时，一定要积极参与到市里举办的其他义务植树活动中去！我市的适龄公民要切实履行好自己的义务，大力支持和参与到城市的绿化建设中来，让森林进入城市，让园林深入农村，让绿色通道成为真正意义上的城市风景线！

同志们，朋友们，让我们积极地行动起来，继续发扬中华民族植树造林的优良传统，让我们动手创建属于我们的绿色家园！利用春暖花开的大好时机、利用植树造林的大好时机，再次掀起全民植树的热潮，把我市的国土绿化建设推向一个新的高潮！为创建更加美好的家园贡献自己的力量！

范文二：××市领导在植树活动动员大会上的致辞
致辞人：××市领导
致辞场合：××市的植树活动动员会上
在场人物：社会各界人士
同志们，朋友们：

大家好！今天，我们迎来看全国第××个植树节！多年以来，我市根据上级部门的相关要求，认真贯彻落实林业相关的法律政策和法规，全面实施林业方面的工程建设，广泛开展全民性质的义务植树活动，全市的造林绿化事业取得了相当显著的成效。据统计，去年一年时间，全市有××万人次参加了各类的义务植树活动，累计造林××万亩，累计种植植被××万株，人均植树达到××棵，林木的覆盖率达到××%，是我市历史上植树面积最广、数量最多、质量最好的一年。

植树造林,对于广大人民群众而言是造福当代、利在千秋、具有深远意义的事业,也是我们每一个公民应尽的义务,全市人民一定要紧紧围绕市委、市政府建设神态环境城市的奋斗目标,抓住身边的有利时机,认真履行应尽的义务,积极参与到城市的植树活动中来,掀起植树造林的热潮!

在这里,首先要增强全民义务植树的意识,开展及时有效的全民动员活动,全民参与是植树运动快速发展的条件,也是加快国土绿化进程的一项战略性的措施。我市的适龄公民都应该以积极的心态参与到义务植树活动中去,各级市政部门也应该进一步加大宣传力度,切实增强适龄公民的自觉意识。其次,政府的相关部门,应该积极采取相关的有效措施,广泛开展各种形式的植树活动。各部门要根据自己的实际情况建立相关的植树基地,栽植各种具有意义的树种,确保义务植树活动可以深入人心,从而使义务植树活动变得更加制度化和经常化。市委、妇联、学校等机关团体要积极参与到这种活动中来,确保义务植树活动落实到实处!另外,我市要以"三个代表"重要思想为指导,切实加强对造林绿化工作的领导。各级绿化单位要加强内部的组织协调,努力为植树造林活动提供及时有效的服务和帮助。

同志们,朋友们,植树造林是全社会共同关注和执行的伟大事业,我们作为这个社会的一分子,应该积极响应全民义务植树活动的号召,以饱满的热情投入到植树造林的浪潮中去,为我市绿化城市做出应有的贡献!

最后,希望大家在春暖花开、万物复苏的日子中,抓住时机,为生态环境建设栽种一棵属于自己的纪念树!谢谢大家!

5. 领导在五一劳动节的致辞范文

五一劳动节是我们国家的法定节假日,同时也是全世界劳动人民的节日,每到这一天,世界各个国家的劳动人民都会举行相应的庆祝活动,我们国家也不例外。每年的这一天,举国上下一片节日的气氛,各种庆祝活动也会目不暇接。不管是活动还是庆典,都会有相关领导的致辞讲话,他们的致辞会让接下来的节目更加精彩!

范文一：××幼儿园园长五一亲子运动会致辞

致辞人：××幼儿园校长

致辞场合：××幼儿园举行的亲子运动会上

在场人物：××幼儿园职工、小朋友、家长

尊敬的各位家长、各位老师、亲爱的小朋友们：

大家早上好！在这个充满生机、万物复苏的季节中，我们怀着无比激动的心情迎来了××社区的亲子运动会，在劳动节即将来临之际，我们通过各项有意义的亲子运动来欢迎五一的到来。首先，我代表亲子运动会的组委会向筹备这次运动会的家长朋友、老师们以及全体的工作人员表示衷心的感谢，对参加亲子比赛的家庭、运动员表示衷心的祝贺，并预祝此次亲子运动会圆满成功！

××幼儿园是××省的一类幼儿园，也是××市的示范性幼儿园，为了能够尽到示范性幼儿园所具备的责任，利用现有的教育资源为社区的家长朋友们提供幼儿早期教育培训服务，培养小朋友的初步竞赛意识和团队合作精神，增强小朋友的身体素质，我园精心策划了这场别具匠心的，以"亲子运动、快乐五一"为主题的春季运动会。

参加此次运动会的运动员，不仅有我园大班、中班、小班的小朋友和家长们，还有来自社区周边的1—3岁的宝宝家庭。让我们用热烈的掌声欢迎让他们的到来！这次亲子运动会的举行，是我园儿童教育工作向周围社区辐射的一次大胆尝试，也是一次全新的尝试，是对全区幼儿教育事业和幼儿教育精神风貌的一次大练兵。相信在场的每一位运动员和教练员都会对此次运动会充满斗志，以激昂的斗志迎接挑战和困难，对吗？

本次运动会会出现四个大的项目类别，通过这四种不同类型的项目，我们的小运动员们会向家长全面展示他们各自的体能素质和运动水平，请家长在指定地点观看，并协助现场的工作人员维持现场秩序，保护小朋友的人身安全。当然，也希望有热心的家长随时伸出热情地双手，为我们的小运动员加油鼓劲！

最后，祝愿每一位小运动员都能够取得令人骄傲的成绩，再次预祝此次亲子比赛圆满成功！谢谢大家！

范文二：××医院院长庆祝五一致辞

致辞人：××医院院长

致辞场合：××医院

在场人物：××医院职工、领导

尊敬的各位领导、同志们、朋友们：

大家好！在这春暖花开、四处充满生机的美好世界，我们××医院在各级部门领导的关系和支持下，在全院职工的共同努力下，迎来了又一个五一劳动节！在劳动节即将来临之际，我谨代表医院的领导班子向全院的职员致以节日的问候，向在节日期间依旧坚守岗位的白衣天使表示崇高的敬意和深深的感谢！

××年以来，××医院在全体同人的支持和帮助之下，在各级领导的厚爱和教诲下，在社会各界认识的关怀和帮助下取得了很大的进步和一定的发展。在全院上下的共同努力下，医院凭借自身的实力在市场竞争激烈的医疗市场上迈出了艰难而关键的一步，医院的影响力已经辐射到了××、××等地，成为××地区一支不可忽视的医疗力量！

××医院的发展过程中，经历过磨难和坎坷，但是全院职工众志成城、艰苦拼搏、勇于创新，让医院不断发展壮大！××医院之所以能够取得今天的成就，离不开全院职工的无私奉献和共同努力！在此，请允许我代表医院的各级领导向支持我们的上级领导和医院全体员工，以及关心、支持医院发展的社会各界人士表示深深的感谢！我相信，医院在各位的支撑下一定会有更加长久的发展！

当前的医疗改革形式和不断变化的政策让我们医院的任务和责任变得更加艰巨了，但是因为有全院职工的聪明才智、团结奉献，××医院的明天一定更会更加美好！全院××名职工一定不会辜负各级领导的期望和社会各界人士的厚爱，一定会勤勤恳恳、无私奉献，努力把医院建设得更加完善、美好！

最后，祝各位劳动节快乐，身体健康，万事如意！谢谢大家！

范文三：××公司领导庆祝五一职工运动会致辞

致辞人：××公司领导

致辞场合：××公司的运动会上

在场人物：××公司全体职工

同志们、朋友们：

你们好！春回大地，万象更新！我们在这个春暖花开的时节中迎来了五一国际劳动节，对于我们这些劳动者而言，这是一个光荣的日子！在这个光荣的日子中，我代表公司的领导班子向全公司职工致以节日的问候，向在节日期间依旧坚守在工作岗位上的干部、职工表示崇高的敬意！今天，为了庆祝和纪念这个伟大的节日，我公司特意举办了第××届职工运动会。在此，我代表公司领导对此次运动会的举办表示热烈的祝贺！向在运动会期间服务、筹划的工作人员表示最诚挚的感谢！

对于一个企业而言，职工就是财富的创造者，也是公司企业文化的传播者！××公司举办这次运动会的目的就是加强企业文化建设、增强企业员工体质、陶冶企业员工情操！运动会的举办能够在很大程度上激发员工的热情、增强企业员工的团队凝聚力，为企业的建设发展巩固力量！

××公司自××年成立以来，一直非常重视和支持公司的工会工作，此次的运动会也是在工会工作人员的团结中诞生的，公司的工会让职工的文体活动变得丰富多彩、有声有色！职工在这样的情况下，变得更有激情和斗志，各项工作都取得了可喜可贺的成绩！我相信：此次运动会的举办，对进一步加强职工体育运动、全面提高职工运动意识具有很大的帮助！相信在未来的工作中，广大职工一定会以更加强健的体魄、更加饱满热情、更加激昂的斗志，积极地投入到各自的工作中去，实现××公司的健康、快速发展！

最后，预祝参加此次运动会的全体运动员能够取得优异的成绩，并预祝这次运动会圆满成功！谢谢大家！

范文四：××学校校长劳动节致辞

致辞人：××高中校长

致辞场合：××高中

在场人物：××学校教师、学生

各位老师、同学们：

大家上午好！在我们共同的期盼中，五一国际劳动节终于就要到了！在四月份的最后一天中，相信大家的心中充满了兴奋和愉悦！我在这里代表学校的领导向各位师生致以节日的问候，预祝大家在五一长假中玩得开心、学得愉快！

也许在同学们的眼中，五一意味着长长的假期，可以尽情地玩耍、聚会、旅游等等，但是你们忘记了五一是劳动人民的节日，它是全世界无产阶级、劳动人民共同的节日！世界各地纷纷将五月一日定位各自国家的法定劳动节，而在我们国家，中央政府在1949年的12月也将五月一日定位法定的劳动节。这一天举国欢庆，并会对有突出贡献的劳动者予以表彰和奖励！

但是具有戏剧性的是，如今的五一已经成为人们休闲娱乐的时光。对于我们学校的学生而言,在繁忙的学习之余,能够有一个假期进行放松,的确是一件幸运的事情。在劳动节期间,你们可以在家睡到自然醒,补充一下透支的体力,为接下来的学习生活储蓄更多的精力,或者可以看一些有益身心的励志读物,为自己充电!

当然,我们不能忘记这个假期是劳动节,既然是劳动节,我们是不是应该帮助家人适当作一些家务劳动,让父母更加高兴呢?如果在假期中,再做一些脑力劳动,比如把自己的作业认真完成,复习一下学过的知识,预习一下要学的课程,这样父母是不是会更加高兴呢?

对于高中生而言,目前的首要任务毕竟还是学习,希望大家都能够有一个充实、轻松的假期!谢谢大家!

6. 领导在五四青年节的致辞范文

五四青年节是为了纪念在1919年发生的学生爱国运动而设立的一个具有纪念意义的节日。在新中国成立之后,正式宣布每年的五月四日为中国青年节。之后,每年的青年节,中国各个地区都会举行各种各样、丰富多彩的纪念活动。许多地方会举行有意义的社会实践活动和仪式,这时候领导的致辞讲话往往能够起到振奋人心的作用。

范文一:××市领导在五四青年文化节上的致辞

致辞人:××市领导

致辞场合:××市举行的文化节活动上

在场人物:××市的广大青年及其他人士

尊敬的各位领导、同志们、广大青年朋友们:

大家上午好!在春暖花开,万物复苏的时节中,我们在这里举行声势浩大的集会活动,庆祝五四青年节的到来,纪念伟大的五四运动××周年,缅怀当年的热血青年为新中国的解放做出了努力和贡献!在此,我代表××市委、市政府向参加此次聚会的广大青年朋友们表示节日的问候和诚挚的祝愿!向在百忙之中抽空参加此次聚会的市委领导和社会各界人士表示衷心的感谢!

第二章 节日致辞，普天同庆喜洋洋

在过去的一年中，我市的各级共青团组织在市委、市政府的正确领导和耐心教诲下，认真贯彻、执行中国共产党的基本路线、方针，围绕我市的经济建设为中心，充分发挥共青团的优势与特长，全面履行共青团的各项职能，深入加强共青团的思想作风建设和组织建设，切实履行共青团的各项义务，充分发挥共青团的模范带头作用，积极动员我市的广大青年在推动我市经济建设和发展中发挥自己的潜能，为我市不断改革、创新提供帮助，为我市的三个文明建设做出应有的贡献和力量！

我市的广大青年始终奋斗在经济建设和改革的第一线，在各自不同的工作岗位上，始终尽职尽责、兢兢业业、扎实务实，为加快我市的经济发展发挥了关键的作用、做出了积极的贡献！经过不断地实践，证明共青团是中国共产党名副其实的后备力量和得力助手，广大的团员男青年无愧于改革开放、经济建设的突击队伍！

目前，我市的经济发展和现代化建设已经进入了一个全新的历史时期，全市的各个阶层都在朝着全面建设小康社会这个目标而不断努力和奋进。加快我市经济建设的脚步，振兴我市的经济发展，市委、市政府为此专门提出了"加快推进新型工业化、加快推进城市化、加快推进农业产业化"的进程，这个过程是需要全市上下共同奋斗的，同时这个过程也是非常艰苦的。在新的经济形势和社会形势下，我们要适应新的要求和环境，继续传承和发扬五四精神和传统，弘扬青年一代的拼搏、忘我精神，当代的热血青年，就应该积极投身到我市的经济建设中来，要自觉投身到创业实践中，以自己的实际行动为社会的不断进步做出应有的贡献，跟上时代的要求和步伐，实现自己的宏伟理想，为社会和人民奉献自己的青春与热血！

青年是一个社会中最富有朝气，最有希望和创造性的群体，因而青年一代就是这个社会创造力和激情的源泉。社会的发展离不开青年，社会的进步同样也离不开青年。而我市要加快振兴的脚步，建设小康社会，更是需要青年一代的创新精神和素质。为此，我市市委专门开展了一系列的青年创业文化活动，目的就是促进青年自主创业，并为自主创业的青年提供相应的帮助！这些活动对我市的发展具有非常重要的积极意义，对此，我们希望开展青年创业工作的机关、组织能够切实贯彻落实科学的发展观，进步一激发我市青年的创业热情。坚持以人为本，用可持续发展的眼观看待青年的创业行为。深刻认识到青年一代是社会发展的中流砥柱，是经济发展的生力军！要进一步加快我市的经济发展与振兴，实现我市富民强市的目标，就要凝聚广大青年的力量，科学引导青年创业，把服务社会的观念深入到广大青年的思想中去，充分发挥我市青年的作用和潜能！

　　我市的各级部门应该开展一系列的活动，全方位提高我市青年一代的整体素质，增强青年人群的创业能力，从而提高青年一代的就业能力和创新能力！在此，我也呼吁广大有志青年，能够积极参与到各种技能学习中去，树立远大的理想和目标，提升自己的专业技能，以此来适应社会的发展和创业的需要。我市的下岗失业青年和外来务工青年，应该加强自身的职业技能培训，并学以致用，抓住再次就业的机会。在这些方面，我市的相关部门会提供很多相关的教育培训资源，开展各行各业的职业技能培训，让更多的优秀青年能够在人群中脱颖而出，成为我市经济建设、发展的强劲动力！

　　在未来的工作中，我市会加大青年创业的扶持力度，为青年创业营造良好的社会环境。我市的各级共青团组织更要认真落实各项政策法规，加大力度扶持青年创业。首先，各级部门要在社会舆论和引导上，给予青年一些正面、积极的精神影响，要旗帜鲜明地鼓励广大青年具有探索、创新精神，给有志青年提供展示自己的机会和舞台。其次，各级部门要认真考虑并制定相关的有利于青年创业的政策，及时为广大的社会青年提供有利的创业信息，多方位、多渠道地鼓励、支持青年创业，在青年创业的过程中，各级政府和部门必要时要降低门槛、排除阻力。另外，各级部门应该因人制宜，针对不同的青年群体，进行思想工作的方式、方法也是不同的，重点是要引导广大的农村青年进行外出务工创业，以及鼓励我市在外的广大青年人才积极回乡创业！

　　同时，吸引外籍青年落户我市创业，激励高端知识青年进行自主创业，扶持下岗青年在此就业等也是我市青年工作必须抓的。

　　我市的团组织自身也需要不断进行加强建设，要建立健全的共青团组织体系和运行机制，积极开展青年创业行动，这些过程其实也是推进团组织自身建设的过程。团组织的建设工作，需要不断扩大共青团工作的社会覆盖面，尽可能把服务青年的工作落到实处，不断巩固和发展共青团的群众基础，增强共青团基层的创造力和凝聚力，使共青团组织不仅成为广大社会青年学习社会主义和共产主义的学校，还是培养青年创业人才的摇篮！

　　我市各级团组织的工作人员一定要热爱自身的工作，热爱青年事业，不断改进自己的工作作风和工作态度，增强各自为青年服务的主动性，积极解决青年工作中的实际困难，与广大青年做真正的朋友，努力为广大青年做好事和实事，从而提高广大青年的创业水平。

　　我市未来的经济发展和社会进步离不开广大的社会青年，他们是全民创业的主要力量，我市的相关组织一定要认清这一点，努力带头为我市青年树立创业意识，提高他们的创业本领，对青年创业提供支持和帮助。在以后的工作中，我们要成立专门的青年创业领导小组，加强对共青团的知道工作，坚持正确的引导和严格的要求，为共青团干部的成长创造良好的环境，进而为我市的青少年健康成长提供条件和环境。

青年朋友们，你们就是我市未来发展的希望。当前，我们面临着严峻的经济形势，同时也面临着前所未有的创业机遇，希望你们能够抓住身边的机会，珍惜自己宝贵的时间，在社会舞台上，继承和发扬伟大的"五四"精神，与时俱进，创造属于自己的辉煌，同时为加快我市的经济发展做出自己的贡献！

最后，再次祝愿广大的青年朋友们牢记"五四"精神，在自己未来的人生道路上谱写出壮丽的篇章！谢谢大家！

范文二：××省领导在纪念五四运动××周年大会上的致辞

致辞人：××省领导

致辞场合：××省举行的纪念五四运动的活动上

在场人物：××省的广大青年及其他人士

尊敬的各位领导、青年朋友们、同志们：

大家好！五月四日是值得我们永远纪念的日子，今天我们在此举行隆重的集会活动，来纪念五四运动××周年，同时庆祝五四青年节的到来。在此，我代表省委向到场的各位来宾表示衷心的感谢！并向广大青年朋友们致以节日的问候！

我们知道，五四运动是推动中国历史发展的一座丰碑，也是中国青年的一面伟大旗帜。五四运动的精神对于我们而言是生生不息的，也是如今广大有志青年受用一生的精神财富和不断奋斗的力量源泉！

青年一代代表着国家的未来和希望，国家的今天同样需要有志青年参与进来。在我国的社会主义建设的过程中，在我省的精神文明、物质文明的建设过程中，都有青年才俊的身影。在经济建设的一线上，在生态建设的最前沿，在党和人民最需要的地方，到处都是青年一代的身影。

我省经济发展和社会改革的步伐逐渐加大，广大的社会青年也心系家乡的前途和命运，在故乡这片热土上，坚定自己的信心，树立自己的理想，积极地投身到社会主义建设中来，在全面建设小康社会的过程中实践着自己的理想；在基层和我省最艰苦的地方放飞着自己的梦想与希望；在服务人民的过程中体验着给予的快乐和满足；在最平凡的岗位上不断开拓进取；在无私奉献的过程中为自己的青春谱写着壮美的青春之歌！

广大的青年朋友们，同志们，我们回首中国青年过往几十年的发展历程，不难看出五四先驱们一直追求的理想和目标如今很多已经被今天的人们实现，并且其中一些还被我们向前推进了很大一步。当年五四运动点燃的革命火炬已经传到了我们当代人的手中。现在，全省成千上万的有志青年以无畏的精神和主人翁的姿态，投身到我省的经济建设和社会发展中来，为我省全面、快速发展奉献着自己的力量。今天，在革命先驱为我们铺好的道路上，我们更应该自觉肩负起时代赋予我们的神圣使命，发愤图强，勇于创新，为加快我省的经济发展、全面建设小康社会做出贡献。

青年一代是民族的希望，党和国家对青年给予了很大的希望，党中央一直高度重视广大社会青年的成长与发展。省委、省政府和我省的各级党委政府都以党和国家的事业为基准，站在人才发展的战略高度上，充分信任广大有志青年，对广大青年的学习、生活提供必要的帮助和支持，正确引导青年的思想发展，积极为广大有志青年的提供施展才华的舞台。

在今年青年节前夕，我省省委书记××专门听取了团省委的工作汇报，明确指出了今后时期的青年工作和主要任务，充分体现了省委对全省广大青年的亲切关怀和高度期望。我省青年工作的发展和进步，饱含了省委、省政府的期望和关怀！在此，我谨代表全省的广大青年和各级共青团组织向一直以来关系能和支持青年工作事业的各级省委、社会各界人士表示衷心的感谢！

我们清楚，伟大的时代往往能够孕育出杰出的人才，而我们广大的青年朋友们，你们就是推动未来社会发展的杰出人才。中国特色的社会主义伟大事业以其独特性为广大有志青年提供了展示自我、实现自我的舞台。而作为青年一代的我们，要志存高远、开放思想、摆脱资质和身份的束缚，做时代的弄潮儿，为推动社会发展，促进社会进步不断奋斗、努力！

青年朋友们，时代在召唤你们，祖国需要你们！希望你们永远紧跟党的步伐，做好社会发展的生力军，拥有正确的人生观和价值观，正确对待自己的工作和生活，克服身边的不良习惯，扎实工作，不断奋斗，让党和国家满意！

最后，希望我省广大青年树立远大的理想，确立宏伟的目标，在各自的工作岗位上做出卓越的贡献！祝各位节日快乐！谢谢大家！

7. 领导儿童节致辞范文

1949年11月,在国际民主妇女联合会上,为了保障全世界儿童的生存权、保健权和受教育的权利,同时为了改善全世界儿童的生存条件和生活,决定把每年的6月1日定为国际儿童节。世界上很多社会主义国家都把6月1日定为属于儿童的节日!在新中国成立之后,同样把中国的儿童节和国际儿童节统一在一起!之后每年的"六一"就成为小朋友们最喜欢的节日了!

范文一:××镇镇长六一儿童节致辞
致辞人:××镇镇长
致辞场合:××镇举行的儿童节庆祝活动
在场人物:××镇各个小学的师生代表
尊敬的各位领导、各位老师、亲爱的小朋友们:

大家好!在六一儿童节到来之际,我代表××镇党委、镇政府向全镇的少年儿童表示节日的问候,祝愿你们能够健康、快乐地成长,同时向全体教师致以节日的慰问!

同学们,你们是祖国未来的希望,是祖国的花朵,你们有着光明的前途,社会的进步需要你们的力量、祖国的发展需要你们的支持!伟大祖国以后的建设任务和保卫任务就会落到你们的肩上,家乡未来的繁荣富强也需要依靠你们,但是想要肩负起如此的重任,就需要你们现在拥有崇高的理想、强健的体魄、远大的志向、良好的道德,学习好文化知识,成为全面发展的祖国未来的接班人和建设者!为广大人民群众安居乐业做出自己的贡献!

今天,在这个充满欢乐气氛的节日中,我代表镇党委、镇政府对同学们提出一些希望和要求。希望同学们在自己的家中要尊重自己的长辈,做一个乖巧的好孩子;在学校要尊敬自己的老师、团结自己的同学、遵守学校的纪律、认真完成老师布置的作业,做个好学生;在日常的生活中,要遵纪守法、独立自强,做一个文明的小公民。同学们,你们要珍惜党和国家为你们创造的良好的学习环境和生活环境,珍惜自己拥有的学习机会和美好时光,不辜负父母的期望和学校的培养,成为建设和谐社会的有用之才。

同时,我在这里也希望全体教职员工能够继续保持爱岗敬业的奉献精神,忠于职守,热爱自己的工作和学生,把祖国的下一代培养得更加优秀,为高一级的学校输送合格的学生,也为文明××镇的教育事业贡献自己的力量!

最后,祝各位同学节日快乐,同时祝各位老师工作顺利!谢谢大家!

范文二:××教育局领导六一儿童节致辞

致辞人:××市教育局领导

致辞场合:××市教育局举行的儿童节庆祝活动

在场人物:××市各个小学的师生代表

各位老师、同学们:

大家好!今天是属于小朋友们的节日,在国际儿童节这个值得庆贺的日子里,我们欢聚在一起,用嘹亮的歌声和婀娜的舞蹈,共同庆祝"六一"国际儿童节的到来!我谨代表××市教委,向各位同学表示节日的问候,祝愿各位同学们在儿童节快乐!

小朋友们,你们是非常幸运的一代人,是在蜜罐中长大的一代人,在祖国母亲的关怀下,在党和社会的关注中,在父母、老师的教诲下,你们无忧无虑地成长着。为了让你们的生活更加幸福、为了让你们受到的教育更加全面,市委、市政府和全市人民艰苦创业、奋力拼搏,发扬艰苦朴素的优良传统,对教育事业进行全面的支持和投资,优化你们的学习环境,让你们在拥有鲜花和绿草的校园中玩耍,让你们在宽敞明亮的教室中学习!你们只有以更加刻苦的学习精神、更加认真的学习态度才能够回馈社会和人民对你们的爱和鼓励!

同学们,你们生活、学习的时代是一个全新的时代,家乡的未来需要你们的支持,祖国的宏图需要你们去实现。我希望同学们能够抓住这大好的学习时光,勤奋学习,尊重师长,热爱同学,把握好身边的学习机会,从小树立远大的理想和志向,全力把自己培养成为一个有思想、有文化、热爱祖国、热爱人民的社会主义接班人!

最后,祝各位同学节日快乐、学习进步!同时祝愿各位老师工作顺利!谢谢大家!

8. 领导建党节致辞范文

毛泽东同志在1938年5月提出把7月1日作为中国共产党的诞辰纪念日。在新中国成立之后,几乎每年的7月1日,全党都会热烈庆祝中国共产党的生日,这是中国共产党重要的纪念日,也是中国人民和中华民族最重要的纪念日!

范文一:××市领导在建党××周年活动上的致辞
致辞人:××市领导
致辞场合:××市举行的建党节庆祝活动
在场人物:社会各界人士
同志们,朋友们:

大家晚上好!今天,××市委、市政府隆重举行了建党××周年庆祝活动,我们与社会各界人士一起来缅怀革命先烈们,重温当年的入党誓词,歌唱那些脍炙人口的革命歌曲,共同庆祝中国共产党诞生××周年,讴歌中国共产党谱写的光辉篇章,表达我们对党的无限热爱和忠诚!在此,我谨代表市委的全体党员干部向我市的所有党员同志致以节日的祝福和亲切的问候!向长久以来辛勤工作、任劳任怨的基层党员表示由衷的敬意和衷心的感谢!向所有关心、支持党的工作的社会各界人士表示衷心的感谢!

回顾中国共产党的发展历史,我们心中感慨万千,中国共产党经历了××年的风雨历程,这个过程是荡气回肠、可歌可泣的。回首历史,我们不能忘记革命先烈们艰苦卓绝、奋发图强的精神和气魄。今天,我们在此缅怀先烈,重温誓词,就是为了坚定我们的理想和信念,坚守我们的职责和准则,牢记党的教诲和宗旨,加强自身的党性修养,在各自的工作岗位上敬业奉献。

回首过去的××年,中国共产党的事业也在不断进行创新和变革,但是唯一不变的就是我们对党的忠诚。入党誓词只有短短的十几句话,但是对我们党员干部而言,却是金玉良言,字字敲打着党员的灵魂,句句鞭笞着党员的心灵。我们要始终牢记作为一名党员的要求和责任，今天，重温誓词就是为了让全体党员同志回顾入党时的激情澎湃，回想入党时的坚定信心，用更加饱满的热情和激情去面对工作中遇到的挑战和苦难，以更加乐观积极的精神态度去迎接中国共产党的美好明天！作为共产党员，我们始终要在人民群众面前体现自身的先进性，保持党员的政治本色！要始终激励自己，为党和人民的事业永远奋斗下去！

同志们，朋友们，中国共产党的血泪史需要我们继承，而中国共产党的事业也是需要我们继续发展壮大的。目前，我国在世界上的地位已经逐步提升，而我市也已经进入了跨越式发展的时期。在新的社会形势下，××作为市委的重要职能部门，一定要在政治上手段过硬、思想上更加高尚、作风上更加优良，争当我市机关部门的标杆。

在党的生日这一天，我们作为党员，应该更加清楚自身的职责，在以后的工作中，更应该挑起重任，走在他人的前面，当好"排头兵"，充分发挥自身的模范先锋作用；要履行作为一名党员的义务，具有上进心和责任心，在为人民和社会服务的过程中实现自身的价值；要热爱工作、牢记责任，把精力用在我市的社会发展和经济建设中来，为我市顺利实现跨越式发展贡献自己的智慧和力量。

最后，让我们一起高歌，歌颂伟大的中国共产党，祝愿中国共产党的事业更加辉煌，中华人民共和国的明天更加美好！谢谢大家！

范文二：××公司领导在建党节活动上的致辞

致辞人：××公司领导

致辞场合：××公司举行的建党节庆祝活动

在场人物：全体员工和社会上的其他人士

各位领导，各位来宾，同志们，朋友们：

大家好！今天中国共产党××岁的生日！欢迎各位来宾在百忙之中抽出时间参加××公司举行的隆重的庆祝活动。在此，我谨代表××公司董事会以及全体领导班子向各位来宾表示衷心的感谢和热烈的欢迎！

此时此刻，我心潮澎湃，因为党的生日在今天，也因为在场有很多一直以来关心、支持××公司发展的市领导、街道领导以及其他各级领导，因为你们的大力支持和无私帮助，让我公司在面临困难和挑战的时候，能够众志成城，团结一致，从而战胜困难取得佳绩。所以，对于你们的到来，我公司感到万分荣幸，对此我再次表示衷心的感谢！

××公司成立于20世纪，在几十年的发展历程中经历了无数的变革与挫折。这几十年中，我们对周围的市场环境和经济环境进行不断探索，我们的经营模式也因此在不断变革，在不断摸索中，我们逐渐掌握了整个市场经济的发展规律，从而创造出了属于我们××的发展思路和认知。在不断发展的过程中，我们逐渐建立起一支高素质、专业化的管理团队，并依靠自身丰富的市场经验、严格的生产流程创建了属于我公司专有的营销团队。多年以来，公司一支贯彻"创新、诚信、求实"的六字方针，在市场推广、市场运作等环节中严格把关，专注于做消费者信赖的产品，持续开发了多个畅销产品，赢得了广大消费者的一致好评。我公司的××、××等产品的销量在国内市场上一直稳居榜首，我公司连续多年被市政府评为优秀企业、龙头企业，被工商部门评为文明单位。

但是，对于我公司而言，最让我们感到骄傲的是，自从公司成立开始，就一再强调要为全社会服务，这么多年来，公司也是一直这样做的，我们公司的每一次重大决策、每一步行动计划和方针中，都渗透着这样的信念和使命！之所以能够深入做到这一点，原因就在于从一开始我们就找对了方向，因为我们要做的是一个对国家、对人民负责的企业，公司内部做一个让员工认可的企业，成立党组织，对我们而言应该是最正确，也是最明智的选择！追求伟大的共产主义，是我们每一个的理想和目标。正是在这个共同目标的指引下，公司党组织把党的方针政策渗透到公司发展的每一个环节中，推动公司的不断发展与创新，增强企业活力与生命力。

在中国共产党的方针、政策指引下，在党员先锋力量的带动下，我们公司未来的发展目标会更加明确，也会更加坚定。公司未来的凝聚力也会更强，创造力、战斗力也会变得更加强大。

如今，我们欣喜地看到，随着公司规模的不断发展壮大，我们的党组织也在不断扩大，截止到目前为止，我们公司的党员人数已经达到了××人，愿意入党的积极分子已经达到了××人。为此，公司专门建立党支部活动室，以便于开展更加丰富多彩的党员活动。

因为公司有这样一群充满激情和战斗力的员工，所以我们坚持做到服务全社会。我们清楚地认识到，一个公司的成功不仅仅在于公司的整体规模有多大，一年的纯利润有多少等等，更在于这家公司有没有为社会做出贡献、有没有为人民服务！我们应该用更加严格的要求来约束和提升自己，真正为社会和人民群众做实事、做好事。因此，在过去的这么多年中，××公司共计向社会捐款××万元、共建立了××所希望小学、在洪灾、地震等自然灾害中，公积向灾区捐款××万元。我们可以问心无愧地说，公司在发展的过程中一直以各种形式向社会回馈，为建设和谐社会贡献了企业应尽的责任！

今天，我们在此欢聚一堂，以此来共同缅怀中国共产党，庆祝中国共产党的生日，向伟大的中国共产党表达我们的敬意和感恩！中国共产党的光辉历程一次次告诉我们：没有共产党，就没有新中国！我们在未来的道路上，一定要坚持党的领导，贯彻党的方针，走社会主义路线！××公司将会在未来的发展过程中，紧密结合党建工作，充分发挥党员的先进模范带头作用，创造××公司的下一个辉煌！

在这里，我再次对党的生日表示衷心的祝福，并对各位的到来表示衷心的感谢！谢谢大家！

9. 领导建军节致辞范文

8月1日，是中国人民解放军的建军纪念日，在新中国成立之后，将纪念日改称为中国人民解放军建军节，因此，也有"八一"建军节的由来。建军节，是中国人民解放军的节日，也是我们全国人民值得庆贺的日子，每年的建军节，全国各地都会举行隆重的庆祝活动和当地的解放军一起共度佳节。在庆祝活动上，各级领导都会有非常精彩而又鼓舞人心的致辞！

范文一：××部队领导建军节致辞
致辞人：××部队领导
致辞场合：××军区举行的建军节庆祝活动
在场人物：××军区领导、部队官兵与其他人士
尊敬的各位领导、全区部队官兵、社会各界的同志们、朋友们：
大家好！今天对于我们全体部队官兵来说是一个意义重大的节日，我们满怀期待地迎来了建军节！我代表××军区向所有到场的社会各界人士表示

由衷的感谢,向广大部队官兵表示节日的问候,祝你们节日快乐,万事如意!

今天,是我国建军××周年的日子,我们不能忘记是中国人民解放军,用他们宝贵的生命唤醒了中国这头沉睡的雄狮;是他们用自己的鲜血染红了鲜艳的五星红旗。中国人民解放军经过奋勇拼搏,不惜用生命代价换回了中华民族的解放。今晚,我们全军上下欢聚于此,共同纪念伟大的人民解放军,共同庆祝这美好的节日!

近几年来,我们国家的经济得到了快速发展,科学技术水平也在不断提高,人民的生活也发生了翻天覆地的变化。随着北京奥运会的顺利举行、上海世博会的开展、神舟飞船的发射成功等等,中国在世界上的地位也在逐步攀升。但是,经济的发展离不开一个稳定的社会环境,离不开社会、政治、军事的稳定与和谐。而我们作为一名军人,这个神圣的责任非我们莫属。

四川汶川与青海玉树的强烈地震发生之后,是我们的人民子弟勇敢地挡在了人民群众的前面,是我们的子弟兵用自己的生命来保护群众的生命安全。是他们用大无畏的精神挽救了一批批的人民群众;是他们用自己的鲜血和汗水给了人民群众一丝生的希望。这些事情无不在向我们再次证明只要军民团结,就会战胜困难;只要军民同心,就能迎接挑战;只要军民联手,就会创造奇迹!

我们国家在未来很长的一段时间里,都会处于发展中国家的状态,在以后的生产活动中,遇到的困难和挑战还有很多,但是不管遇到什么样的磨难和挑战,只要我们军民一心,就一定能够克服所有的困难。我们应该始终紧紧团结在党的周围,尽自己最大的能力走在世界领先的行列,让我们一起为共建美好、和谐社会而奋斗!

最后,祝在座的各位军人节日快乐!向一直以来关心和支持部队工作的社会各界人士表示由衷的感谢!谢谢大家!

范文二:××市领导建军节慰问致辞

致辞人:××市领导

致辞场合:××市举行的建军节慰问活动

在场人物:××市驻地官兵、武警和其他人士

各位领导,同志们、朋友们:

大家好!今天我们迎来了中国人民解放军××周岁的生日。在此我们欢聚一堂,举行隆重的节日庆典,共同庆祝建军节的到来,彼此诉说军民鱼水

情！此时此刻，我代表××市委、市政府的全体干部和全体人民向广大驻地官兵、退役军人、烈士家属、转业军人等表示节日的问候和衷心的祝福！祝愿广大军人节日快乐！另外，对我市驻地部队官兵一直以来为我市稳定发展做出的贡献和支持表示衷心的感谢！

人民如果失去军队的庇佑，就等于失去了一切！中国人民解放军从建军开始，人民解放军始终把自己的命运和国家的兴衰荣辱联系在一起，与广大人民群众的命运紧紧联系在一起，在党和国家的正确领导下，经历了各种困苦和磨难，为中国人民的解放事业奉献了自己的全部！

伟大的人民解放军为了民族独立和国家富强，和各种势力进行顽强的斗争和英勇的反抗。从××年来的光辉历程中可以看出：人民军队永远忠于党和国家，始终保卫着人民群众的生命安全，在遇到危险和挑战的时候，人民军队始终站在人民群众前面，为群众保驾护航，可以说，人民军队是我们国家最坚固的一面墙，是国家利益忠诚的捍卫者！

长久以来，人民解放军驻××部队继承了革命的优良传统，并把它们发扬光大，对于部队的要求和纪律总是严格执行，人民解放军过硬的军事技术、优良的作风、有力的安全保障，让××市人民的生活质量得到保障，为百姓的安居乐业提供了有利条件！特别是近年来，我市乃至全省范围内出现了大面积的自然灾害，广大驻地官兵坚决执行党中央、中央军委的指示，全心全意为广大人民群众服务，积极、无畏地奔赴在抗险救灾的最前线，在危机关头，发扬"不抛弃、不放弃"的精神，关键时刻向我们展示了人民解放军的英勇气概和男儿本色！

目前，在驻地部队的大力支持和全力帮助下，我市围绕经济发展的主题，紧紧抓住经济发展的机遇，深入落实科学发展观，坚持以人为本的理念，把各项始终工作都做得井井有条，并且取得了十足的进步。截止到目前为止，我市呈现出一种群众安居乐业、社会安定和谐、经济持续增长的趋势。特别是自今年以来，我市在建设文明城市和卫生城市的过程中，广大驻地官兵牢记自己的使命与责任，自觉、自发地为城市的文明和卫生做出承诺，部队的相关领导积极开放部分军区资源，并举行和开展一系列的创文明、促和谐的活动，积极支持我市的文明建设，切实融入到我市的创建工作中来！

与此同时，广大的武警官兵积极与我市的相关部门保持密切的联系，自觉投入到我市的生产建设活动中来，并主动参与到我市的各项公益活动中来，与我市多个中小学、社区、企业、团体等建立起了"联盟"，经常开展军民共建活动，让军队的文化和素养深入人心，从而向广大市民宣传相关的国防知识，增强广大市民的国防观念和拥军意识。

只有国富，才能民强；只有军民融合，才能富国！在这里，我代表××市委、市政府，希望在军民团结、关系融洽的社会氛围中，我市能够走出一条新的道路，在这条道路上，可以出现政府引导、部队配合、群众支持的新局面，从而为××市的社会经济发展做出积极、有意义的贡献！

从现在开始，让我们军民同心，共同携手，军民心连心，积极踊跃地投身到社会主义建设的事业中来，贯彻科学的发展观，发扬我党的优良传统，用自己的实际行动向国家和人民致敬。在未来的生产工作中，我们要不断创新、不断努力，多方面、多层次地开展各项拥军优属活动，大力支持部队的生产、建设工作，实现我市的资源共享和优势互补！

最后，再次祝愿今天观看慰问演出的全体驻地官兵、我市的退伍军人及家属节日快乐，全家幸福！并预祝此次慰问演出圆满成功！谢谢大家！

范文三：××公司领导迎八一慰问演出致辞

致辞人：××公司领导

致辞场合：××公司举行的建军节慰问活动

在场人物：××市领导、部队官兵、社会各界人士

各位领导，同志们、各位战友们：

大家好！在建军节即将到来之际，××公司特意举办了一场隆重的慰问演出，以此来祝贺广大官兵节日快乐！在此，这是我公司的各级部门和职工，精心准备的一台演出，此次演出包含着我公司对子弟兵的深厚情谊。在这个特殊的时刻，我谨代表××公司董事会以及管理班子向各位的到来表示热烈的欢迎，向广大部队官兵表示节日的问候，并对在百忙之中抽空参加此次活动的各级领导表示衷心的感谢！

××公司是××行业的龙头企业，改革开放以来，××公司就已经开始了自己的艰苦创业，同时也经历了××行业的蓬勃发展。公司成立××年以来，在几代××人的共同努力之下，完成了公司冲破××亿元资产的梦想，为国家的经济发展做出了巨大的贡献。

××年以来，祖国的大江南北都遍布着××人的脚步，祖国的泥土上也洒满了××人的汗水。特别是近几年来，伴随着××行业的蓬勃发展，市场

竞争越来越激烈，但是在全公司职工的共同努力下，公司的产品销量和资产一直处于行业领先地位。

我们都知道，企业的发展离不开政府的支持和社会的安定团结，××公司之所以出现今天的累累硕果，要归功于市委、市政府的正确领导和指示，同时也要感谢广大官兵的大力支持。多年来，是你们的付出让我市的经济发展稳步提升、社会更加安定、和谐！

我市各级党委、政府和广大的社会群众一直以来都有拥军的传统。而在我们××公司，自建厂以来，在改革的同时从来不忘国防，在经济发展的过程中从来没有忘记拥军，长久以来坚持把关心部队建设作为公司义不容辞的责任和义务，积极地解决部队遇到的实际困难。每逢国家的重大节日或者传统节日，公司领导和职工代表都会带着全体职工的祝福和嘱托，到部队上亲切地慰问各位子弟兵。在中国人民解放军的第××个生日来临之际，我代表××行业以及人民群众再次向各位子弟兵致以节日的问候，向一直以来关心和支持部队建设的各个阶层的领导表示崇高的敬意！

最后，预祝此次文艺演出圆满成功，祝各位来宾心情愉快、万事如意！谢谢大家！

10. 领导教师节致辞范文

尊师重教是我们国家的优良传统，早在公元前的西周时期，就出现了"弟子事师，敬同于父"这样的言论。教师是人类灵魂的工程师。每到教师节的时候，各地都会举行相应的活动！在属于教师自己的节日里，每一位教师都会收到来自社会各界的祝福和感谢！很多为教师节举办的集会和活动上，领导都会致辞，他们的致辞往往会激发教师更大的工作热情！

范文一：××学校校长庆祝教师节致辞

致辞人：××学校校长

致辞场合：××学校举行的教师节活动上

在场人物：××学校老师、同学

各位领导、老师、同学们：

大家好！在这秋高气爽的季节中，我们迎来了第××个教师节！在此，我代表全校师生向各级领导的到来表示衷心的感谢，谢谢各位领导在百忙之中抽空参加我们这个活动！

我也代表××学校的全体领导班子向辛勤工作、无私奉献、奋斗在教育一线的广大教师们致以节日的问候，是你们的默默耕耘成就了莘莘学子，学校的生存和发展离不开各位老师的呕心沥血和恪尽职守，再次向各位表示崇高的敬意！

教师节对于教育工作者而言是一个不平凡的节日，再穷不能穷教育，国家和社会发展的百年大计，其根本就在于教育！而优质的教育，离不开各位教师！多年以来，我们春耕夏播、秋收冬藏，在非常有限的办学条件下相互扶持、相互鼓励、不畏艰苦、无私奉献，克服了无数的困难，培养以一批批优秀的人才。可以说，没有老师和其他教育工作者的付出，就不会有我校今天的蓬勃发展，在这里，我向你们这些不计辛劳、无私奉献的老师们真诚地说一声：你们辛苦了！

在过去的时光里，我校全面、深入地落实了全国教育工作会议的精神，大规模、大范围地开展各项学术研讨和教育研究工作，大力开展向"全国教书育人楷模"学习的活动，重视师德师风教育，把"争先创优"活动和"创新求知"活动紧密结合在一起。在教学内容上、教育方式上、学生评价方式上等都进行了大胆探索和创新。

首先，切实关心教师的生活与发展工作。认真倾听了学校老师对学校方面的改革意见和建议，帮助老师解决在工作和生活中遇到的实际困难。对于学校教师的薪资问题，认真落实了绩效工资的政策，让学校的老师参加了各种培训机构，以此提升学校师资队伍的整体素质，把尊师重教的各项有力措施落到实处，从真正意义上关心老师，为老师做好事、解难事！

其次，学校在过去的一年中，加强了师风师德教育。多次组织教师深入学习教师职业道德规范，广泛开展教师职业理想、职业精神以及职业道德的全面讨论。指引广大教师全面、深入地了解新时期教师应该遵守的职业道德、应该拥有的职业素质和职业精神，并不断提升自身的职业素养，把职业道德转化为教学的实际行动，做学生和家长满意的人民教师！

再次，充分发挥学生的主观能动性，把促进学生健康、快乐成长作为学校一切工作的出发点和落脚点。尽可能做到关心每一个学生的学习和生活，促进每一个学生都可以主动学习、健康发展，尊重每一个学生，让每一个学生都能够身心健康，并为他们提供适合他们的教育方式。此外，培养学生的个体独立性和创造性也是至关重要的，让学生养成独立思考的习惯、勇于创新的能力、关心同学的品质。

最后，学校要以人为本，全方位构建人文校园、生态校园、平安和谐校园。坚持正面导向，为全体师生营造更加积极的舆论氛围，进一步为广大师生创造良好的学习、工作、生活环境！

在此，向全体教职工提出以下几点希望和要求。

1. 作为教师，应该拥有大爱精神。一个人民教师不仅仅要有学术精神，更应该拥有仁爱之心。没有大爱的学校，学生在离开学校的时候带走的可能就是仇恨和埋怨，而学校的大爱很大程度上来源于学校的老师！大爱是连接学校和学生的纽带。我们的教育、教学应该拥有大爱精神，对学生应该有责任心和耐心，更应该关心、爱护学生，愿意为学生、为伟大的教育事业奉献自己的力量，做真正意义上的蜡烛！这样，才能够赢得他人的尊重和学生的爱戴，而学校的发展势必也能更上一层楼，国家的教育事业也一定会越来越持久、稳定！大爱精神是社会发展的稳定剂，也是校园和谐文化的精髓所在，大爱教育应该是学校教育的优良传统和最高境界，大爱精神是学校教育的价值导向。因此，我们作为一名合格的人民教师，应该以大爱精神去关爱学生，用更加科学、健康的教育理念去感染学生，用一颗真诚、博学、善良的心去感化学生，使他们真切地感受到人民教师的高尚品德。

2. 教师应该有大师一样的追求。真正为人师表的人，他不但教书，而且育人，他会用自身高尚的品格去塑造学生尚未健全的人格，对学生的心灵产生深远的影响！学校如果拥有这样的教师，绝对称得上是学校未来的支撑，能否拥有一支优秀的教师队伍，也是衡量一所学校办学水平高低的一个关键指标。因为一流的教师才能够培育出一流的学生；才会创造出一流的教学业绩；才能够为教育事业的快速发展做出一流的贡献；才能为社会的进步起到一流的推动作用！一所学校之所以能够闻名遐迩，不是因为它具备豪华的教学设备、一流的硬件设施，主要是因为它拥有一些德高望重、声名显赫的教育大师作为支撑！通过这些大师的辛勤耕耘和悉心教导，学校会在教学、科研等不同领域都引领潮流。所以，我们在座的人民教师应该拥有更高的追求，从学术上不断完善自己、从师德上不断强化自己、从教学上不断提升自己，要有一种不甘落后、不肯服输的精神，耐得住在学术研究中的寂寞，经得起生活清贫的压力，永远保持一种奋发向上、拼搏创新的豪情。在去年，我们学校的确取得了一定的成绩，但是在这些优异的成绩面前，我们不能沾沾自喜，反而应该更加清醒地认识到自己身上的责任和担子，更应该高瞻远瞩，除了为国家培养优秀人才之外，更应该把学校的教学风气打造得更加优良，从真正意义上得到学生、家长以及社会的广泛认可，成为他人眼中的大师！

因此作为教师，我们必须实时跟进教育趋势，以人本主义教育理念作为教学依据与核心，充分结合学生和学校的实际情况，为社会培养人才！教育是面向全社会的，教育的根本目的是让学习的人学到生存的本领和技能，学会如何做一个人，学会如何为国家建设贡献自己的力量。我们作为教育工作者，任务不仅仅是教给每一个学生一些文化知识，还应该是把更加新鲜的思想、更加丰富的资讯、更加准确的价值观、更加崇高的理想输送给他们，从而让整个社会更加稳定、进步、和谐！

在新的学期，新的学年中，各位教师应该树立更加敬业的态度和社会责任感，在学习和生活上关系自己的学生！老师们，同学们，我相信只要我们齐心协力，团结在一起，每个人心中都有为学校争光的荣誉感，那我们学校的明天一定会变得更加美好，让我们一起为学校美好的明天共同奋斗、共同努力吧！

最后，预祝各位老师在新的学期中创造出更加优异的成绩，祝大家教师节快乐，身体健康，万事如意！

范文二：××市领导庆祝教师节茶话会致辞

致辞人：××市领导

致辞场合：××市举办的教师节茶话会上

在场人物：××市的各级领导、各学校老师

各位领导、老师们：

大家好，在教师节来临之际，市委、市政府在这里举行了一个充满温馨氛围的茶话会，共同庆祝第××个教师节的到来，以此来回顾和总结一下我市一年以来教育工作的发展与进步，共同展望××市未来教育事业的发展方向。在此，我谨代表××市委、市政府向参加此次茶话会的各位老师和教育工作者表示节日的祝贺，并通过你们向全市的教育工作者致以节日的问候，向关心和支持××市教育工作的社会各界人士表示衷心的感谢！

教育是社会发展的根本，一直以来，市委、市政府都十分重视我市的教育工作，坚定不移地贯彻执行九年义务教育，实施科教兴市的发展战略，坚持做人民群众喜欢的教育，进一步深化改革，不断加强师资力量，促使学前教育、义务教育、高中教育、职业教育等各项教育事业和谐发展，提升我市的整体教育水平和教学质量。因此，成绩的取得，离不开市委、市政府的正确指引，更离不开我市广大教育工作者的努力付出，是你们的无私奉献和辛勤耕耘成就了我市的教学成果。

长久以来，我市的广大教师和教育工作者牢记自己的神圣职责和使命，把自己的青春和精力奉献给了教书育人的事业中来，为了培养祖国未来的接班人，你们做出了很大的牺牲和非常细致的工作，用你们的心血让一批又一批的学子成才。可以说，社会的稳步发展，特别是我市教育事业取得的成就，人民教师功不可没，你们无愧于人民教师的崇高职责，是名副其实的人类灵魂的工程师。我相信，全社会都会尊敬你们，而××市的父老乡亲也不会忘记你们。借着此次茶话会的机会，我代表市委、市政府向我市广大的教育工作者表示崇高的敬意和深深的感谢！

我们应该清醒地认识到，我市的教育工作虽然取得了十足的进步和发展，但是和人民群众的期望还是有一定距离的，我市的教育工作和教育事业的整体发展还面临着很多实际困难，甚至有些困难是我们无法预料的。目前，我们在办学条件方面虽然取得了一定的成绩，但是办学条件的改善毕竟还是有限的，这是制约我市教育持续发展的关键所在。同时，城镇教育和农村教育也存在一定差距，还没有实现均衡发展的局面。我市学校的整体布局结构不甚合理，整体教学质量不高等。这些实际问题都是需要我们在今后的工作中去努力克服的。

我相信，在今后的工作中，广大教师和教育工作者一定会克服重重困难，勇敢面对工作中遇到的挑战，坚持自己的教育事业，努力为我市的教育事业做出更大的贡献！当前，我市正处于各项事业发展的关键时期，我要在激烈的竞争中抓住机遇，顺利实现经济的跨越式增长和快速发展，关键还是在于人才的吸收！人才是需要教育而来的，所以这个时候，我们必须要比以往任何时候都更重视教育事业的发展，以此来保障充分发挥人才的作用，借此机会，我在这里呼吁：各级党委、政府一定要用发展的眼光，站在战略的高度上更加重视、支持我市的教育事业；我市的教育系统也要着眼于全局，进行科学的统筹兼顾，竭尽全力办好教育事业，巩固提高义务教育，创办具有创新意义的办学模式的教学体制；规范我市的高中教育，加强普通高中的教育、教学工作，提高整体办学水平。

对于我市的广大教师职工，我希望在未来的日子中，你们能够更加爱岗敬业，争做人民满意、学生爱戴的教师。教育需要依靠各位教师的实施，只有全面提高教师的教育、教学质量，最大限度地满足学生对教育的需求，我市的教育事业才会有更加长远的发展的进步。

教育事业的全新跨越，离不开广大教育工作者的辛勤耕耘和扎实工作，我相信，只要我们同心同德、艰苦奋斗，共同迎接困难和挑战，就一定能够开创我市教育事业的新局面，为我市培养出更多优秀的人才！

最后，希望大家能够进行诚心的沟通会和真挚的交谈，并预祝此次茶话会圆满成功！谢谢大家！

11. 领导国庆节致辞范文

1949年10月1日，中华人民共和国正式宣告成立。之后，每年的10月1日就是我们国家的生日，在这一天，举国上下一片欢腾，全国各地都会举办各式各样的庆祝活动。在这些庆祝活动上，相关领导的致辞发言往往成为活动的亮点，掀起活动的第一个高潮！

范文一：××公司领导国庆节活动致辞

致辞人：××公司领导

致辞场合：××公司举行的国庆节活动

在场人物：××公司的全体员工

同志们，朋友们：

大家好！金秋十月，硕果累累。在这秋高气爽的氛围中，我们怀着无比激动的心情迎来了祖国××岁的生日！在这普天同庆的日子中，我代表××公司的领导班子向公司的全体员工致以节日的问候和诚挚的祝福，祝愿大家节日快乐，身体健康，心想事成，万事如意！

××公司在今年进行了一次体制的改革与创新,在这次改革过程中,我们冒着巨大的风险,在有可能会满盘皆输的情况下,坚持创新、改革,最终取得了圆满的成功和决定性的胜利!之所以会有这样可喜的结果,离不开各位员工的努力和支持;离不开公司中层管理人员的协助和奉献;离不开公司高层的领导和指挥!

　　但是,我们心中也应该清楚,公司目前的发展水平和同行业的先进水平相比,还有一定的差距;公司的专业水平和技术距离专家的要求还有一定的距离;公司员工的整体素质还有待加强。部分员工、干部的工作态度和工作责任心还不是很够,员工和干部之间的沟通交流还有待增进等等。在公司未来的日子中,各级领导部门将会继续整顿员工的工作作风,提高各级部门的工作效率,当然也会在各个部门中提拔一批年轻有为、有理想、有斗志的中层干部,使他们在公司的作用发挥到最大,充分起到中流砥柱的作用!

　　公司取得今天的成绩,倾注了我们每一个人的心血和智慧,它是我们共同的大家庭。所以,我希望各位都能够有更强烈的主人翁意识,投入更多的热情和精力让这个大家庭发展得更好、更快,使之成为整个行业的佼佼者!回望过去,我们有着辉煌的历史;展望未来,我们有着美好的明天!但是,这是需要我们共同努力、共同付出的,希望有更多的员工为公司的生存发展出谋划策,奉献力量!今天,我们面对着新的经济形势和发展势头,面对即将到来的挑战和机遇,我们应该做足准备,随时迎接明天的生机与希望!

　　我相信,在我们××人的大胆创新、不断改革、共同努力下,一定能够排除各种艰难险阻,战胜各种困难挑战,迎来××公司的辉煌明天!

　　窗外秋风送爽,充满了节日的欢乐气氛。此刻,相信大家的心情一定无比激动和欢乐。祝愿各位在十一长假中能够放松心情,和家人度过一个难忘的节日!向在节日期间依旧坚守岗位的广大干部职工致以崇高的敬意和衷心的感谢!谢谢大家!

范文二:××市政协领导国庆座谈会上的致辞

致辞人:××市政协领导

致辞场合:××市举行的国庆节座谈会

在场人物:××市相关单位的职工、干部

同志们,朋友们:

大家好!国庆佳节就要到了,今天我们在此隆重地召开座谈会,共同迎接祖国××岁的生日！首先，我谨代表××市委、市政府、市人大、市政协向各位的到来表示衷心的感谢！向为我市政协工作做出努力和贡献的社会各界人士表示崇高的敬意！向在座的各位人士致以节日的问候和美好的祝愿，并通过你们祝全市人民节日快乐，合家欢乐，万事如意！

人民政协是中国共产党把马列主义和我党的实际情况相结合之后的伟大创造，也是中国共产党和各民主党派、人民团体共同奋斗出来的胜利果实。从第一届政协会议召开到现在，人民政协见证了中华民族的繁荣与昌盛，见证了人民生活的改变与发展，见证了社会主义的美好与兴旺，六十多年以来，在几代领导人的共同努力之下，在他们的正确指引之下，人民政协始终高举爱国主义和社会主义两面伟大旗帜，紧紧围绕在党中央的周围，切实履行这自身的责任与义务，与人民群众一起走过了中华民族的光辉历程，为推动中华民族的改革、建设、发展做出了很大的贡献和牺牲！

多年以来，随着全国政协事业的不断发展，在我市历届领导的关怀、支持下，在上级政协部门的指导帮助下，我市的政协组织经历了从无到有、从小到大的发展变化。在这个过程中，我们经历了很多的挫折和困难，历经了很多磨难与挑战。但是，我们已经走过来了，而且迈出的步伐更加坚定、更加有力！在此，我代表现任的政协领导班子向历届政协领导表示崇高的敬意，向为我市政协事业发展做出贡献的干部职工表示由衷的感谢！

几十年来，市政协一直积极参加我市举行的各项政治会议和政治活动，并积极地开展各项政治协商工作会议，强化了民主监督的力量，为促进我市的经济发展和社会主义建设做出了突出的贡献。特别是在经济发展和社会改革的关键时期，市政协充分发挥自身的协调作用，凝聚社会上的各种力量，充分发挥了服务大局的重要作用，为我市的党政工作做出了卓越的贡献。

××年来，市政协的各县共工作都开展得有条不紊，始终坚持"团结、联合、奉献、求实"的方针，不断促进我市各民族之间的团结关系、阶层关系和党政关系，为我市的改革发展提供了大力支持和帮助。在日常的工作中，市政协坚持围绕中心，认真搞好各级部门的政治协商工作，为推动我市的经济发展和民主进步起到了积极的作用。而作为市政协自身，也严格履行自己的职能，做到制度化、规范化、公平化和程序化，因此市政协的各项事业都取得了突破性的发展。

××年的风雨历程，市政协的发展已经站在了新的起到上。而我们应该进一步认清形势、坚定自己的工作信心，继续发扬人民政协的优良传统，进一步做好政协在民主决策中的带动作用,为市政协的健康、快速发展开创新的平台!

　　同志们,朋友们!面对新的社会形势,新的艰巨任务,我们不要畏惧,更不要有退缩的念头。希望全市的政协组织、各级政协委员,各个人民团体等社会各界人士,以祖国母亲的生日为一个良好的契机,深入探讨、勇于创新、奋发有为,更好地发挥自己的职能作用,为我市的美好明天而共同努力!

　　最后,再次祝愿各位节日快乐,工作顺利,合家幸福!谢谢大家!

第三章　庆典致辞，轻松诙谐气氛好

　　身为领导者，总是会不可避免地参加一些大大小小的庆典活动，每当这时，领导者就会被请到台上致辞。对于任何一场庆典活动而言，良好的开端就是成功的一半。因此，领导致辞一般都会成为活动的前奏，开场辞说得好，就能让人们对活动本身充满更多的期待，也更能吸引人们全身心地投入到活动当中。因此，领导者在庆典活动上的致辞，一定要热情洋溢，用词也要有喜庆的渲染色彩，除了表明活动的主题，调动活动的气氛之外，还要激起参与者的兴趣，带领他们尽快进入欢庆的状态中。

1. 领导在婚礼庆典上的致辞范文

结婚不仅是一件大喜事，同时也预示着男女双方恋爱的成功。婚礼庆典不仅承载了两人的幸福，同时也让众多的亲友见证两个人的爱情，并收到各位亲朋好友为新人送上的美满祝福。每一场婚礼庆典都需要有一个仪式，同时也需要具有代表性的领导来为结婚的一对新人送上婚礼的致辞，以示对新人的尊重和祝福。那么，领导如何在婚礼庆典上做出完美的致辞呢？以下就是领导在婚礼庆典上致辞的范文。

范文一：××公司领导在员工婚礼上的致辞
致辞人：××公司总经理
致辞场合：公司员工婚礼现场
在场人物：公司总经理、主要领导和××公司员工代表、新人双方亲友
各位来宾，各位亲朋好友：

你们好！在这个阳光明媚，喜庆洋洋的日子里，我们大家欢聚一堂，为××、××这对新人献上祝福。结婚是一件高兴而神圣的事情，它昭示着一对新人在这里走向神圣的新婚殿堂，走向人生幸福的港湾。今天我们在这里共同见证两位新人美好的时刻，并共同为新人献上美好的祝福。作为新郎××的公司领导，此时此刻，我的心情也和大家一样非常激动和高兴！

新郎××是我们公司的一名员工，为人豁达，踏实厚道，而且聪明灵动，有上进心，是一位非常有事业心和责任感的好青年；新娘××是一名美丽的白衣天使，在医院里工作，是一位年轻美丽，善良大方的女孩。两位青年从相识到相爱，终于选择在今天走进结婚的殿堂，真可谓是郎才女貌，珠联璧合，佳偶天成。用一句老话说，这叫"天生的一对，地配的一双"。

在这里我送两位新人两句话，希望两位新人在今后的日子里能够美满幸福，日子过得红红火火。第一句是一副对联，叫作"一等人忠臣孝子，两件事读书耕田"，这句话是希望两位新人，能够在今后的日子里孝敬彼此的父母，尊重长辈，要好学上进，踏踏实实做事，堂堂正正做人，努力成为对国

家和社会有用的人。第二句话也是一副对联,叫作"心心相印情系一处,经营爱情经营婚姻",这句话是希望两位新人在婚后能够互相体谅,互敬互爱,呵护彼此间的爱情。婚后的日子很漫长,不仅只有花前月下的卿卿我我,更多的是过日子的柴米油盐,所以,在今后的日子里,你们需要互相尊重,相互谅解。而所谓的经营爱情经营婚姻,主要是希望你们用心呵护彼此之间的爱情,呵护这个属于你们的家庭,彼此努力共同为你们的爱情和婚姻建立一个温馨的港湾。

各位来宾,各位亲朋好友,在新春的脚步更加接近之际,让新人的幸福给大家带来如意,带来吉祥,带来幸福,带来安康!同时也祝愿××、××这对新人拥有成熟的爱情和美满的婚姻。在这里,我要为两位新人送上最真诚的祝福和美好的祝愿,愿他们事业有成、美满幸福!也祝愿他们恩恩爱爱,白头到老!

范文二:××医院院长在员工婚礼上致辞

致辞人:××医院院长

致辞场合:员工婚礼现场

在场人物:医院主要领导和××医院医护人员代表、新人亲友

各位领导、各位来宾、女士们、先生们:

你们好!今天我代表××医院在此祝愿新郎××、新娘××新婚快乐,幸福美满!作为××医院的一名医生,新郎××先生不仅工作积极,思想进步,而且仪表堂堂,为人谦和,是××医院不可多得的青年才俊,这位出类拔萃的小伙子,用他非凡的实力和优良的品德,打动了我们美丽新娘××的心扉,获得了新娘的青睐。新娘温柔可爱,美丽大方,散发着典型的东方现代女性的光辉,如今二人喜结连理真可谓是天生的一对,地造的一双。

在这个阳光明媚,歌声飞扬的日子里,在这欢声笑语,天降吉祥的日子里,大家欢聚一堂,天上人间共同舞起美丽的霓裳,为这对新人增添喜气,所有光彩都是为我们的新郎和新娘闪烁照耀。现在我们的新郎和新娘,情牵一线,踏上这鲜红的地毯,即将幸福地走进婚姻的殿堂,从此他们相互依偎,相互扶持。我作为新郎的领导与同事,此时也为他们感到高兴和激动。在这个特别的日子里,天上人间最幸福的一对年轻人将于今天喜结良缘。

在此我代表××医院的所有员工忠心地祝愿这对新人能够在今后的事业上相互鼓励,齐头并进,互相帮助;在生活上,彼此关心,相互扶持,互敬互爱;遇到困难同舟共济、共渡难关;新娘要孝敬公婆、相夫教子;新郎要

爱老婆如爱自己，做一位有责任，有担当的，顶天立地的好丈夫。

最后，我再次祝福我们的新郎××先生和新娘××小姐，将恋爱时期的浪漫和激情，在婚姻的柴米油盐中永远保留，并希望二人永结同心、白头到老！

范文三：××学校校长在员工婚礼上致辞

致辞人：××学校校长

致辞场合：在婚宴上

在场人物：亲朋好友、学校主要领导和校职工代表

亲爱的来宾，敬爱的同志们：

大家好！今天是我们的学校老师××先生与××小姐的婚礼，在此我衷心地祝愿两位新人新婚幸福，承担起人生最甜蜜的责任。回首××年的成长历程，我们每个人都感慨万分。二位新人都曾经历了人生的幼年、童年、少年、青年，一路上，他们刻苦努力，在顺利完成学业，踏入社会后，又取得了较好的工作业绩。在人生这张成绩单上，不仅凝聚了两位新人青春岁月的足迹，也凝聚着双方父母的心血和汗水。

刚刚对这对新人的祝福，其实有两层意思，也就是新婚幸福，同时也要懂得承担责任。对于这句话的第一层意思：主要是对新郎××先生、新娘××小姐的祝福，祝愿新人婚后的生活幸福美满，我相信二位新人是能够理解的；而对于这句话的第二层意思，以客观的方式说，这句话的真谛让新人现在就了解或许有些苛刻，因为毕竟他们还是年轻人，人生的阅历还不丰厚，但是，对于那些子女已披上婚纱的父母来说，他们最能感知"责任重大"其中的甘苦和全部含义。比如，二位新人的父母，对于他们来说，从结婚到现在，携手共度的这几十年的岁月，他们走过了近万个阴晴圆缺的日子，在这期间，他们的人生总是少有和风丽日、美景良辰，而风雷雨雪、坎坷和泥泞倒是人生的家常便饭。尽管他们有着如此糟糕的境遇，但他们还是把这份责任扛在肩上，默默无闻地关心和照顾着彼此，而且时时刻刻都在呵护着自己的子女……正是为了履行这份"天职"，才使得他们脸上有了岁月的痕迹！

我之所以说这些话语，第一是希望二位新人记住今天这个神圣而美好的日子，并珍视和珍惜彼此之间这份来之不易的情感，能够善待每一天，互相关爱，相互包容，相互扶持。第二是希望新人能够同心同德，知恩图报，报答父母养育之恩，勇于承担家庭重任，为父母和家庭幸福安康谱写新的篇章。最后，我们再次祝福我们的新郎××先生、新娘××小姐新婚愉快，永结

同心！

范文四：××公司总裁在公司员工婚礼上致辞

致辞人：××公司总裁

致辞场合：员工婚礼现场

在场人物：新人亲朋、××公司的高层主管、××公司的所有员工

亲爱的来宾，敬爱的同志们：

大家好，今天我作为新郎××先生的重托，在新人的婚礼上进行致辞，这让我感到十分荣幸。在这神圣而又庄严的婚礼仪式上，能够当面为这对佳偶天成的新人送上最真挚的祝福，也是一个非常难得的机会。

新郎××先生作为我们公司的一位主管，人不仅长得英俊潇洒，而且为人忠厚诚实，拥有着一颗善良的心。他为人和善，对工作非常认真负责、任劳任怨。在公司业务上刻苦钻研，成绩突出，是一位才华出众的好青年。新娘××小姐长得漂亮美丽，有着东方女性的内在美，温柔体贴、举止大方，而且善于当家理财，手巧能干，可以说是一位不可多得的好姑娘。古人常说：心有灵犀一点通。或许正是这情、这缘在冥冥之中将他们撮合在一起，使他们二人喜结良缘，彼此相知和相爱，最终组建成一个美满的家庭！

今天是他们喜结良缘的日子，是一个吉祥的日子，此时更是一个醉人的时刻。从此，新郎××先生、新娘××小姐将拥有一个温馨怡人的爱之甜梦，也开始了人生幸福热烈的爱之旅程。在这神圣庄严的婚礼上，我代表所有来宾向这对珠联璧合、天造地设的一对新人表示最热烈的祝贺，愿新娘新郎一生一心一意爱护对方，永远心心相印、白头偕老，美满幸福。

结婚是每一个人人生的转折点，同时结婚也是生活的一个新起点。在今天这个美好的日子里，二位新人正式组建了自己的家庭，这意味着从此他们的肩上多了一份责任，而这份责任预示着他们要有战胜生活风雨的一种信念。树苗的成长离不开雨露的滋润，爱情的恒久也离不开真情的雨珠。我深深地祝愿你们，永结同心，百年好合，同心协力，创建美好的家庭！

有一句俗话这样说，百年修得同船渡，千年修得共枕眠。两个人得以相识本身就是一种缘分，如果两个人能够相守，那这份缘更是深刻。我们的新郎和新娘从相识、相知、相恋到喜结良缘，经历了人生最美好的时光，而此时的天作之合，更是让这份缘得以延伸。虽说婚姻是一份承诺，但它更是一份责任，愿两位新人从此互敬互爱、谦让包容，要像光一样彼此照耀，像火一样温暖另一半。要以事业为重，用自己的聪明才智和勤劳双手打造美好的

未来。不仅如此,还要尊敬父母,孝心不变,常回家看看。衷心祝福两位新人,生活像蜜一样甘甜,爱情像钻石般永恒,事业像黄金般灿烂。祝愿你们青春美丽,生活美满……

2. 领导在联谊会上的致辞范文

联谊其实就是以情感交流为手段组织起来的聚会,联谊中的成员大都和组织者有一定的联系。联谊会依靠成员之间的活动来维持生存和发展,举行联谊大都是组织者具有隐含的某种目的,但是情感交流是联谊会成员参与活动的主要动机,这也是联谊能够长期生存下去的主要原因。联谊会大致有演出会、舞会、节日聚会等,通过这些活动使联谊会成员彼此增进感情,增进友谊,同时也为社会进步与发展做出一定的贡献。

范文一:××县县长在与邻县交友联谊会上的致辞
致辞人:××县长
致辞场合:与邻县的交友联谊会上
在场人物:××县政府主要领导、县政府人员、××企事业领导以及工作人员
各位来宾、青年朋友们:
欢迎各位的到来!今天我们共聚一堂,在这里共叙友谊。首先我要代表我县委、县政府对××企事业领导和青年朋友的光临表示热烈的欢迎和衷心的祝愿!我县与贵县原本就一衣带水、亲如一家。难得借今天的宝贵机会在这里召开联谊会,更是为了增加我们两地彼此之间的了解和友谊。下面我想向大家讲一下我三方面的感受。

第一,请允许我为大家简单地介绍一下我县县情。我县地处××下游,覆盖面积××平方公里,其中耕地面积达××亩,山林占用××万亩;辖××个乡镇场,有着××个村委会,总人口××万。近年来,通过县委和县政府的正确领导,使得我县干部群体都深入贯彻落实科学发展观,把握历史机遇,牢牢扭住发展主题,同志们更是求真务实,埋头苦干,各项工作都取得

了令人瞩目的成绩。在这连续四年的时间里，我县连续获得"全国粮食生产先进县"、"全省农业发展先进县"和"全省工业发展先进县"的荣誉称号，并被评为"××省平安县"。如今，在我县范围内已经有了××公路，××高速公路也正在紧锣密鼓地进行着征地拆迁的工作，随着几条高等级公路的建成，使我县的发展有了更加广阔的空间；各大开发商都来到我县招商引资，这是我县在短时间内获得发展的机会，整个县城的蓝图也将注入强劲的动力。

第二，我想表达对在座各位年轻人的认可。在这多年的发展中，我们深知两地青年都努力工作，默默耕耘，你们为了我县的经济发展做出了扎实而有效的贡献，在此我非常感谢两地年轻人的兢兢业业和付出。其次，我们应该正视两地青年朋友们对我县经济社会发展的作用以及影响，我们应该尊重青年朋友们所做出的各种有益于社会发展的决定，最后，我们应该积极为青年人的成功创造更好的环境和条件，使我们两地的发展更加繁荣昌盛！

第三，对于这次联谊会，我提出四点建议：首先我希望联谊会能够成为辅助两地更多青年相互团结凝聚的新纽带；其次是希望这次联谊会能够成为融合双方优势资源的新平台；再次我希望联谊会能够成为我们两地青年交流工作的一个新的方向；最后，我希望这次联谊会能够成为我们两地青年朋友彼此学习和生活的新天地。

最后，我祝愿各位青年朋友们能够在工作上有新的突破，有新的进步，事事顺心，心想事成！

谢谢大家！

范文二：××县县长在招商引资联谊会上致辞

致辞人：××县县长

致辞场合：××县招商引资联谊会

在场人物：××县政府主要领导、××区招商引资主要领导以及各界朋友

尊敬的各位领导、各位来宾、各界朋友：

欢迎各位的到来！在这个秋高气爽，硕果累累的金秋时节，我们在这里举行××县与××区招商引资联谊会。举办这次联谊会的主要目的是共叙友情和发展，为两地寻求跨越性的新机遇。在此，我代表××县××万人民向你们的光临表示热烈的欢迎！同时也向多年来一直关心我们，支持我县发展的各位领导、各界朋友以及广大××区的人民表示由衷的感谢！

素有"美丽山水"之称的××县，位于××地带，不仅交通便捷，基础

设施良好，而且有着完善的基础服务。这里不仅历史悠久，文化底蕴非常深厚，而且人文景观尤为独特。如今经过县委以及县政府的贯彻落实，积极响应党的精神，身体力行"三个代表"，带领着全县人民开拓创新，积极进取，共同开创我县三个文明建设的新局面。经过这么多年的努力，我县初步形成了四大优势，第一是我县创造了特色农业优势。××年，我县被确定为省第一批无公害蔬菜基地县，其中三大农业支柱项目实现产值××亿元，仅优质蔬菜占地面积达××万亩。第二是我县工业基础比较优越。我县的××是国家直供电网，而且我县有丰富地高钙矿石和煤炭资源，是大工业项目落户××的优选地段。第三个优势就是我们的城镇建设优势。我县的城镇建设是以"政府不出一分钱，县城旧貌换新颜"的旧城改造模式完成了县城的改造，而且我县建成区的面积已经达到××平方公里，在××市各县已算比较大的规模了。在未来的几年里，我县决定集中精力建设北城，力争到××年让整个县城形成新城道路骨架，使县城面积达到××平方公里。第四个优势就是科教文化。科教文化对每个地方来说都非常重要。我县的科技文化事业发展迅速，教育事业在川南领先，××中学争创全国示范高中取得实质性进展等等。

××区的××与我县都有千年的历史，具有自然区位的优势。首先××山水相依，地形犬牙交错，连接着两地人割不断的邻里亲情。其次××经济交错融汇，发达的化工产业带动着我县经济的发展，而且通过长江水运为××的化工产品通江达海提供了运输条件；同时我县的农副产品不仅丰富了××人民的生活，同时也为我县提高收入，最后因为两地同属川南文化，使其世代相袭的风土人情极其相似，从而奠定了两地人民的感情甚笃，而两地干部也因此而交流甚多，使××与我县相互扶持共同发展。

为此，我们欢迎××区的各界朋友来招商投资，为了方便大家的投资趋向，我为大家提供几项重点投资的领域：大家可以围绕特色农业来进行投资，可以投资开发香橙、柚子、蔬菜等农产品精深加工项目，从而丰富××人民的生活；也可围绕着我县优势工业，利用××化工产业来寻求化工产业项目合作，从而延伸产业链，壮大××化工产业；还可以投资开发产品包装及加工等服务，这样不仅有了更多的就业机会，也让企业增进了收入；我们还可以围绕第三产业，对我县进行旅游开发和观光农业等等。我们会以优质、高效的服务和务实的政策环境，以及宽松、公正的法制环境来为投资者提供保障，让投资者得到最大的回报。为了增强经济合作力度，我们搭建了产业发展平台，全力配合××县的开发。

携手共建完美城镇，共谋发达企业发展。热情好客的××县人民，真诚地希望××区能够给予我们更多更大的支持和帮助，我们会以推动区域经济的发展和投资者的盈利来回报大家。

最后祝愿××县与××区的友谊之花常开，祝愿各位领导和各界朋友事事顺心、万事如意！

范文三：××市团市委书记在新春联谊会上致辞

致辞人：××市团市委书记

致辞场合：××市团市委新春联谊会

在场人物：共青团主要领导和老领导、青年工作者

尊敬的各位老领导、老前辈，共青团事业的老朋友、老团干部、青年工作者们：

大家春节好！

值此新春佳节之际，大地回春，万象更新的时刻，我们又迎来了一年一度的新春联谊会。为了表达对新年的祝福，我代表团市委向多年来一直关心和支持共青团工作的老领导、老干部以及年轻的同志们表示衷心的感谢，并致以真诚的新春祝福：祝大家新年快乐、心想事成！

首先请允许我向各位老领导简要地汇报一下××年××市团市委工作情况。在××年这一年里，团市委紧随党政大局，服务青年需求，遵循党政大局的指示整体推进，并对工作原则做出重点突出。在××年里，可以说是重要的事情多，而且大事情也多，而我们的全团对这些事情都全心全力，并突出抓好了这八件大事。

第一件事就是围绕服务党政大局，广泛开展教育活动。主要是以"五讲五做"和"六德"为重点，充分突出思想道德教育，大力抓好未成年人的思想教育，从根本上为未成年人建立思想道德建设。

第二件事是调整改造老工业基地。在对老工业基地进行改造和调整方面，我们重点实施了"××市老工业基地青春创业行动"，同时也为此方法举办了"青春创业周"的活动，为年轻人建立××万元的创业基金，并征集创业项目，为青年下岗工人找寻适合自己的工作。

第三件事是围绕服务青年需求而推出的"青年工岗位技能提升计划"的活动，为多种不同工种的青年工职业技能鉴定，使更多青年技工获得技术等级，并在这次推进会中，让更多的青年技工可以有工作上的交流和提升自己的能力。

第四件事是积极做好精进建设，为当地企业做好招商引资的内引外联工

作。直接服务经济发展，成功举办了"青年技工经贸考察活动"，通过这次活动落实重点项目有××项，涉及金额××亿元。

第五件事是大力实施促进农村青年富余劳动力转移计划。立足实际为农村青年创业成才实施"百千万"放飞工程。在这个工程中培养扶植青年，使得畜牧业大户实现××户，转移农村富余劳动力××万人。

第六件事是帮助大学生解决就业问题。为此积极开展了大学生下基层的活动，并在此活动中帮助了××名大学生实现基层实习实践。

第七件事救助失学儿童。通过大力实施"共青团牵手扶贫帮困百千万工程"计划，让百个贫困村屯，千个贫困户，万名困难青年得到救助。在这次计划中，团市委和希望工程累计救助失学儿童××名，筹集社会各界捐款捐物××万元；从物质上为贫困儿童提供大力帮助。

第八件事加强各部门机关自身建设。在这件事上团市委机关内部全面推行了"四比四创"的活动，强化了团队精神，机关自身活力和自身建设得到进一步增强；并对团属事业单位进行了事业单位人事制度改革，进一步改善了各层机关的自身建设问题。

新的一年，新的开始。××年，全市区的工作人员仍继续坚持为人们服务，服务青年，提高青少年思想道德和经济社会发展以及振兴青年技工等各项工作的基础上，紧随党政大局，大力抓好经济建设，开展青年技工创业活动以及为特困群众做好事解难事的工作，以正在开展的保持共产党员先进性教育活动为契机，大力加强团的服务能力、学习能力、合作能力和运转能力建设，为实现××市快发展大发展的伟大实践中创业建功。

回首过去，展望未来，我们团市委能够有今天的进步是离不开在座各位老领导、老干部的鼎力支持和大力帮助的，更离不开你们的关怀和细心呵护，在此，我代表各级团组织和团干部向关心我们的老领导和老干部表示由衷地感谢！希望在今后的工作中继续得到你们的关心和爱护。

最后，衷心地祝愿大家身体健康，合家欢乐！

3. 领导在开幕式上的致辞范文

多数人可以认为开幕式只是一个形式，没有什么重大的意义，其实这种想法是不正确的。开幕式是很多大型活动必不可少的一项仪式。它的主要寓意是表示这项活动以和平、团结和友谊为宗旨展开的。并在开幕式上进行一系列的基本仪式和具有一定特色的表现。当然，在开幕式上致辞也是非常有必要的。

范文一：××客运公司总经理在技术大赛开幕式上的致辞
致辞人：××客运公司总经理
致辞场合：技术大赛开幕式
在场人物：客运公司主要领导及所有员工
尊敬的各位领导、各位参赛选手：

大家好！非常荣幸能与大家相聚在这里，也非常荣幸成为大家选中的开幕式致辞人，让我更加荣幸的是，我能够与大家共同见证和分享我们的选手创造优异成绩的精彩瞬间！

在今天这个开幕式上，我有三个感受，概括起来可以说是"三个高"。

首先是××的气温高。我在来的时候查了一下今天的天气情况，今天的最高气温高达34℃。虽然天气这么热，但这丝毫没有影响到我们选手高涨的士气，看着我们的选手沉着冷静，面带微笑，相信他们一定能够在比赛中取得理想的成绩。

其次就是我们选手的热情高。我们这次的比赛，参加的比赛选手都是来自各客运站的优秀代表，可以说大家都代表着集团客运系统的最高水平。在这个队伍里不仅有经验丰富的老同志，也有朝气蓬勃，能力卓越的年轻人。他们都将用自己熟练的技艺和火热的激情为自己的人生留下美好而难忘的回忆。

最后是负责组织这次比赛的客运领导和同志们的水平高。客运集团的领导们精心策划了这次比赛，客运站的同志们精心安排了这次比赛的各项事宜，各参赛单位的带队领导都在耐心调整各个选手的状态，这些都体现出集团客运领导和同志们的高素质以及高水平。

明天我们的参赛选手就要投入到紧张的比赛中去了。在这里，我号召所有的参赛选手尤其是年轻人和团员青年，好好珍惜这次机会，赛出成绩，赛出风格，力争做到"三个比"。

第一个是比风采。不论大家代表哪一个单位，都要达成一个共识，即友谊第一、比赛第二，还需要在这次比赛过程中展示各个单位独特的精神面貌、理念文化以及独特的风采。让我们在相同的比赛中体现出不同的风格。

第二个是比成绩。既然是比赛，那么参赛者的最终目标就是要在比赛中胜出。希望大家在沉着应战的同时，发挥你们的最高水平，把平时积攒的精力以及刻苦练习的成果转化成今天比赛的优异成绩，为自己争光，为单位争光，也为我们集团争光。

最后一个比是比心态。我希望大家都拿出平时工作时服务旅客的心态，把这次比赛当作一次自我考验，并且把比赛时认真负责、努力拼搏的状态带到日常工作中去，为我们集团的客运服务做出更多的贡献！

在此，我衷心地祝愿这次比赛能够获得圆满成功，也预祝各位选手能够在比赛中赛出风格，赛出成绩！

范文二：××县县长在森林旅游节开幕式上致辞
致辞人：××县县长
致辞场合：森林旅游节开幕式现场
在场人物：××市主要机关领导、林业局领导、有关部门员工以及××市民众

尊敬的各位领导、各位来宾，女士们、先生们：

大家好！在秋高气爽、充满着丰收喜悦的金秋时节，在新中国成立××华诞即将到来之际，我县由市委宣传部、国家林业局森林公园管理办公室、市林业局和××县人民政府承办的××市森林旅游节，今天隆重开幕了！这是××县人民一直期盼的大喜事，更是造福××县人民的大好事。在此，我代表中共××县委、××县人民政府，代表××县××万民众，向莅临本县的各位领导和各界朋友表示热烈的欢迎！并向在这次森林旅游节筹办过程中给予我们大力支持和无私奉献的各级领导，表示衷心的感谢！

××县作为这次森林旅游节的重要旅游胜地，不仅山清水秀，人杰地灵，同时它也是中国古代神话的发源地，还是世界山水峡谷景观的博物馆。这里

有着××万年前的××后人，有××遗址，还有国家AAAA级风景名胜区××，它们共同在××县形成了一个独特的旅游胜景，在这里，你可以完全忘却烦恼，留恋在这壮丽的画卷当中。我们希望通过这次的盛会，使各位嘉宾以及各界人士都能够更加了解××，更多地来××观光旅游，享受大自然赋予我们的青山秀水，朝云暮雨，向更多的人分享历代古人留给我们的丰厚遗产。

　　××县的森林不仅是民众休假观光的好地方，还可以净化心灵。这里的森林文化和生态文化能够熏陶人的思想，提高民众的生态意识，还可以促进人与自然的和谐相处。如今随着经济的不断发展，我们的环境变得越来越差，现在人们更加关注生态环境，也更加关注森林。走进大自然，会让人们保护自然的意识变得越来越强。正是因为如此，森林旅游业近年来呈现出了旺盛发展的发展趋势，人们开始大力发展森林旅游业，这不仅是市委、市政府的英明决策，同时也是××旅游产业发展的优势。我们承办这次森林旅游业，主要是为了促进××县扩大对外开放，广交天下朋友，促进对外地的交流与合作。我们真诚地欢迎各界朋友和有识之士更多地关注××、走进××、了解××。我们坚信，通过这次森林旅游节，一定会加深××人民与各界朋友的友谊，为××创造更多的发展机会。

　　最后，我在此恭祝各位来宾心想事成，万事如意！更预祝××森林旅游节圆满成功！

范文三：××市市长在书画展开幕式上致辞

致辞人：××市市长

致辞场合：××县书画展开幕式

在场人物：××市市长、省市各级领导和××县委、县政府以及各部工作人员

各位领导、各位来宾：

　　大家好！首先，我代表××县委、县政府和全县人民向今天光临开幕式的各位领导和嘉宾表示热烈的欢迎！同时也向对这次活动给予大力支持的省市各级领导、省财政厅、××市采风团以及各界人士表示深切的敬意和衷心的感谢！

　　××年，××县还是一个贫困的小山村。随着上级领导的关心和帮助，××县百万干群紧紧围绕"一年脱贫打基础，三年基本达小康，百万人民干百亿，阔步迈向新世纪"的目标，在省委和省政府的关心下，以及省委××扶贫工作队和各方领导的大力支持下，顽强拼搏，勇敢奋进，最终获得脱贫

攻坚的重大胜利,成为小康县城。实现愿望的全县人民无不欢欣鼓舞,一些钟爱书画艺术的××人民,纷纷以书画这种传统艺术方式来表达自己摆脱困苦,走向小康的喜悦之情。这也正是举办这次书画展的目的之一,就是要向各级领导和来宾展示××人民摆脱贫穷,快快乐乐奔小康的崭新精神风貌。第二个目的就是为了向各级领导汇报××县近年来城镇的变化以及精神文明建设所取得的成就。同时还可以通过书画艺术为桥梁,增进××县与海内外人士之间的交往,加深彼此的认识和了解,进一步改善××对外交往的环境,为加快××县经济发展的创造良好的氛围。在这次活动中,××县不仅获得了省市有关领导在百忙中为他们做的题词作画,还有许多德高望重的老书画家为这次展览赐赠墨宝;各级有关部门的工作人员以及海内外人士也纷纷用自己的书画作品来表达对这次活动的关心和支持;而且省级××扶贫促小康工作队和省财政厅更为这次书画展的举办付出了极其艰辛的劳动。这一份情意××县百万人民都会铭记在心的。

中国的书画艺术不仅历史悠久,而且有深厚的造诣。它可以陶冶人的情操,同时对净化社会风气,提高人的素质居功甚伟。在我们现代社会,书画艺术可以说是社会主义精神文明建设的一项重要内容。××县是一个革命老区,具有光荣的传统,同时××县又是全省唯一的书法之县,在这个地方产生过许多具有一定知名度的书画艺术家,全县更有众多的书画爱好者。这次能荣幸请到这么勤于钻研书画的爱好者和这么多德高望重的老一辈书画艺术家一起来切磋文艺,让我们倍感亲切和荣幸。我相信,这次书画展一定能够对我县的书画艺术起到积极和促进的作用,一定能够对我县的文明建设产生重大影响。

各位领导、各位来宾,如今××县广大干群正信心百倍干劲冲天的时候,以县委提出的"解放思想抓机遇,集中力量抓骨干,放开手脚搞民营,加快发展奔小康"的总体思路及要求,使整个××县正在迈向小康的征程上阔步前进。随着××县小康建设步伐的加快,随之而来的必定是一个文化建设的高潮,所以,我们坚信,只要我们一如既往,深入钻研,进一步提高我县的文化建设普及率,我县必定如期实现小康,并为推进全省建立精神文明建设和文化建设做出我们力所能及的贡献。谢谢大家!

范文四:××企业董事长在企业文化节开幕式上致辞
致辞人:××企业董事长
致辞场合:××公司企业文化节开幕式

在场人物：企业董事长、××公司主要领导、员工

各位领导，女士们、先生们：

大家好！今天是我们公司一个值得庆贺的日子。我们欢聚于此，共同庆祝××公司首届企业文化节开幕，以此来迎接我们的祖国××岁华诞，纪念我们企业成立××周年，繁荣企业文化建设。本次企业文化节的成功举办，不仅对××公司今后的发展提供勉励，同时企业文化节的开幕也让公司员工欢欣鼓舞。在此我代表公司高层员工向企业文化节的隆重开幕表示热烈的祝贺！

光阴似箭，岁月如梭，历史的长河滚滚向前。回顾企业几十年来的风雨历程，都是广大职工用艰辛的劳苦和汗水创造出来的，为企业添砖加瓦创造了满载史册的辉煌成就。我们不应该忘却的是，××年前这里还是一片荒芜的废墟，是我们老一代××工作者凭借着顽强的意志、不服输的魄力以及极大的工作热情，克服种种困难，相继为企业做出巨大的贡献，曾一度被省内作为××企业，为本地的多个区域的发展提供了强大的后备力量。随后公司领导又积极寻求企业发展壮大之路，在极其困难的条件下，为企业开工建设，仅用了半年的时间，就为企业建设了不可估量的价值，并实现了××的企业目标。企业能够有今天这样傲人的成就，都是这××年来各级领导无微不至的关怀的结果，更是全体职工艰苦创业的结果。为此，我代表公司的所有领导对企业这××年来的所有成就做出贡献的员工和为企业改革发展做出贡献的各级领导和全体职工表示衷心的感谢！

在我们回顾过去企业成绩的同时，也必须清醒地意识到企业当前面临的困难。尤其是近几年来，随着中国经济的快速发展，××企业改革不断深化，我们的企业竞争也开始越来越激烈。如今的××公司面临着物资价格的快速上涨，公司连年的亏损，这些问题都给我们的经营带来前所未有的困难。要圆满完成上级下达的目标，我们需要积极推进企业的三项制度改革。尽管困难，作为公司经营参与者的我们也要充满信心。我相信经过我们这两年的努力，我们的公司一定能够战胜困难，走出阴霾，创造企业辉煌。

正是在上述的环境下，我们的企业文化节开幕了。对于企业来说建设先进的企业文化是提高企业核心竞争力的重要保证措施。一个企业要想获得成功，就必须有一种精神追求，将职工和领导紧紧地联系在一起，团结一心，与企业荣辱与共。我们举办企业文化节的目的就是让企业内部营造出一种以人为本和高昂的、充满进取精神文化氛围，这样可以让企业不断增强凝聚力，并提高职工爱岗敬业、无私奉献的自觉性，促进企业各项目标的圆满完成。

对每个企业来说,企业文化建设是一项长期的系统工程,都是需要全体职工在长期的生产、经营和管理实践中逐渐形成的,这样员工才可以为企业的生产和经营注入新的生机与活力。

通过这次企业文化节,让大家积极参与××公司的企业文化建设,让广大职工感受到企业发展的活力,并尽情展现企业形象和职工的精神风貌,从而增强战胜当前困难的信心和勇气,专心投入地为企业改革、发展和稳固献出自己的一份力量,为圆满完成全年工作任务做出应有的贡献。

最后,预祝公司首届企业文化节获得圆满成功!

4. 领导在闭幕式上的致辞范文

闭幕式是各种会议或者活动结束时举行的正式仪式。它主要突出的是会议的隆重与庄严,同时也预示着会议的圆满成功,可以说是各个会议和活动必不可少的程序。

范文一:××集团董事长在××男子篮球比赛闭幕式上致辞

致辞人:××集团董事长

致辞场合:××男子篮球比赛闭幕式

在场人物:××市团委领导、集团主要领导以及员工

各位选手,同志们:

大家好!在集团工会以及团委的积极准备,工作人员不辞辛苦的努力及周密的安排,各个参赛公司的组织选拔和精心指挥下,首届××男子篮球比赛得以如期举行并获得圆满成功。在此,我代表集团公司的各级领导向这次篮球比赛成功举办表示衷心的祝贺,恭喜在比赛中获得良好成绩的代表队!同时,向参赛的运动员以及裁判员表示崇高的敬意!

这次的××男子篮球比赛,对于我们集团来说,是发展集团公司健康向上的体育运动,同时,也是通过这次篮球比赛活跃职工们的业余文化生活,并让我们集团公司的员工增强了体制,更重要的是通过这次比赛,可以增强员工之间的凝聚力,进一步深化企业文化。这次比赛对我们企业来说具有着

重大的意义。在这次比赛中,各个代表队都遵循"友谊第一、比赛第二"和"重在参与、重在学习、重在提高、重在娱乐"的原则,顾大局,识大体,不仅让整个比赛的气氛异常活跃,还赛出了水平,赛出了风格。

同志们,体育本身就是一种力量的角逐和智慧的考验,它不仅展示了参赛者的体智美,同时也展示了参赛者的品质美。通过这次比赛,我们很高兴地看到了,我们集团员工参加体育活动的积极性和在比赛中相互帮助的场面,这不仅是我们集团的一个良好开端,同时也让我们从中获得了更加宝贵的企业文化。比赛虽然结束了,但是在运动场上大家所表现出来的团结互助,奋勇拼搏,超越自我的精神要继续发扬光大,要把在运动场上成功的体会和感受带到我们的工作中去,要用我们的行动去追求××集团更高、更强的发展,为××集团公司的辉煌再立新功。谢谢大家!

范文二:××校校长在学校秋季运动会闭幕式上致辞

致辞人:××校校长

致辞场合:××学校秋季运动会闭幕式

在场人物:学校主要领导、教师、运动员以及学生

各位裁判员、运动员、老师们、同学们:

大家好!在全校师生的共同努力和热情参与下,两天紧张激烈的运动会已经圆满结束并在此时落下了帷幕。在此我衷心地感谢所有的教练员、裁判员以及工作人员的不辞辛苦,同时我也代表校委会以及学校的各位领导,向竞争优胜班级和取得优异成绩的运动员表示热烈的祝贺!

在这次运动会上,我们学校有近百名运动员参加各项比赛,一部分还获得了奖项,这不仅展示了××学校的风采,同时也展示了××学校的素质教育强大的生命力。如今站在这里仍然能够感觉到各年级那富有创意的开幕式,同学们阳光灿烂的笑脸还在我们面前萦绕,精彩比赛的瞬间将变成我们永恒的记忆。

两天的比赛,同学们都充分地发挥了自己的能力,而且表现出严格的组织纪律观念和互相关心、团结协作、顽强拼搏的进取精神。通过这次比赛也让同学们之间彼此加强了了解、增进了友谊,班级凝聚力进一步加强。

人生在于运动,生命在于运动。团结才会有力量,爱拼才能够成功。通过这次的运动会,不仅可以对我们学校的各个年级学生的体育获得提高,同时也对我校体育活动开展的状况和水平进行一次全面的检阅,并从中反映出各班级对体育活动的重视程度。这次运动会的开展,不但充分展示了一批身

体条件良好、运动素质比较高、竞技能力较强的同学,而且展示了他们在集体项目中发挥的个人体育才能。他们不仅是班级的骄傲,更是学校的栋梁之材。

当然,在这次比赛中,各个运动员们都不畏强手,顽强拼搏,以集体主义精神为己任;强烈的责任感和集体荣誉感让他们在赛场中遵守赛场纪律,端正比赛态度,从而表现出了良好的精神风貌,这也是这场比赛出现了许多令人感动的场面。在比赛中,有的运动员带病出阵,有的运动员跌倒了再爬起,这些都表现出了运动员不顾伤痛顽强拼搏的意志,而且在我们的运动员为班级奋力拼搏时,没有参加比赛的同学也在不停地为运动员呐喊助威,心系赛场。

本届运动会之所以能够取得成功,最不可缺的便是全体班主任的号召和裁判员的裁断。他们不辞辛苦,对工作兢兢业业,班主任不仅需要认真组织运动员参加各项比赛,而且还需要对班级的服务和安全各方面工作做出分工,这些不仅可以对班级发挥较好的班风建设,而且团结了全班同学。全体裁判员都能坚持原则,严格履行职责,认真做到公正公平,有力地帮助了各项比赛的顺利进行。尤其是一些比赛时间长,规则要求高的比赛,裁判员都出色地完成了各项任务。

虽然本届运动会圆满成功,各个运动员都取得了优异的成绩,但是美中仍有不足,在这场运动会中,有个别班级参加运动会组织能力不够,没有发挥出应有的技能,而且各年级和各班级之间的运动水平不同,使得一些班级只能凭靠一两个同学支撑门面;还有一些班级因为运动会前训练不够,使运动员仓促上阵,没有发挥出水平。总体来说,这次运动会还是非常成功的,广大运动员都充分发扬了中华体育精神,不仅赛出了风格,取得了非常好的成绩,也为我校提高了体育运动的水平,而且在这次比赛中体现了广大师生和运动员强烈的集体荣誉感和顽强拼搏,争创一流的精神面貌和体育道德风尚。可以说本届运动取得了运动比赛和精神文明建设的双重效果。

老师、同学们,本届运动会即将接近尾声,但是体育的精神是永存的。让我们把运动场上的顽强拼搏和团结合作的精神积极地发挥到我们的工作和学习中去,坚定信念,创新务实,以饱满的热情共创学校工作的新章程!谢谢大家!

范文三:××校建筑学院长在学术论坛闭幕式上致辞
致辞人:××校建筑学院院长

致辞场合：学术论坛闭幕式

在场人物：学术委员领导、教授、老师以及××学校学生

亲爱的同学们，尊敬的委员会委员，老师们、同学们：

大家好！经过三天紧张有序的××学术论坛，××年××建筑学学术论坛的各项议程圆满成功，即将接近尾声。在本次的论坛"院士讲坛"环节中，一共有九位院士亲临会场，并为广大参会的学生就学生教育和建筑学相关学术专题进行了××场报告。

正是各位院士的不同见解和一系列的学术活动，使××年的××建筑学学术论坛为所有在场的学生提供了一个更高的起点和更大领域的学术交流平台。这次论坛的圆满成功，对建筑学高校创新研究学术氛围的营造以及培养学生不断提高都起到很重要的促进作用。而且通过这次论坛，帮助了许多学生开阔视野，增强创新意识，使学生都能够彼此交流学术；同时也让××学校圆满完成学术委员会与教育部以及××大学交给的承办任务。

借论坛成功闭幕之际，我代表本次论坛的闭幕致辞人以及本次论坛的承办方领导、论坛组委会，再次向学术委员会的各位委员们牺牲休息时间前来参与论坛的各项活动表示感谢，同时也向院内外众多教授亲临论坛，为广大人士做出点评表示由衷的感谢；更要向参与论坛且筹备组织的各位老师和学生表示感谢！谢谢大家！

最后，我宣布，××年××建筑学学术论坛闭幕！

范文四：××学校校长在新生军训闭幕式上致辞

致辞人：××学校校长

致辞场合：××学校新生军训闭幕式

在场人物：××学校的主要领导、部队领导、部队官兵、同学们

部队官兵同志、同学们：

俗话说得好，只有经历了风雨，才能看到彩虹。我们所有的同学和部队官兵同志，都顶风冒雨，艰苦奋战，接受了××天的严格军训，终于换取了今天比赛场上的飒爽英姿，看到了久别后的斑斓彩虹。

在军训的这段时间里，有教官们辛勤的汗水，也有各个班级班主任的日夜陪伴；有学生们勤奋努力的训练，也有武装部领导的关心和支持……正是有这些人的拭目以待，才迎来今天军训的傲人成果。为此，我代表学校向各位新同学、各位部队官兵和我们武装部领导表示衷心的感谢，同时我还要向我们的老师以及各个班级的班主任表示衷心的问候，向同学们说一

声,你们都是我校优秀的学子,你们辛苦了!

同学们,来到学校的重要责任就学习。军训的结束,也就是我们一个新的开始,学习新知识和了解新生活的开始。我们要将军训中所学到的好作风和好习惯带到我们今后的学习和生活中去。要带着百折不挠、顽强拼搏的精神去战胜学习和生活上的难关,争取在校的几年里获得最后的胜利。

今后几年的在校生活,我们要有严明的纪律,还要有顽强的意志和团结的团队精神来不断享受学习知识和友谊的幸福与满足。在遇到困难和挫折时,我们要有战胜的勇气和坚决完成的决心;在我们遇到失败和不顺时,我们要有坚持到底的忍耐力和努力奋进的目标,这样才会让我们更接近目标而实现梦想。

刚步入新学校,在我们的这个大家庭中,可能有的学生已经经历过失败的滋味,感受过失败的痛苦。如今我们已经重新站立,站在一个新的开端前面,只要我们勇敢地跨一步,从失败的阴霾中快速地走出来,调整自己的心态,那么你会发现你现在是全新的自己,你还可以以饱满的热情和坚定的信念去完成你的梦想。灰心生失望,失望生失败,在此,我希望我们所有的新生学生能够以饱满的热情投入到你未来的学习生活中,不要灰心,也不要失望,更不要动摇,我们要坚守信念,直达目标,这样奇迹定会出现!谢谢大家!

5. 领导在开业庆典上的致辞范文

小到店面开张,大到酒店、超市等各种商务场所活动,开业庆典对他们来说都不只是一个简单的庆典活动。开业庆典不仅是一个经济实体和形象广告,同时也表示着一个经济实体的成立,并向各界人士昭示它已经走在了经济角逐的起跑线上。生活中,人们习惯用对比的方式来看待开业庆典,通过对比来对新开业的商场或者其他店面保持最初的一种印象和看法,并决定对其的信赖度。所以,开业庆典是一个企业或者店面树立经济实体和美好形象的第一步,也是最重要的一步。

范文一：××镇镇长在集贸市场开业庆典上致辞
致辞人：××镇镇长
致辞场合：××镇集贸市场开业庆典
在场人物：××镇政府主要领导、××镇镇民以及各界人士

各位来宾，亲爱的朋友们：

大家好！在这个孕育着收获和希望的金秋时节，我们迎来了××镇集贸市场隆重开业的喜庆日子。在此，我谨代表镇党委和××镇的百万热情好客的人民，向前来参加开业庆典的各位领导和各方来宾，及各界朋友表示热烈的欢迎，同时也为市场的兴旺发展付出心血和劳动的领导和员工以及广大业户表示衷心的感谢和诚挚的祝贺！

××镇一直紧紧围绕着市委、市政府倡导的"三个代表"的决策部署，深入实践了其重要思想，并为××镇抢抓机遇。在近几年来，通过××镇全镇人民的团结一致，使全镇人民群众干事积极、共奔小康，最终获得了经济跨越式的发展，城镇面貌日新月异，都市农业稳步推进，社会事业全面进步。如今人民的生活质量都有着逐步的改善，而且消费水平明显提高，人们渴望致富的意识也日益凸显。

想要增加收益致富，就需要广阔的平台和坚实的载体。××镇在还没有建立集贸市场时，我镇城区市场交易总是出现脏、乱、差的局面，不仅影响了我镇的镇容镇貌，而且也为我镇带来诸多的安全隐患。因为市场规模不大，致使一些经营业户不仅赚不到钱，还会出现买卖难做的现象。现在××镇集贸市场的建成无疑为经营业户铺建了发展道路，而且解决了市场容貌的各项难题，不仅为集贸市场升值提供了一个平台，同时也为农产品走向外地搭建了桥梁，还为发展第三产业开辟了新途径。

众所周知，我们××镇有着得天独厚的地理气候条件，借助这一条件使得我镇早就拥有了一大批风味独到的各种品牌的农副产品。以前因为没有优越的条件使得大批量的产品无法外销，更达不到市场发展的要求，使多数的农副产品没有升值空间。如今，市场的建成和投入使用，是××镇民心所向，更是各方面共同的努力。虽然集贸市场刚刚建成，但我相信，只要立足本地，凭借着本地资源优势和品牌优势，立足诚信，市场的未来是广阔的，前景更是美好的，只要我们坚持农业产业化运作，坚持农副产品龙头带动，我们的农副产品一定会走出我镇，走出全省，走出中国。可见我们提出的"打造特色市场，建设特色乡镇"的城建新理念是符合上级决策的，是顺应时代潮流

的，是可以积极发展的。在此，我希望市场管理者继续发扬艰苦奋斗的精神，奋力为我镇的农副产品购销、升值做出贡献；也希望上级主管部门领导和社会各界人士继续关心和支持我镇市场发展，为市场壮大做出努力。

最后真心地祝愿各界人事业有成，心想事成！也祝愿××镇集贸市场开业大吉，财源滚滚！

范文二：××县县长在汽车客运站开业庆典上致辞

致辞人：××县县长

致辞场合：××县汽车客运站开业庆典

在场人物：××县县委、县政府各级领导、交通局领导、××交通运输集团领导以及各界人士

尊敬的各位领导、各位来宾、同志们：

大家好！欢迎各位的光临！

今天是××汽车客运站的开业庆典。在这个大喜的日子里，我们很荣幸地请到了××交通局、××银行和××集团公司等多个单位的领导，在此，我代表××县委、县人民政府以及××县全县百万人民群众想各位领导的到来表示热烈的欢迎！我也对××汽车客运站的开业表示衷心的祝贺！同时对××汽车客运站的建设付出心血的工人以及工作人员表示崇高的敬意！

××县新汽车客运中站是在××年×月开工的，是由××交通运输集团有限公司投资建设的，××汽车客运站总面积有××平方米，预算总投资达××万元。在××汽车客运站中，设有民族特色的商品店，还有宽敞明亮的候车厅；除了建立客车停车场和货车停车场外，还设立了站前广场和出租车道以及维修厂，在这个汽车客运站中，可以同时容纳100辆客车和100辆货车。

对于××县来讲，××汽车客运站的建成，不仅推动了××县旅客运输事业的发展，也是城乡的经济得到良好改善，更促进了社会进步，是具有非常重要的意义的。而且建立××汽车客运站对缓解××县城区的交通拥堵和群众出行压力，从根本上改善了××先城乡交通秩序，推动了××县开发建设，提升了××县旅游服务水平，使××县逐渐成为一个讲文明，高发展的小县，××汽车客运站的建立和投入使用标志着××县道路运输事业又迈上了一个新的台阶。

新的生命，新的开始，希望××汽车客运站全体干部和职工，在今后的工作中可以不断地深入学习和管理，促进客运事业不断地发展。首先要以新

的面貌、新站、新设施来展示我们的新形象，还要以高质量、高标准来为旅客提供优质的服务，从而赢得社会各界人士的广泛支持。其次是要积极主动地去服务，去工作，在"精细化"管理上下功夫，切实提高××汽车客运站的管理水平。接着要加强工作人员的"爱岗敬业，诚实守信，服务人民，奉献社会"的职业道德精神，使汽车客运站全体员工提高整体素质。最后需要站、运、管三方面紧密配合，为××汽车客运站营造良好的经营秩序和环境，使其早日取得较好的经济效益，并为××交通发展和广大乘客的出行提供更加便利的条件，也为促进××经济和××县的全面发展做出应有的贡献。

最后，祝愿各位领导和广大来宾心想事成，万事如意！

范文三：××镇镇长在××汽车服务有限公司开业典礼上的致辞

致辞人：××镇镇长

致辞场合：××汽车服务有限公司开业典礼

在场人物：××镇政府主要领导、××汽车服务有限公司领导以及各界人士

各位领导，各位来宾，同志们：

大家好！首先我非常荣幸能够出席今天的××汽车服务有限公司的开业典礼。我代表××镇党委以及镇政府对××汽车服务有限公司的隆重开业表示衷心的祝贺！同时也向出席今天开业庆典活动的各位领导和来宾表示热烈的欢迎！

这些年，随着国家改革开放和招商引资的快速发展，××镇的经济逐渐发展起来，而××镇的汽车服务行业也逐渐成为××镇的一个主要发展产业之一。××汽车服务有限公司可以说是××镇在这两年来招商引资引进××镇的新企业。这个××汽车服务有限公司目前已经投入了近千万元的资金，并完成了公司所有一流站点和修理车间等设施建设，并被评定为××省汽车维修一流企业、政府招标指定企业和××集团的会员企业。在新展厅和车间都投入使用后，必将给××公司的发展插上强而有力的翅膀，使××汽车服务有限公司在更高的平台上越飞越高！

回首从前，展望未来，我们也曾踌躇满志；也曾豪情满怀。我们希望在以后的日子里，全体××汽车服务有限公司的职工们，以无限的激情来打造××汽车服务有限公司全新的辉煌；更希望大家以百倍的努力，挺起胸膛，为××汽车服务有限公司托起未来的太阳！希望××镇所有企业以开创新天地为目标，加快发展，把企业做大做强，为××镇的经济发展做出更大的

贡献!

最后,祝愿各级领导和来宾们工作顺利,万事如意!

范文四:四川××文化传播有限责任公司总经理在开业庆典上的致辞

致辞人:四川××文化传播有限责任公司总经理

致辞场合:四川××文化传播有限责任公司开业庆典

在场人物:公司主要领导、员工以及各界人士

尊敬的各位领导、各位来宾、女士们、先生们:

大家好!今天是一个大喜的日子,在这个日子里,我们四川××文化传播有限责任公司开业了!在这里,我代表四川××文化传播有限责任公司全体员工向在百忙中抽出时间来出席开业庆典的各位领导和来宾表示热烈的欢迎!同时,我也代表四川××文化传播有限责任公司的所有领导对公司建设付出心血的工作人员表示由衷的感谢!

正值举国欢庆中共××大胜利召开之际,四川××文化传播有限责任公司正式挂牌成立。它的成立不仅意味着造福一方子民,同时也有着积极深刻的意义。文化产业不论是在国际还是在国内都有着良好的发展态势和发展空间,而且每个国家都在积极强调先进文化的重要性。纵观当今世界,可以说有许多的文化产业,都已经成为国家国民经济收入的主要来源。我们××文化传播公司的主要奋斗目标就是要培养和塑造企业文化,发掘并提炼地区文化,为广大群众传播民族文化,让××文化传播公司成为先进文化的传播者,屹立于先进的文化之巅。

针对中国的发展趋向不同,我们公司所采用的发展方式也不同,由于四川处于中国西部地区,我们公司目前发展的主要业务是围绕:广告、出版、音像、旅游和文化交流。在广告方面,××文化传播公司主要是为企业做一些策划,并对其进行图书策划和编辑制作;旅游方面主要是整合西部地区的旅游资源和旅游机构,深度发掘国内现有旅游资源,开拓国际旅游市场;而音像方面的主要业务是以版权引进和音像制作及营销推广来获得发展空间。

对于××文化传播公司的文化交流方面,主要是促进友好团体间的交流、推广独具西部特色的文化产品和协助各级政府及企业组织宣传及招商引资活动。××文化传播公司秉承衷心在团队建设和管理方面的优势,以优越宽松的环境和良好的发展空间获得了一批优秀员工,他们团结协助,并在各自的岗位上致力于××文化传播的过程中发挥自己的聪明才智,完成××文化传播公司跨越发展。打造一个辐射全国,联结世界的××文化产业集团。

亲爱的朋友们，梦想是自己创造的，但是在完成梦想的道路上你需要努力开拓，奋力实现，更需要与新老朋友携手相助，共同托起！在此我再次感谢各位领导和嘉宾的光临，你们的关心和照顾是对我们最大的鼓励和支持！

6. 领导在颁奖典礼中的致辞范文

在我们的日常生活中，我们常常可以在电视上看到许多明星的颁奖典礼，比如，电影金鸡奖颁奖典礼、金马奖颁奖典礼等等，不仅如此，在我们的身边也同样有不同的颁奖典礼，比如，员工优秀颁奖典礼、××人见义勇为的颁奖典礼等各种不同的颁奖典礼，这些颁奖典礼不仅是对一些优秀人员的表彰，同时也鼓励那些没有得奖的人积极进取，在下一次的典礼中获得属于自己的奖项。

范文一：××市长在××市举行的"十佳母亲"颁奖典礼上致辞
致辞人：××市长
致辞场合：××市"十佳母亲"颁奖典礼
在场人物：××市委宣传部主要领导、市妇联主要领导、市民群众代表以及各界人士
尊敬的各位领导，各位来宾：
大家好！今天是××市市委宣传部和市妇联共同在这里举行"十佳母亲"颁奖典礼，对所有的好妈妈们进行表彰。
在刚过去的几天里，全国人民怀着沉痛的心情，悼念了在汶川地震中的遇难同胞们。在危难到来的时候，我们看到了国家各级领导和普通大众的高度责任感；也看到无数母亲用自己柔弱的身躯为子女撑起了活下去的勇气，还有那些尊老爱幼救人危难的热心扶助，这些事迹都是大爱无声的永恒记忆。正是这些平凡的女性，造就了成千上万个儿童的梦想，她们绽放出来的不平凡的母爱让我们的世界充满了温暖和希望。
"谁言寸草心，报得三春晖。"在我们的历史长河中，有无数的话语是歌颂母爱，弘扬母爱的。××市市委宣传部、市妇联在母亲节来临之际，在××市全市范围内开展了评选"我们的好妈妈——××十佳母亲"活动。活动

刚开始，组委会就收到了来自市直机关、各县区、开发区、相关协会推荐的××位候选母亲事迹的相关材料。并由60余万人通过网络、报纸投票参加了活动。在这些投票的人员中，有学生，有老师，还有解放军官兵、国家公务员和社区干部等来自各行各业、各个年龄层的热心市民，她们还通过电话、邮件和网络留言的方式，用质朴的语言来表达对这些母亲们的敬仰之情。其中有一位热心观众说，在这些母亲的身上，让他看到了自己妈妈的影子；还有不少的政府干部赞誉这次活动开展得非常有意义，甚至有广大市民纷纷提出建议，认为候选的××位母亲她们的事迹都是可歌可泣的，她们传承了中国高尚的女性美德，是非常值得颂扬的典范。

今天在受到我们表彰的"十佳母亲"当中，她们有的面临着生活的困难却仍旧努力，迸发出无限的勇气，最终获得绚丽人生的母亲，她们是××、××、××几人，还有从小爱到大爱，把自己无尽的母爱洒向世界的珍爱天使××、××、××、××，还有把关爱无私奉献给邻里和他人母亲××、××、××、××等人。这些母亲和灾区的母亲一样，都拥有着博大无私的母爱精神，她们甘于奉献，为他人提供无微不至的帮助，她们都具有着优秀品德与自立、自强的新时代女性风采。

我们相信，在党中央和人民政府的坚强领导下和解放军及公安人员的全力帮助下，以及医护人员和志愿者的精心呵护下，我们的中国一定可以迎难而上、百折不挠、众志成城，以坚强的信念组建我们的美好家园。也为推进改革开放和现代化建设创造新的业绩，为妇女运动叙写新的篇章，为我们的幸福生活和美好未来做出更大的贡献！

范文二：××公司老板在为××单位和××个人的颁奖典礼上致辞

致辞人：××公司老板

致辞场合：××单位和××个人的颁奖典礼

在场人物：××公司主要领导、××单位主要领导以及××分厂所有员工

各位员工朋友们：

大家好！今天我们欢聚在这里，主要是向××公司××毛纺厂和质量检验部员工××、××以及科技研发部聚合物研究室获得国家级奖项和荣誉颁发奖状、奖牌和奖金。在此，我代表××公司党委所有成员对获奖单位和个人表示热烈的祝贺！这是××公司又一次获得荣誉的大喜事，它是继公司荣获"全国五一劳动奖状"之后的团队以及个人获得的非常重要的国家级奖项

和荣誉称号。可以说，获得这些殊荣，不仅是单位个人的光荣，也是我们××公司所有员工的骄傲！

今天我们在此举行隆重颁奖仪式，一方面是给予获得××荣誉的单位和员工进行鼓励，另一方面也是号召各个单位和员工积极向他们学习，为公司和企业更进一步做出贡献，开创新的佳绩。如今××公司获得的国家级奖项和荣誉，对××公司来说是具有非常重要的意义的，它不仅标志着××企业轻纺产品市场竞争能力跨越了一个新的台阶，也标志着企业员工素质的提高，还标志着××公司建设和谐学习型企业的努力获得了一定的成效。

通过××公司××毛纺厂和质量检验部员工××、××工的颁奖仪式，我想再次为大家提出几点希望和要求。首先，××公司的所有员工都应深刻理解获得这些国家级奖项和荣誉称号的意义。我们公司的几位领导分别做了获奖情况介绍。可以说，对于这些获奖成果，它们的含金量是非常高的。××毛纺厂所生产的"××牌精纺羊绒纱线"，以非常优异突出的质量特色在全国××家竞争对手中获得唯一的纱线类大奖；我们的质量检验部的××同志和××同志，是从全国××家石化单位选送的××万参赛选手中脱颖而出，获得荣誉。这些都充分说明了这些单位和员工个人，在企业的总体目标指引下，能够在自己的本职工作中刻苦钻研，大胆创新。具有超强的信念和毅力。对于每个公司来说，如果一个人、一个单位没有一种奋勇向前，勇于挑战，永争第一的劲头，那么它一定会被竞争激烈的市场所淘汰，在时代的洪流中逐渐掉队，终究被其他的企业所湮没。因此，我们要进一步树立敢为人先的创新精神，全面营造一种争先创优的良好氛围。一个有建树的公司，就应该有一个有所作为，而一个优秀的员工就应该敢为人先。所以，我们公司想要获得良好氛围，首先需要在各级领导班子中树立"停滞就是落后，无功就是过"的理念，并在广大员工心中树立"平平淡淡就是无为"的观念。其次，要为××公司树立实事求是、开拓创新、执着敬业、团结协作的风气。一个企业就应该坚持一切从实际出发，以科学务实的态度来认真对待工作；还有创新精神，敢于创新，才可以标新立异，敢于提出不同的观点，才可以不断地挑战极限。每个公司总会有一些人比较浮躁，而克服浮躁情绪往往是一个企业发展的前提，树立新的执着敬业的风气，不仅可以克服浮躁情绪，也能够促使大家脚踏实地地工作。着眼于大局，可以让我们自觉摆正个人与集体的关系，从而使我们更加自觉，更加谦虚谨慎，从而依靠集体的力量，共同完成攻关任务。当然，我们所讲的所作所为，都应该在科学发展观的思想下，自觉自发地遵循客观事物的发展规律。也就是说，我们不能好高骛远，也不能太过悲观失望，故步自封，被已有的理论和观念束缚住自己的手脚。只有这样才可以从根本上保证创建资源节约型和谐企业的"三大基地"建设目标可以顺利推进并早日实现。

今天，××公司对××毛纺厂和质量检验部××、××员工进行大张旗鼓地表彰奖励，为的就是让全公司的所有员工知道，他们的行动是大家学习的楷模，他们的成就就是大家追赶的目标。我非常希望通过这次颁奖典礼可以在××全公司上下刮起"比学赶超"的热潮，使其成为提升员工综合素质和企业综合能力的新动力。同时也希望获得表彰奖项的单位和员工，可以再接再厉，为××公司创造新业绩。

其次是××公司要认真开展"创建学习型组织，争做学习型员工"主题活动。在去年的一年里，公司努力构建资源节约和谐企业，为推动"三大基地"建设的目标，而开展了一系列主题活动。而我们今年需要全面启动"创建学习型组织，争做学习型员工"主题活动，并将这次活动作为统领今后××年公司各项活动的主线。

众所周知，如今的社会科技制胜已经成为企业之间竞争的主流，一个企业的知识创新和技术创新能力，都直接影响着企业在竞争中所处的地位。而企业的能力主要体现在我们自身对知识的占有和创新。越是实力雄厚的企业，知识创新和技术创新的意识就越浓厚，而且能力非常强。这也就直接成为市场竞争的核心和利润增长的源泉，而知识创新和技术创新恰恰源于不断地学习吸收。所以，现在企业之间的竞争，其实就是员工学习力上的竞争。目前，有很多企业已经开始创建学习型组织来提高自身企业的能力，基于这点，我们必须要把"创建学习型组织，争做学习型员工"主题活动深入，积极推进，各单位狠抓落实，并取得了一定的成效。今天我们授奖的单位和员工个人，其实就是××公司开展"创建学习型组织，争做学习型员工"活动成果的部分体现。××公司开展"创建学习型组织，争做学习型员工"活动，既是一个学习力转化为创造力的系统工程，同时也是促进广大员工综合素质全面提高的需要，同时更是企业全面协调可持续发展的需要和全面打造公司核心竞争力的需要。虽然××公司之前取得了一些成绩，但我们应该意识到，××公司还存在着许多不容回避的问题，我们的工作还做得不实。所以同志们还需要把精力放在工作上、放在事业上，把各项工作都抓出成效来。××公司是需要不断推出具有强大竞争力独具质量特色的新产品，这样才可以占领且赢得市场，赢得了企业发展的新机遇。如果××公司的每个部门和每个单位都能够向××毛纺厂一样，而××公司的每个员工都能够向质量检验部××、

××员工一样，那么我们的企业综合实力就会有巨大的提升。我向无论是生产经营，还是企业管理，只要我们争做学习型员工，努力向前，努力提高岗位操作技能，就一定能够成为本职岗位上的行家。

最后我们要把获奖转化为做好今后工作的动力。在××公司××年的工作中，公司生产经营情况和其他各项工作总体上是好的，但是我们不能因此而掉以轻心，××公司是需要搞好今后的建设工作的，以确保今后长周期安稳地工作。在此，我向各单位的领导和同志们向先进单位和先进人物学习，把今天的颁奖作为做好今后工作的动力，高标准、高质量地履行好自己的职责，为实现公司目标做出自己应有的贡献！谢谢大家！

范文三：××县委书记在争做"文明人"颁奖典礼上的致辞

致辞人：××县委书记

致辞场合：争做"文明人"颁奖典礼

在场人物：××县政府主要领导、××县民众以及各界人士

各位来宾，女士们、先生们：

在这硕果累累，秋高气爽的金秋时节，××县隆重举行全县"文明人"颁奖典礼。首先，我代表××县县委、县政府向颁奖典礼的隆重举行表示热烈的祝贺，同时也向获得"文明人"荣誉称号的各位同志表示崇高的敬意！

××县全县广大干部群众在县委、县政府的带领下，坚持以科学发展观为指导，齐心协力，推动全县经济社会各项事业取得优异的成绩。特别是我县在着力加强物质文明和政治文明建设的同时，自始至终都在高度重视精神文明建设。通过扎实有效地开展精神文明创建活动，往往可以让群众的道德素质得到很大的提高，社会风气也会随着群众精神文明而明显改善。为了在全县范围内进一步强化和营造讲文明、树新风、创大业的良好氛围，我县历时近××的时间，通过层层推荐和考核，在全县范围内评出"文明社区居民"、"文明公务员"、"文明员工"、"文明老师"、"文明学生"、"文明医务工作者"和"文明工商业户"等××各个类别的××名"文明人"。获得这些称号的人，他们都来自基层，来自群众，虽然他们的岗位不同，职业不同，经历不同，但是他们都拥有着坚定的理想信念和崇高的精神境界以及良好的道德情操。我们可以在他们身上看到服务人民的责任意识、奋发有为的进取精神和求真务实的良好作风，而他们的这些行为和作风正是我们当前建设和谐社会所需要的精神财富。

我们开展评选表彰"文明人"活动，主要的原因就是要将道德建设形象化和具体化。使每个民众都能看到精神文明的实物体现，从而引领广大干部

群众见贤思齐，争当先进，推进社会主义核心价值体系建设。尤其是当前，××县正是出于加速崛起、跨越发展的关键时期。××县的多项代表性建设善后启动现设，使其带动××县工业经济，并引领××县经济加速崛起。而经济的加快无疑让××县上下看到了摆脱贫困、走向富裕的希望和曙光。在这个时候开展全县评选表彰"文明人"活动，不仅可以加强全县人民的道德建设，培育良好社会风尚，也可以激发××县干部群众的获利和创造力，从而为加快发展营造良好的人文环境。因此，××县的全县各地各部门，尤其是文明委成员单位，需要把开展此类活动作为一项长期的工作任务，并将这项认为坚持不懈地抓好抓实。要坚持视角向下，突出群众评、评群众，真正把那些事迹突出，而且是群众认可的好典型树立起来，这样才可以让更多的道德模范、先进典型涌现出来，从而积极地为社会营造一种关心支持道德建设的良好氛围。也使××县形成一种公民道德建设人人参与、道德建设成果人人共享的良好局面。

最后，我希望荣获"文明人"称号的同志们可以继续发扬你们的成绩，再接再厉，为全县的精神文明建设再立新功。同时，我也希望××县广大干部群众要以"文明人"为榜样，积极行动起来，不断提高道德素质，全身心地投入到建设、发展的伟大实践中去。让我们以更加优异的工作业绩和更加昂扬的精神风貌，为××县添光彩，为社会科学发展做出新的贡献！

7. 领导在剪彩仪式上的致辞范文

剪彩，顾名思义就是剪断彩带，它所代表意义主要是某些会场的开幕或者是为庆祝公司的成立、企业的开工、宾馆的落成等等而举行的一项隆重性的礼仪性程序。在剪彩仪式中，剪彩一般不应多于五个人，而且剪彩者的身份多为上级领导、合作伙伴、社会名流、员工代表或客户代表所担任，剪彩者的身份越是高贵，剪彩仪式的档次就显得越高。

范文一：××学校校长在××学校教学楼落成剪彩仪式上的致辞
致辞人：××学校校长
致辞场合：××学校教学楼落成剪彩仪式

在场人物：××学校主要领导、教育局领导、学校教师以及各界人士

各位领导、各位来宾，同志们：

今天是一个非常重要的日子，我们在这里隆重聚会，热烈祝贺××镇××学校教学楼落成。××学校的建成是教育事业发展中的一件大事，同时也是××镇合乡并镇后经济社会发展的中的一件大事。它不仅凝聚了××镇各级领导对××学校的期望，还聚集了社会各界人士的关心和支持，更倾注了××镇全镇人民和各级组织以及全校教职工的心血。在此，我代表××镇所有政府机关部门对今天前来祝贺的各级领导和来宾表示衷心的感谢，同时也向在教育战线上辛勤耕耘的广大教职员工表示最崇高的敬意！

再苦不能苦孩子，再穷不能穷教育。中国想要经济持续稳步的发展，就应该从抓教育入手，保证社会的安定与和谐，更应该从抓教育开始。××镇政府领导和各级的领导干部历来都将改善办学条件，提高教育质量作为己任，把教育教学和加强教育基础设施建设放在优先的地位来进行考虑和发展。近几年来，××镇政府领导和各级官员更是把教育事业的发展放在重要议事日程中，把教育工作作为振兴××经济，致富与××人民的根本大计来抓的。为了贯彻落实科教兴国、人才强国，为了创办人民满意的教育，××镇政府多方筹措资金，广大人民群众更是对教育事业投入热情，使得××镇全镇人民形成了人人关心教育，人人支持教育的良好氛围。

经过先后多方的筹资，××镇建成的××中学、××学校、××小学教学楼等都顺利剪彩。全镇兴办教育的热情前所未有的高涨，尊师重教蔚然成风，这些成就的取得，都是上级领导关心和支持的结果，更是政府机关强抓机遇，谋求发展，身体力行"三个代表"的体现。一座座教学楼都是勤劳质朴的××民众汗水的结晶，更是对教育无私奉献、培养人才工作者的见证。

振兴民族的希望在于教育，而振兴教育的希望在于老师。为了使教学更加严谨，××镇政府机关认真贯彻党的教育方针，按照"三个面向"的办学要求，积极地建立完善竞争激励机制，加强对学教内部的管理，把××学校建成教书育人的典范。我们学校的教职员工要继续加强师德、师风建设。为人师表，就应当时时处处以身作则，育人育心，严谨治学。做先进生产力和先进文化发展的推动者，做青年学生健康成长的引路人。在美好的教学环境中，全体同学要珍惜这美好时光和来之不易的学习条件，争做德才兼备的一代新人，使其早日成为社会现代化建设的栋梁之材。

××学校，经过近两年的时间建设，终于在今日正式竣工投入使用。教学楼的建成不仅标志着××镇教育的又一个新起点，教育设施迈上了一个新

台阶，同时也为××镇教育工作带来了新的机遇和挑战。我们要将这次学教剪彩仪式作为契机，团结和带领××镇的全镇人民，不断解放思想，转变观念，为今后加强对教育教学基础设施的投入力度；切实提高全镇教育教学质量；同时积极推进农业产业化进程，以农业增效、农民增收为前提，不断增加对教育的投入；最后要稳步推进新型农村合作医疗制度，真正使全镇农民长期得到实惠，保持社会稳定，推动各项事业的发展，促进全镇各项事业的健康、协调、快速发展。使××镇真正成为一个"生产发展、生活宽裕、乡风文明、村容整洁、管理民主"的现代化小城镇。

××镇要以这次教学楼剪彩仪式为动力，坚持以人为本和构建和谐社会的要求，以务实的作风抓质量，以丰富的经验管业务，按照科学的发展观，总揽教育教学的全局，充分发挥人的主观能动性，开创××教育教学工作的新局面。

最后，我再次代表××镇镇政府机关各个部门向今天前来参加本次剪彩仪式的各位领导和嘉宾表示真诚的感谢！感谢你们对××镇教育的支持和帮助，感谢对××镇各项事业的关心。在这里我衷心地祝愿大家心想事成，万事如意！

范文二：××景区××大酒店老板在××大酒店开业庆典上的致辞

致辞人：××大酒店老板

致辞场合：××景区××大酒店开业庆典

在场人物：××风景区公司主要领导、××大酒店主要领导、员工以及各界人士

各位领导、各位贵宾、各位朋友、父老乡亲们：

大家好！在这风和日丽、满目青翠、喜气洋洋的大好日子里，我们在这里隆重举行××大酒店开业庆典剪彩仪式。这不仅是××省的一件重大喜事，同时也是××风景区建设发展史上的又一大盛事。在此，我代表××县××风景区有限公司以及××大酒店所有员工向前来参加开业庆典剪彩仪式的各级领导和各界人士，表示最热烈的欢迎，向前来祝贺的各位贵宾和父老乡亲表示衷心的感谢！

在××大酒店还未建成的这今年，××风景区在各级领导和旅游主管部门的关心和大力支持下，能够快速有序地和谐发展。并为××投入开发建设资金××亿元，使××景区的基础设施得到完善，同时也使娱乐项目逐年增加、服务质量逐渐提高、客源市场迅速拓宽。在各界领导的大力支持下，××景区先后被誉为国家AAAA级景区和全国农业旅游示范点以及××省的十大热点景区。目前××景区已经名扬中原，走出全国，成为中外游客休闲度

假和养生健身的首选之地。尤其是××景区的××多家的农家宾馆,不仅具有××景区朴实的农家文化,也丰富××景区的深刻内涵,同时××景区为当地老百姓开辟了一条脱贫致富的新途径。特别市今天剪彩迎宾的××大酒店,总投资高达××亿元,而且是一个集住宿、餐饮、休闲、娱乐、高中档次会议接待等多种形式的综合性大酒店,总面积达××平方米,而且是目前××省××景区唯一一家按照五星级标准建设的大酒店。其中有××套总统套房,××套豪华标间和套房以及××个大小不同的会议室。在××大酒店可以同时为××人提供住宿、餐饮和聚会等多种服务。

××大酒店的隆重开业是××风景区开发建设的一个新的标志,同时也是××风景旅游接待和深度开发的一个新的发展阶段,这必定会对××风景区全面提升产生深远的影响,还会给××风景区旅游产品向高端化转型奠定基础。在××大酒店的开业庆典剪彩仪式上,××风景区应牢牢抓住这个大好机遇,并以此为契机,更进一步地加大对景区的投入力度,并对景区的基础设施进行进一步的完善,和景区管理进一步提高,与各界同人共同携手创建××风景区和××大酒店,并为人民打造功能齐全、服务一流、游客满意的全国知名的休闲度假中心。

最后,我再次向各位领导和贵宾以及广大朋友们对××风景区××大酒店的支持,表示衷心的感谢,谢谢大家!

范文三:××市市长在××游园竣工剪彩仪式上的致辞

致辞人:××市市长

致辞场合:××游园竣工剪彩仪式

在场人物:××市政府的各个领导、城市建设的各级领导以及社会各界人士

各位领导、各位来宾、各位亲朋好友:

我们又一次迎来了一个洋溢着丰收喜悦,果实累累的金秋时节。今天与以往不同的是,我们今天要隆重举行××游园工程竣工剪彩仪式。在此,我代表市委、市政府等有关部门向参加今天剪彩仪式的各位领导和各位来宾表示热烈的欢迎,我还要向城建的各级干部职工和关心支持我市城市建设的各级领导和社会各界人士表示衷心的感谢!

城市是现代文明的一个标志,是一个地方的名片。它不仅代表着一个城市的物质文化和政治文明,它还是一个城市精神文明发展的重要载体,可以加快城市建设,有利于拉动城市的经济增长,刺激消费,吸引外来投资;同时它有利于建设社会主义精神文明,可以提高社会文明程度,促进社会主义

的和谐发展；而且它有利于促进城乡统一发展，改善生活环境，提高人民的生活水平和质量。在近几年里，我们市委、市政府一直非常重视城市的建设工作，曾一度组织实施城区建设，投资近××个亿来完成××城市各个道路的新建改造和各种配套设施建造和××游园建设工程。这些都突出了以人为本的城市建设理念，加大城市绿化，为城市新增加了××万平方米的绿地，不仅美化了环境，也为广大群众提供了一些休闲娱乐的场地。今天××游园的竣工，又为我市增添了一处和谐怡人的景观。

  如今随着经济的发展，人民群众的生活需求也开始越来越高，总是渴望拥有富足充裕的物质生活和优雅舒适的生活环境。为此我们要加快城市建设，不断满足群众的愿望和需求，这不仅是人民的愿望更是各级党委和政府的首要职责。所以我们要坚持以人为本的发展方向，从民众关心的事情抓起，进一步加大城市建设的工作力度，以建设高品位城市为发展目标，按照"以道路建设为骨架，以绿化和卫生为重点不断加快城市基础设施建设，建设生态城市"的城市建设工作思路，不断加大城市建设投入，加快城市各个城区的建设步伐，强化城市的管理工作，为人民群众提供一个良好的生活环境和发展环境。

  同志们，随着现代化经济一体化战略的推进，××城市建设与管理工作将要迎来新的发展时期，我们需要按照"三个代表"重要思想来树立科学发展观和正确的政绩观，为××城市创新思路，共同推进××城市建设和管理工作迈向一个新的台阶，为建设特色的人文生态城区，使广大群众生活得更美好而努力奋进！

  最后，我再次感谢各位领导和各界人士对××游园建设的关心和支持，感谢在百忙中抽出时间前来参加××游园竣工剪彩仪式的各位领导和朋友们。谢谢大家！

8. 领导在周年店庆上的致辞范文

  周年是满一年的意思。周年店庆，通常是来表示商铺经营的年数。一般商铺会在周年时举行店庆活动，这时就需要一些身份特殊的人或者领导来对周年店庆上致辞。

范文一：××县县长在××制衣有限公开业6周年庆典上致辞

致辞人：××县县长

致辞场合：××制衣有限公司开业6周年庆典

在场人物：××县政府主要领导、××制衣公司主要领导以及员工

各位领导、各位来宾，女士们、先生们：

今天是一个值得纪念的喜庆日子。在新春佳节即将到来之际，我们也迎来了××制衣有限公司开业的6周年庆典。在此，我代表××县委、县政府向××制衣有限公司表示热烈的祝贺，同时我也向××制衣有限公司总经理××先生所取得的成就致以崇高的敬意。

××先生在××年创办了××织造厂，专职从事服装生产和贸易业务。经过多年的经营使××先生在广州××投资兴办了××制衣有限公司。经过多年的发展，现在的××制衣有限公司已经成为拥有××人的大型企业，而且创办了属于自己的名牌童装，大都以活泼的风格、鲜明的形象成为儿童服装王国中的佼佼者。尽管那时的投资环境还不优越，但是××先生独具慧眼，且对投资××制衣有限公司非常有信心，便毅然决然地做出了投资××制衣有限公司的决策。如今的××制衣有限公司在××先生的精心管理和正确领导下，全体员工兢兢业业，公司的业务也蒸蒸日上，××制衣有限公司也在不断发展中壮大，已成为××县的外贸龙头企业。

仅在××年，××先生创办的××制衣有限公司就被中国的外商投资企业协会评为"双优"企业，而且被××市的国税局评为纳税超百万的模范纳税户。××先生也因管理有方被××制衣有限公司的所有员工评为"关爱职工的优经营者"，受到市委、市政府的表彰。

所有的人都知道，××制衣有限公司之所以能够有今天的辉煌，是完全离不开××先生的英明决策和××制衣有限公司所有员工的兢兢业业的。我们相信，在今后的日子里，××制衣有限公司一定会更加兴隆昌盛，××制衣有限公司的明天一定会更美好！

"以诚招商，以商带商"是××县县委、县政府的一贯工作方针，我们只要努力改善投资环境，进一步为投资者提供优质、高效的服务，就一定能够全面做到令投资者称心、放心、充满信心，达到"外商发财，我们发展"的目的。在此我期盼更多像××先生这样的外商到××县来投资办厂，在××县结出丰硕的果实，促进××县各项事业的发展。

在新春即将到来之际,在××公司满怀豪情迈向6周年之际,我谨代表××县政府所有人员和××县的所有人民向××制衣有限公司表示祝贺,同时我代表××公司向一直以来给予我们支持和厚爱的××公司表示由衷的感谢,并祝贺××公司在新的一年里取得良好的成绩,祝××制衣有限公司在以后的日子里生意兴隆!

范文二:××房地产开发有限公司老板在公司五周年庆典上的致辞

致辞人:××房地产开发有限公司老板

致辞场合:庆祝××房地产公司五周年庆典

在场人物:××房地产开发有限公司主要领导、所有员工和员工家属以及各界人士

尊敬的来宾,敬爱的员工,亲爱的朋友们:

大家好!

今天是我们××房地产开发有限公司成立五周年纪念日,在这里,我代表公司董事会向辛勤劳动的全体员工及大力支持员工积极工作的家属们表示衷心的感谢!

公司在这五年的发展里,努力创业,努力奋斗,全体员工尽心尽力,历尽了创业的艰辛。公司刚起步的时候只有几个人,到如今,已经迅速发展成为拥有近百名员工的房地产开发骨干企业之一。可以说,××房地产开发有限公司从原来的小企业,逐渐由小到大,由弱到强,走出了一条独具××特色的创业之路。在这条路上,我们走得很艰辛,能够发展到今天也实在不易。为了××房地产开发有限公司能够发展壮大,我们的员工尽职尽责,使我们的公司在市场上可以更好地适应市场,开拓市场,让公司在整个市场中能够稳中取胜,逐步得到扩展。

自××房地产开发有限公司成立以来,公司先后重点投资了××路的整体改造开发、××小区的开发建设等多个项目,而且公司的建筑工程质量合格率达100%,其中××小区的开发建设被评为全国"百姓放心房",创出了××房地产企业的品牌。也正是因为有了所有员工的共同努力,才使××房地产开发有限公司有了今天这个局面。为此,我再次对五年来自始至终和××房地产开发有限公司风雨同舟的老员工和五年来先后加盟××房地产开发有限公司队伍中,并在各自岗位上辛勤工作的新员工表示衷心的感谢!回顾我们公司五年来的历史,我们虽然完成了许多工程,但这些只是战略构架的基本步伐。摆在我们面前的仍有无数个尚未克服的难题和更多新的挑战,面

对这些挑战和难题，仍然需要我们以饱满的激情去应对，我们要坚持走艰苦创业之路，倍加珍惜这来之不易的辉煌。

如今是一个市场竞争激烈的社会，企业生命的延续需要创新。我们提出百年××的口号，就是为了不断创新，永葆企业的青春。公司内部需要我们逐步建设健全的现代化企业管理，为企业塑造现代化学习型企业。我们要积极探索，让企业走上可持续发展的道路。我们在房地产开发工作中，需要积极创新，以人为本，从多个方面引进吸收先进理念，打造一流的住宅项目。公司计划，从明年的上半年开始，奔着"以质量为本，铸精品工程，创优质品牌，持续不断地为社会和业主服务"的宗旨，实施全面质量管理，以对社会负责、对公司负责的态度通过 ISO9001 国际质量标准认证。使我们的产品经得起时间的考验，真正让用户满意。在××房地产开发有限公司发展新的征程里，我们要进一步转变观念，以百折不挠、勇于创新的精神把××房地产开发有限公司发展成为一个具有雄厚实力的新型房地产开发企业。同时，我们也要倡导××房地产开发有限公司这个大家庭里的所有成员和睦相处；都以乐观的精神，健康的身心与企业共同体验我们的人生。

最后，我在这里祝愿大家希望我们携手并肩，共创××房地产开发有限公司灿烂的未来！

范文三：××商务局局长在商厦开业八周年庆典上的致辞

致辞人：××商务局局长

致辞场合：商厦开业十周年庆典

在场人物：××商务局主要领导、××商厦员工以及各界人士

各位领导、各位来宾、同志们：

大家好！

今天我们欢聚一堂，共同为××商厦开业八周年举行庆典。在此，我代表××市商务局委员会以及××市商务局向××商厦开店八周年表示热烈的祝贺！也向与××商厦风雨同舟度过八年的全体职工表示真诚的问候！同时我还要向一直支持和关心××商厦成长的各位领导和社会各界人士表示衷心的感谢！

××商厦从开业到今天经历了八年的时间，由于××商务局历任领导的精心呵护和尽力运作以及××商厦全体员工的共同努力下，才能获得各方有关部门的关心和广大消费者的青睐。这一路走来，××商厦，年年有进步，年年上台阶。也正是因为有着精益求精的不懈努力和一直往前的坚持，才使

××商厦由小到大，由弱变强，由原本年销售只有××万元的单体百货零售商场，变成如今年销售量突破××亿元，且拥有连锁、加盟店及涉外公司63个规模初具的现代商业企业。如今的××商厦已经力冠××市全市企业之首。真是令人欣慰，可喜可贺。

××商厦有如今的成就，靠的就是诚信为本，童叟无欺的儒商精髓传承。"问渠哪得清如许，为有源头活水来"，想要获得广大消费者的青睐，就必须先获得消费者的信任。而获得消费的信任，就必须为消费者铸就一道"货真价实"的城墙。××商厦就是靠着"××无假货、件件都放心"的××品牌，才赢得了广大消费者的信赖，并占有了丰富的市场资源；靠着商品质量优良、价格公道的公平竞争、坦诚交易的经营理念，才使××商厦一直历经激烈的市场竞争而不倒；靠着视顾客如上帝的服务理念，使××商厦美好的商业形象植入消费者心中，不仅获得良好的客源，同时也获得广大的消费市场，任凭市场风云变幻，××商厦仍对顾客、对消费者的推崇矢志不移，而消费者也对××商厦初衷不改；靠着不断更新质量管理价值观和质量管理规划，××商厦不断加强对质量和社会效益的密切关注，注重加大对提高职工素质的投入，强化全员创新意识，构建了令广大消费者认可的质量体系。也正是坚持"顾客满意是××商厦永恒的追求"的质量宗旨和经营宗旨，才使××商厦拥有一批高素质、高技能的职工。

从社会大市场着眼，××商厦不断融入新的现代商业理念。靠改革为动力，从物质文明、精神文明着手，以企业利益、职工利益和社会效益三管齐下为驱动，使××商厦成为省级文明企业，并被中组部命名为"全国先进基层党组织"，且荣获省质量管理奖以及中国商业信用企业的光荣称号。这不仅让××商厦更进一步地赢得了消费者的无尚信赖，也巩固了对××商厦情有独钟的消费群体。因此，我们××商厦成为我市同类事业群体的首脑是当之无愧的。

在这××商厦八周年店庆的美好时刻，我希望我们的××商厦更加珍惜这难得的发展机会。要着力于企业资产整合、股权调整，通过引进来和走出去寻求强势企业，强强联合，实现企业规模的快速扩张和综合实力的提升。我相信，在商海的激烈竞争中，××商厦必定成为风华正茂，扬帆远航直达目标的大船！

第四章　欢迎致辞，宾至如归显诚意

　　欢迎辞在社交礼仪中是比较常见的致辞种类，无论是比较隆重的庆典、大型的会议，还是接待来宾之类的宴会，为了表示对来宾的欢迎，主办方都会有代表出来致辞，一方面表达双方友好交往的心愿，营造和谐美好的社交气氛；另一方面也是对参与者的一种尊重。一般来说，领导者在致欢迎辞的时候，语言要热情、真挚、亲切、诚恳，格调力求高雅，不能有过多的议论，言辞也要中肯精当，万不可过分渲染，以免给人留下虚空的不良印象。

1. 领导欢迎上级领导考察致辞范文

欢迎是一种美好的社交气氛，欢迎致辞更要表达出热情、真挚和诚恳。当欢迎上级领导考察的时候不应该阿谀奉承，应该以一种真诚的心态，面对上级领导的检查。

范文一：××县政府欢迎行政领导致辞

致辞人：××县政府领导

致辞场合：××县政府举行的欢迎行政领导活动上

在场人物：行政领导、省教育领导、教育专家

尊敬的各位领导，同志们：

大家好！阳春三月，风和日丽。在这个美好的时节，各位领导和教育专家亲临我县考察，这既是对我县教育事业的无限关心和厚爱，也是对我县广大教育工作者的鼓励和支持。在此，我代表县委、县人大常委会、县政府对各位领导的到来表示热烈的欢迎和衷心的感谢！

很早以前，××县就是一个重视教育发展的大县，县委和县政府一直都非常重视教育事业的发展。近几年来，我们坚定不移地实施"教育为本"的战略，逐渐加大对教育事业的投入，积极改善教学条件和教育设施，中小学教育质量在逐步提高。高中教育的质量在全市也一直处于领先水平。特别是在××年，我县被确定为省首批基础教育课改实验地区后，县委和县政府更加重视对教育的投入，确立了"抢抓机遇、乘势而上，扎实搞好基础教育课程的改革实验，以课改革实验推动基础教育的改革，推进素质教育，提高教师的素质教育，以促进教育事业的发展"的工作目标，进行了多方面的投入、有力保障了教育事业的发展，通过进行全面的规划，稳步推进了教育事业的顺利进行。近几年来，我县的课改实验工作正在有条不紊地向前推进，并且取得了很好的成效，课改经验多次在省、市课改工作会议上被当作典范进行交流。××年，我县被评为课改先进集体。

发展一种信息技术，不断改革教育的手段，既是国家教育发展的大趋势，

也是我县教育发展的必经之路。××年，在我县财政十分紧张的情况之下，县委和县政府拿出资金，实施了现代远程教育项目等教育工程，使我县的各个中小学都能够享受到优质的教育资源，为农村中小学教师的课程改革与创新实践提供了更大的发展空间和条件，更使我县中小学从教育观念到教学方式，从评价到管理，都发生了很大的变化，为提升中小学的教学质量发挥了重要的作用。

我县课改实验工作所取得的成绩和现代远程教育项目的实施，与市委、市政府和省教育主管部门的关心和支持是密不可分的。今天，各位领导亲临我县指导，这既是对我县基础教育工作的一次检阅，也是对我县各项教育事业工作的有利促进。我们将严格按照市委、市政府和上级部门的新要求，求实创新、锐意进取、扎实苦干，努力把教育事业的工作提高到一流水平。

让我们再一次用热烈的掌声对尊敬的各位领导、教育专家表示衷心的感谢和热烈的欢迎！

范文二：××分公司欢迎上级领导考察致辞

致辞人：××分公司的领导

致辞场合：××分公司欢迎上级领导考察会

在场人物：××分公司的领导、上级领导、社会各界人士

尊敬的各位领导，同志们：

大家好！感谢各位领导不辞辛劳和艰苦，来到××分公司检查指导工作，这是对我企业无限的关怀和鼓励，有了你们的检查指导，我们的各项管理工作才能将迈上更高的台阶，才会有更加明确的前进方向。在此，我谨代表××分公司的全体员工向专项检查工作组的成员们表示热烈的欢迎和诚挚的问候！

××分公司近几年有了良好的发展基础和规范的管理办法。分公司自成立以来，一直采用自主经营的发展模式，从而使公司能够迅速抓住发展的机遇，实现了盈利，在不断的实践过程中，分公司逐步形成良性发展的基本方针，而这些优异成绩的取得，都得益于总公司和××分公司领导的正确领导，更得益于公司健全的管理制度和体系机制，还得益于全体员工不畏艰险、顽强拼搏和共同努力。目前，我们正积极按照总公司以及××分公司的要求，逐步开展"增收节支当先锋""创建四好领导班子，提高员工的执行力"等主题实践活动，希望以此为契机，不断努力完成××分公司全年的经营任务，以多样化的形式开展各项创建活动，从而有利于促进公司的稳定和可持续

发展。

在本次治理商业贿赂活动的专项工作之中，按照××分公司整体的部署战略，于××年××月××日，××分公司的专项治理动员大会迅速展开。我们认真按照公司的指导方针，统一部署、统一安排，以扎扎实实的基础开展了专项活动。××分公司召开了××次动员大会和各类专题工作会议，制定并下发了治理商业贿赂措施的专项工作实施方案政策，本次会议明确了分工，明确了责任制度，对各项工作都进行了重点的部署。通过本次治理商业贿赂专题活动，找到了商业贿赂发生的问题根本所在，从而对各种制度进行不断完善，进一步提高认识，分公司的广大员工们，特别是各个部门、各经营部的负责人们，在这次活动之中受到了一次深刻的组织纪律教育和法制的教育。我们对待以往的问题进一步采取了更有效的措施，建立并完善了防治体系，从整体来看，我们感觉达到了预期的效果和目的，取得了阶段性的成果。

从整体上来看虽然这次我们取得了一定较好的成绩，但是在工作上我们仍然存在诸多的不足之处，从下一步开始我们将把本次检查工作验收，从而有效促进公司的经营管理工作，以一种更严格的态度按照专项检查组提出的要求进行整改和完善，把××分公司的各项工作做到位，为公司的进一步发展做出应有的贡献。

最后，我们再一次用热烈的掌声，欢迎各位领导来××的检查指导工作。谢谢大家！

2. 领导欢迎新员工入职致辞范文

新员工进入到一个新的环境之中，会有诸多的不适应，为了解除新员工心理上的陌生感，企业或者公司会举行形式多样的新员工欢迎会，让他们能够尽快适应新的工作环境，并且对公司有一定的熟悉，也让他们感受到公司领导对他们的关心和重视。

范文一：××企业经理欢迎新员工入职致辞
致辞人：××企业的经理

致辞场合：××企业欢迎新员工入职现场

在场人物：企业领导、各部门员工

各位同志们：

大家好！首先做自我介绍，我是××市场部门的经理××，在此我谨代表××公司对各位同人表示亲切的问候，对热忱加入的新同事们表示最热烈的欢迎，感谢大家对公司的认可和信赖。

每一次出席公司的新员工入职欢迎会，心中都会有一种说不出的兴奋和自豪感，我能够深深感受到年轻人对××公司的信赖，同时也为身为××人感到骄傲，能够加入到××公司，你们同样也有足够的理由值得高兴。选择一个××行业就是等于选择了一种未来，相信你们的选择是一种正确的选择。

要知道选择一个好的工作，就是选择了一个好的未来，好工作能够让人变得理直气壮、令人尊敬。××公司是××行业中出类拔萃的，公司推出的每一种产品不仅是高科技的结晶，而且被多数国家列为重大科研的项目，××是公司的一种主打的产品，虽然上市时间不长，但是已经发展成为一种市场上非常火热的知名品牌，在国内已经有数百万人成为××的受益者，因此，我们公司的未来发展指日可待。

选择一个好的团队就是找到一片肥沃的土地，在我们××这一行，××绝对是一支崭新的队伍，但是就是这样一支崭新的队伍，却经得起时间的考验！你需要吃苦耐劳、顽强奋斗才能够在公司的团队之中取得令人刮目相看的成绩，扎根于这样优秀的团队之中，你会充分体会到集体的力量和智慧对一个人的成功有多么大的帮助。对于年轻人来说，如果你选对了行业就是选对了机遇，如果你选择了××，你是对的。坚信自己的能力，是金子就会发光，××就一定会让你找到闪亮的舞台。

无论你之前从事过什么样的职业，无论你有多么辉煌的职业经验，一旦踏入到××公司之中，大家就站在一条新的起跑线上，只有认真学习才能够让你自信地面对挑战，谁能够在竞争之中挣脱，需要的是学识和能力。心怀梦想是年轻人最大的动力，但是需要建立在脚踏实地的基础上才能够让你的梦想变成现实，不管你的职位是什么，都应该脚踏实地，这样才是一种正确的价值观。对于一个成功者来说，坚持不懈才是一种动力。一种天赋是不可取代的，但是世界上拥有这种天赋而没有成功的人太多了。聪明是一种本能，但是因为聪明而失败的人也是不计其数。只有坚持不懈，才能够永远成功。

和大家一样，我也是从一个新人开始一步步走到今天，在近几年生意市场的风雨之中，我同样体味过失败的苦涩，也获得过成功的快乐，与此同时，我对××的依恋程度与日俱增。××公司不能保证你的未来，但是一定会为你提供实现人生价值的舞台，一定会让你学会挣钱的本领，××也许不是你的职业生涯的终结，但是无论你在何处一定会让你心存感激。

各位新员工们，在此之前，我不知道大家对××有着何种期待，但是相信大家在以后的工作中一定能够和公司融为一体，一定会为公司的发展大计做出贡献。希望大家能够尽快融入到××这个大家庭中，衷心祝愿大家在这里工作愉快、事业有成！谢谢大家！

3. 领导欢迎考察团参观学习致辞范文

考察团是一个整体的团队，当接见考察团的时候应该热情洋溢，并且让他们感受到你的真诚。欢迎考察团致辞应该简明扼要，说明主要表达的寓意，以及近几年发展的动向。

范文一：××县领导在欢迎党政考察团参观学习的致辞
致辞人：××县领导
致辞场合：××县欢迎党政考察团的活动
在场人物：××县领导、考察团成员、社会各界人士
尊敬的各位领导，社会各界的朋友们：

大家好！在全省正在贯彻落实科学发展观的新形势下，在××经济和社会各项事业发展的关键时刻，在这个美好又难以忘怀的时刻，我们非常高兴地欢迎××市长率领××党政考察团莅临我县参观。××市长是××县最尊敬的客人，长期以来对××县的发展一直非常关注，在××年××月的时候还曾经率领团队到××县洽谈项目，而今天又千里迢迢，不远万里，不辞辛劳地率领代表团队到××检查和指导工作，研究帮助措施，洽谈项目，令我们十分感动。在此，我谨代表××县委、县政府以及县政协，代表非常朴实好客的××县人民，向远道而来的××团队们，各位领导们、社会各界的朋友们表示最热烈的欢迎和衷心的感谢，并向各位致以崇高的敬意！

××年，省委、省政府做出了东西结合的战略方针，××市委对××的

经济发展给予了很大的关注和有力的支持,特别是帮助××启动和建设××工业园的项目,优化了××的工业布局,提升了产业结构,不断地加速了工业化的进程,增强了自我创造的能力,××的经济发展正在逐步进入轨道。今年以来,××的经济发展速度明显比往年的要快,经济运行质量明显提升,经济结构有了显著的优化,农民的收入得到大幅度的增长,经济发展的势头明显增强,为顺利实现省政府提出的目标和战略奠定了坚实的基础。

今年××月,省委政府召开了科学发展的会议,我们××非常的荣幸,又一次能够得到全省经济实力最强的××市的帮助,这给××人民带来了强大的精神动力,使我们深受鼓舞。××市从讲政治、顾大局的高度出发,迅速研究帮助扶持的思路和方案,明确的职责分工,迅速加大具体的措施,而今天××市长又率领了规模强大的党政参观考察团队,使我们深切的感受到××各级领导的快捷高效的工作作风,感受到××市委对××的殷勤关怀,感受到××人民对我们的深深的厚爱。我们一定不辜负××市委对我们的帮助和厚爱,以更加饱满的精神、更加旺盛的斗志,自我施压,不负众望,紧抓实干,不断地进取,努力加快××县经济和社会事业的发展,确保××的目标顺利的实现。

经过近几年的发展,××县的经济也具备了一定的基础能力,特别是××的农副产品、水资源非常丰富,其他资源的充沛,基础设施的日益完善,市场的潜力在不断扩大,这为××县经济的跨越发展提供了良好的物质基础和条件。在当前资源日益紧张的环境下,××作为一个农业生产大县,在新一轮的市场竞争之中,优势变得逐渐明显。我们热烈欢迎××的朋友来××县进行投资发展,扩展我县更大的发展空间,在扶持的过程之中××县也会不断壮大。

多亏有社会各界人士多年以来的帮助和扶持,才促进了我县广大干部群众思想观念的转变和经济建设的发展,也增进了我县人民与社会各界之间的感情,加深了彼此之间的友谊。在此,让我们衷心祝愿××的各位领导和社会各界的朋友们在××生活愉快,身体健康、事业蒸蒸日上!祝愿××和××县两地之间地经济能够更加繁荣兴旺,祝愿两地人民之间的友谊天长地久!谢谢大家!

范文二:××学校欢迎××民营企业协会领导和部分民营负责人调研考察致辞

致辞人:××学校领导

致辞场合：欢迎××民营协会领导和部分民营负责人考察会

在场人物：××民营企业协会领导、学校领导及相关人员

尊敬的各位领导，各位同志们：

大家好！在这个硕果累累的金秋时节，我们的心情非常激动。在我们学院实现跨越发展之际，我们满怀秋收的喜悦和对未来的憧憬，真诚地迎来了参观考察我院××民营企业协会的各位企业家们。在此，我谨代表××技师学院和全体教职员工对各位领导的到来表示热烈的欢迎和衷心的感谢！

我们××技师学院是××局为了经济的飞速发展和建设需要创办的国家重点的技工××学院。我们肩负着××振兴伟大事业的使命，大力发展职业教育而寄予的亲切的期望。自从××年成立到今天为止，××技师学院走过了××年的辉煌的历程之路。多年以来，××市技工学院不断迅速地扩大发展规模，逐渐形成了一所以技师、高级工培训为主、中专学历教育等职业技能的培训和技能鉴定为一体的多功能的国家级重点技工学校。××年，学院筹备资金新建立了一座山水交融、景色美丽、信息便捷、功能齐备，占地约××亩地规模宏大、全省模式功能最强的全封闭训练场地。××年××月，我校经过国家劳动部门和社会保障部门的批准晋升为高级技工学校。××年省政府授权省劳动部门和社会保障厅批准挂××技师学院校牌。到今天为止，××技师学院为国家和社会培养了多名各类岗位的技术人才，分布在各个区域，他们在各自的工作领域为国家的发展和社会的进步做出了积极的贡献。

自从召开全国职业性教育工作会议以来，就为××技师学院的大力发展提供了一个前所未有的良好机遇，××技师学院正是处于学院发展辉煌史上的一个关键时期。××年的时候，学院在新一批领导班子的带领下以及社会各界的关心、鼓励和支持下，完成了成为高级技工学校、技师学院，重现的组装了培训的场所学校和新校区基地等一些工作。学院出现了崭新的发展势头。

学院今天的快速发展离不开社会各界的大力支持和帮助，学院将为所有看好这块投资热土的有识之士创造优异的投资环境。学院优质的资源优势、承接了南北之间的区位优势、广阔优良的市场前景，学院如果能与雄厚的资金、技术、管理优势共同结合在一起，一定能够取得辉煌的成就，形成强劲的竞争优势、经济优势实力，实现双赢的政策。

在此，我真诚地希望大家通过这次参观会议，对学院的建设有更加深厚的了解，真诚地邀请各位有时间能够到学院多多走动，看看学院的建设，与新校区进行交流和访问的工作。最后，再次感谢各位的光临，祝愿大家事业

辉煌，身体健康！

4. 领导欢迎毕业生入职大会致辞范文

刚刚毕业的学生，对职场规划没有具体的目标和方向。领导欢迎毕业生入职的时候，应该朝着积极的态度让他们感受到到新环境的喜悦，进而让他们认识到自己已经从学生的身份变成一个工作者。

范文一：市领导欢迎毕业生到村任职大会致辞
致辞人：××市领导
致辞场合：欢迎毕业生入职大会
在场人员：××市领导，入职人员以及相关人士
各位同志们：
大家好！金秋时节，硕果累累，今天我们在这里隆重的召开毕业生入职欢迎会，热烈欢迎××名大学生奔赴我市到乡村任职。首先，我代表市委、市政府对大家能够来到我市任职表示热烈的欢迎！对大家满怀信心、满怀热情服务××村农民表示真诚的谢意！借此机会向已经工作在全市各个战线上的广大选调生和选聘生表示亲切的问候！

刚刚大家也听到了第一批选聘生代表的介绍，第一批选聘生代表和调选生代表汇报了到基层任职以来的思想、工作、生活等方面的收获和感受。听到他们饱含热情的发言之后，感触很深，我们为大家的真情而感动，为大家的成长而感到高兴，为大家的业绩感到欣慰。他们的发言充满真情而亲切，感人至深，希望广大的选聘生认真学习和科学实践。今年第二批的选聘生代表也有很好的发言，他们的发言充满了激情和活力的气息，振奋人心，催人上进，希望大家在以后的工作之中认真地施行。

去年以来，按照中央组织部的统一部署，全市各地扎实推进选聘毕业生到村任职工作，取得了显著的成效。总体来说，我市的选聘工作进展是顺利的，发展是健康的，得到了广大基层干部群众的欢迎和社会各界的广泛赞誉。在这一年时间里，广大的选聘生肩负着组织的殷勤期望，怀着为基层服务的

满腔热情，带着对农民群众的深厚感情，在广阔的天地里，顺利地完成了角色的转变，迅速进入到工作状态，经历了风雨和锻炼，加强了思想，提高了境界，用实际行动诠释了全心全意为人民服务的根本宗旨，培养了吃苦耐劳、无私奉献的精神，提升了解决实际问题的能力，在实践之中增长了才干，走出了人生中最重要的一步，为今后的工作打下了坚实的基础。

各位同志们紧紧围绕建设社会主义新农村的总体要求，发挥自身的优势强项，全力发展农业力量。有些群众运用自己所学的知识，主动给地方的农民们提供致富的信息，大胆创办致富的项目。有的同志带头传播科技知识，推动农民科学的发展的科技。有的同志积极展开文化活动，关爱儿童，成为倡导教育的文明先锋。总之，我们的同志们在新农村的建设之中发挥了独特的作用，成为各项工作的主力军。

广大的调选生走上了各自的岗位之后，能够顺利做到顾全大局，服从各项的安排，表现出了较高的思想政治素质，能够做到虚心好学，勤奋敬业，表现出了较强的适应能力和工作能力，能够做到严谨的纪律，坚守自己的岗位，树立了选调生的良好的形象。同时磨炼了选调生的意志、提高自己的机遇，以强烈的事业心和责任感积极投入到本职的工作之中，认真地履行岗位的责任，勤学苦干，为××的经济发展和社会的稳定做出了积极的贡献。

在我们推进农村改革发展的任务时，迫切需要一批密切联系群众和带领农民群众致富，以及促进农村稳定的农村基层干部，迫切需要大批的拥有现代知识和思维的优秀青年。大家此时自愿投身到新农村建设的实践之中，这是社会的一种迫切需要。所以，大家要珍惜眼前的时机，把战胜困难作为磨炼人生的机遇，把吃苦耐劳作为开启成功道路的钥匙，以顽强的精神改变落后，以坚忍的意志投入到实践之中，通过走向农村、走向基层的具体实践，把书本所学的知识进一步充实和升华，尽快把角色从学生到农村干部转变过来。要认识到农村建设的长期性，切实担起传播人文思想，开创农村致富的道路，推广市场科技的重担，凝聚群众的力量和智慧，共同建立农村的和谐社会。

广大的调选生们，你们所去的任职村，可能有的条件会令你们不满意，工作环境的反差会比较大。能否在这段时间里，尽可能去适应环境、适应你们的岗位，是一个事业能够取得成功的重要因素。希望大家能够立足于现实，正确看待客观的环境，以坚定的信念，明确的方向，以一种良好的心态积极适应角色之间的转换，给自己重新定位，树立起毕业生成为村干部的良好的形象。

同志们，组织挑选你们到基层的那一刻起，你们的青春、理想、才华、抱负、进退和荣辱都将和当地人民紧密联系起来，和当地的社会进步、经济发展紧密联系在一起。基层的人民需要你们，××未来的发展也需要你们。你们要珍惜为社会主义建功立业的机会，这是放飞梦想，展现人生精彩的机会。同志们一定要珍惜眼前的机会，把握好这次的时机，全身心投入到自己所选择的事业之中去，努力为××的经济社会快速发展做出贡献。我相信同志们一定会牢记组织赋予你们的期望和使命，认真学习和发展，勇敢地挑起重担，贡献自己的聪明才智，创造辉煌的业绩，实现自己的成功人生！

范文二：××企业领导欢迎应届毕业生入职致辞

致辞人：××企业的领导

致辞场合：××企业欢迎毕业生入职会

在场人员：××企业的领导、全体职工

各位同志们：

大家好！今天是个高兴的日子，我们在这里召开欢迎毕业生入职大会，热烈欢迎毕业生到我们企业任职。很高兴我们公司里又拥有了一批新的人才，我代表企业的全体人员对你们的加入表示热烈的欢迎！

新加入到我们公司的毕业生们，你们是幸运的同志，要紧握住这次机会，走好未来职业的发展之路。在现在这个竞争激烈的社会，面对毕业和失业的残酷社会局面，你们无疑是幸运的群体，能够在拿到毕业证的同时就能够拥有一份有劳动合同的稳定工作，一方面是你们在学校长期努力的结果，另一方面也是公司培养机制对于你们日后的成长和创业发展起到了有力的帮助。所以，你们才会在走出校门的同时能够拥有一个合适的成长机会，发展的机会。你们可以看到，现在就有很多和你们一样刚毕业的同龄人，拿着自己的简历在四处面试，在这次的招聘会中和你们一样的同龄人，他们不安和焦急的躁动写在脸上，充满了无奈。当你们能够有一个稳定的工作的同时，我们希望你们能够珍惜眼前的机会，不要轻易放弃这次机会，市场竞争是残酷的，希望你们能够尽全力面对自己的工作。在工作之中一定要有一个正确的方向，朝着这个正确的方向努力一定有机会达到你想要的目标。成功的人不是赢在成功的起点，而是赢在成功的转折点，当你们面对很多难以抉择的因素时，能够把握住自己，清楚自己的方向，知道自己的追求和梦想在哪里，在面对每一次的转折之后能够正确面对，那么到最后赢的一定会是你。活在别人的眼睛里，永远都不能够掌握命运，命运要掌握在自己的手中。你们需要把自己的梦想和现实结合起来，让自己更加稳定，走得更长远些，这才是你们脱颖而出的最好捷径。

刚进入公司的员工们，你们应该向老员工们不断请教和学习，爱敬岗业，踏实工作。近几年以来随着公司的不断发展，公司内部出现了一批优秀的员工，他们跟随公司经历了每一次的艰难时刻，熬过了公司最艰难的发展时期，他们不仅为公司的卓越发展做出了巨大的贡献，也在这个过程之中获得了很好的历练，当他们靠自己的才干拥有职务、丰厚的待遇的时候，我想那是他们应该得到的。今天你们作为新员工要懂得只要你付出一样的努力，你也会在不远的将来得到你应得的一切，公司在机制的设置上对所有员工都是相同的。咱们公司有个很好的文化，就是大家彼此之间真诚相待，互帮互爱，我们××企业是一个和睦的大家庭，任何人在有困难的时候大家都会在第一时间伸出友爱之手，不会让你们感觉孤单，不会让你们变得无依无靠。所以，在座的新员工们除了要敬业爱岗，还要帮助自己的伙伴一起成长，一起在工作之中进步。

应届毕业生要潜心学习，多多积累经验，和大家共同交流你们的生活和工作中遇到的一些问题。初入职场，技能在这个时段是尤为重要，我们要生存就必须要干活工作，否则所学到的技能也会随着的消失。在工作之中，你们需要解决职位的问题，这个阶段，学习和积累经验提升自己更重要。这个思路在一批又一批的人员中得到验证。你们在每一次的工作中都要上升一个台阶，要不断进步和发展。我们要有明确的目标，在目标明确的前提下潜心学习，无论发生什么状况都要坚持做到这些，向老前辈们学习可以让你们少走弯路，让你们能够迅速成长，用心积累可以使你拥有更好的经验和跨越思想，一旦找到合适的机会，有力的成熟条件，你们一定能够成就一番属于自己的事业！

在最后，祝愿刚毕业的新员工能够在公司顺利成长，并且能够为公司以后的发展壮大做出自己的贡献！公司的发展需要你们的努力，公司的未来也需要通过你们去创造！

范文三：××局长欢迎毕业生入职会致辞

致辞人：××局长

致辞场合：欢迎毕业生入职会

在场人物：××局长、毕业生们、相关人士

各位同志们：

大家好！在这个秋意盎然的金秋时节，我代表××局热烈欢迎毕业生入职××局工作。同学们选择来××，就等于××局选择了同学们，你们是通过一层层的筛选而成为××局的一员，我相信你们是最优秀的，也是最棒的。从你们各自的简历来看，有××%的同学是中共党员，××人曾经担任过学生干部，这项荣誉在历届都是最高的，这也充分证明了这次选拔真正选择了最优秀的人才，为我们的队伍建设提供了更坚实的保障。

大家牢记学校到社会是人生中的一个重大转折，希望各位能够尽快适应两者之间的转变，全身心地投入到自己的工作岗位之中，认真努力地工作。我知道大家都是大学生，有良好的文化水平和优质的素养，但是过去的成绩只能够代表过去，往常的经验告诉我们，拥有高分者未必就是高能。不管你们是出身重点大学还是一般大学，成绩只是你们某方面能力的缩影，××工作更需要有组织调节能力的人才加入，这样才能够更有利于工作的全面顺利开展和完成。实践是检验你们工作的重要标准，在座的每一位同学都要珍惜眼前的机会，学会爱岗敬业，在自己的工作岗位之中认真努力工作、不断锻炼，尽自己的最大能力把自己培养成为一个德才兼备的好员工。

各位同学要坚持在自己的一线岗位上进行深入的锻炼，通过深入了解一线的情况，从而尽可能地在工作的每个环节都参与到实践之中，更全面、深入地了解行业的情况和运转的流程。大家更要明确地认识到最基层工作的经验是工作中的一笔重要的财富。大家要在基层安心地工作，不断地锻炼自己的才能，要有一种不怕吃苦的坚强精神。同时，各位同学要相信，是金子总是会发光的，要认真地看待基层的工作，其实我们在偏远地区更渴望有更多优秀的人才，更加需要优秀人才的有力的支撑，同时也为一些优秀人才的脱颖而出提供了更大的发展的空间和强有力的机会。

我始终认为，要干好一份工作，关键就是在工作的前几年时间，那是增长才干、锻炼能力的最重要时期。经过几年地刻苦锻炼之后，有一种吃苦耐劳的伟大精神和更加踏实工作的态度就会逐渐地形成，成为影响你美好人生的最好的习惯。现在感觉到工作十分辛苦的同学是非常幸运的，因为辛苦工作是锻炼自己的最好时机，是一种不断成长的必然经历，各位同学在单位里工作要主动寻找工作干，增长自己的见识和才干，要铭记对自己负责的态度。现在的社会是一种十分复杂的社会，但我们自己一定要时刻保持一种警惕，千万不要被外界对行业之间的误解和传言迷惑，形成一种错误的处世观念。同时对待同事一定要以诚相待，多多向他们虚心请教，用积极心态融入到工作之中，融入到你们的团队之中。

我们的知识来源于平时的努力和学习，而每一个同志在努力工作的同时都不要忘记加强理论的学习。一直以来，××省局都高度重视人才队伍的建设，我们与××大学等多个高校的合作，为不断要求进取的员工提供了继续深造的良好机会，许多同志通过这个强有力的平台，完成了他们通往更高处的学业。大家要抓紧时间和机遇，不断通过继续学习，不能有一种放松的心态。我们××的工作需要一大批高素质人才，希望在座各位能够加强学习，不断提升自己的能力，成为××事业发展的栋梁之材。

品德代表你的一切，如果你的工作能力很强，但是品德却是欠佳，那么就要好好的重视你的个人品德。我们更高度地重视一个人的品德修养，始终相信只有德才兼备的人才能创造辉煌的成就。有才无德，一个人的能力越强对社会、企业的伤害就越危险。在这次的队伍建设和人才选拔上，我们总是把思想品德放在首要地位，一个人的能力虽然可以锻炼，可以经过后期的培养，但是道德修养的缺失却很难改变。各位同学是一张透明纸，需要现在开始重新地培养，重新地塑造，以便努力地提高自己的道德素养。

在最后，我希望大家都能够努力工作，在各自的岗位上干出一番优异的成绩，真正成为××省××事业发展所需要的各种人才。

5. 领导在联谊会上欢迎的致辞范文

联谊会的形式有很多，通常领导都会通过联谊会的形式来进行一些招商引资的项目，或者是通过联谊会的形式让企业能够继续保持合作的关系。

范文一：招商引资联谊会上领导致辞

致辞人：××县领导

致辞场合：招商引资联谊会

在场人物：各位领导、社会各界人士

尊敬的各位领导、各位来宾、社会各界的朋友们：

大家好！今天我们在这里隆重举行××县和××区的招商引资联谊会，共叙友情，共同谋划发展，寻找两地的发展机遇。在此，我代表××万人民向你们的光临表示热烈的欢迎！向多年以来一直关心和支持××发展的各位领导、社会各界的朋友们以及广大的××人民们表示衷心的感谢！

××市位于××地带，有着××的美称，水路交通更是发达便捷，基础设施甚好，服务完善，历史人文景观的独特，文化功底深厚。现如今，县委和县政府正在贯彻和落实国家的政策，做到自身实施党的号召，带领全县人民一起解放老旧的思想，不断开拓创新，努力开创我县文明建设的新局面。经过多年以来的共同努力，已经初步形成四大优点：第一，有特色的农业发展的优势。××年，在农资项目上实现资产××亿元，共占据农业总产值的××%。其中，以优质蔬菜的发展占××万亩，被誉为无公害蔬菜基地。第二，工业的基础占有优势。××是国家的直销供电网、大管线的供气，有丰厚的高钙矿物质，是一些大工业项目在此落户的优选地。第三，城镇建设上有优势。以政府不用出钱，就能够换取城乡的新面貌的模式完成县城的新旧改造计划，县城建设面积××平方公里，在××市各县规模中相对比较的庞大。在未来的几年之中，我县将集中精力建设，力争在××年，形成××的新城道路的骨架，使县城的面积高达××平方公里。第四，科学文化教育的优势。在科技文化事业迅速发展的今天，教育事业占有领先的位置。在近几年来，区域经济在不断地迅速发展，社会事业也在全面地进步，××先后被评为优秀的乡镇。

相对于自然环境，××与××市之间追溯千年的文化历史，秉承了自然的区位的优势，形成一种割不断的自然亲情。首先共同属于××区，在丘陵地带，地形错综复杂，连接两地的地理感情。其实，多年以来，××发达的工业化的带动××经济的不断发展。长江水运为××的化工产品通江达海提供了优异的运输条件。××的蔬菜等一些副产品丰富了××人民的生活。两地之间同属××文化，世代相袭的民风习俗和风土人情极其地相似。两地人民的感情甚好，两地之间的干部交流甚多，在20世纪××年代就有××名知青支援××的发展。

为了增强经济建设的合作的力度，我们共同搭建可产业发展的优秀平台。为此，我们欢迎××区域各界的朋友投资围绕特色的农业项目，丰富××人民的生活情操。围绕优势的工业项目，延伸产业链，来壮大××化工的产业。围绕基础设施的建设的项目，围绕观光旅游项目的，成为一种核心的动力资源。我们将以优质的服务环境，优惠的政策环境，公正的法制环境，为投资者提供强有力的保障，让投资者得到最好的回报。

共同携手建设，共同谋取发展。热情好客的××人民，真诚地希望××

区能够给予我们更大的帮助和支持，踊跃投资开发项目。让我们将以推动经济区域的建设发展和投资者的财富之路来回报大家。

最后，祝愿××与××区的友谊之树常青，友谊之花常开。在此感谢大家的光临，祝愿各位领导、社会各界的人士们心情愉快、万事如意、事业蒸蒸日上！

范文二：矿长在企业联谊会上的致辞
致辞人：××矿长
致辞场合：企业联谊会上
在场人物：××领导、××矿长、企业人士

各位领导，朋友们：

有缘千里来相会，今天，我们欢聚一堂，共同谋划共同合作的发展之路，通过交流，增进之间的友谊，共同携手繁华之路，在此同时，我谨代表××集团公司矿业党政对各位的光临表示真挚的诚意和热烈的欢迎。

满载丰收的一年已经过去，同时又代表着继续往前奋斗。在过去的一年里，××集团公司，按照省委、省政府资源的整合精神，组织××名光明的使者，在集团公司进一步发展的号角中，告别故土，不畏严寒和酷暑，不计较个人的损失，在百米之下，全矿干部通过坚忍不拔的努力和困难做斗争，攻破了难关，取得了辉煌的成绩。这些成绩饱含了全体职工干部的辛勤和汗水，也饱含了地方政府与群众的关心、支持和厚爱，回首以往走过的道路，其中充满了艰辛。我们底下采煤，环境污染，惊扰了当地群众的正常生活，虽然给当地的群众和政府带来了很多的麻烦，但是在面对困难的时候，当地的政府和群众也是有力地支援了我矿的经济建设，在我们企业双方的共同努力之下，在热情和朴实的群众支持下，通过积极主动地交流形式，建立了良好的合作关系，保持了畅通的沟通渠道，结下了深厚的友谊。

我们要以一种经常性的联谊会的形式，及时介绍我矿生产经营的展开情况，不断加强与当地政府之间的联系，取得政府部门对我矿生产经营和发展的支持，进一步优化经营发展。保持和当地群众的情意，进一步增进彼此之间的了解，共同达成一致意见，把我矿的发展融入到经济建设的区域之中作为今后工作的重中之重。

然而实现这些目标，就需要我们矿干部们共同努力，需要地方政府的大力支持，尤其是关系到群众的生活方向，更需要各位同志发挥纽带的作用，共同协助群众做好工作，同时，我们也将认真地执行省委、省政府集团公司的各项的经济建设的工作方针，充分运用政府给予我们的优惠方针，落实好各项土地的搬迁和安置的活动，加强企业的联系和增进地方之间的友谊，来共同的推进社会经济之间的发展。

朋友们，企业合作的誓盟，共同携手共同繁华。在今天召开联谊会，就昭示着美好的合作前景，必将载入矿山发展的史册之中，为了我们的中原崛起之路，为了区域经济的繁荣，为了家园的兴旺发达，彼此之间捧出一颗真挚的心，与邻为友，以真诚相待对待朋友，换位思考的问题，加深理解之间的友谊。我们坚信，实现跨越的发展，共创百年大计的目标一定能够实现，我们企业之间的合作道路一定会越走越宽，我们区域的经济发展前景会越来越美好！谢谢大家！

范文三：××市团委书记在新春联谊会上的致辞

致辞人：××市团委书记

致辞场合：新春联谊会

在场人物：××领导、青年朋友们

尊敬的各位领导、共青团的朋友，社会各界人士：

大家好！值此新春佳节之际，我们又一次迎来了一年一度的新老青年工作者的新春联谊会。在此之际，我代表团市委向多年以来，一直关心和支持、帮助共青团工作的老领导前辈们、同志们、朋友表示衷心的感谢并且送上最真挚的新春祝福！祝愿大家新春快乐、身体健康、万事如意！

在过去的一年中，团委书记紧贴党政大局，服务青年朋友的需求，按照整体推进，认真进行工作。围绕国家的大计，下大力气紧抓未成年人的思想道德建设；做到招商引资的内外工作，直接参与服务经济建设的发展。大力培养青年人才，实施促进农村青年的劳动转移工作。以帮助青少年的文化素质为根本；广泛开展文艺大赛，丰富青少年的兴趣爱好，受到广大青少年的欢迎；帮助大学生解决就业的目标问题，积极地展开大学生的基层活动；实施共青团帮助贫困户的工程，围绕青少人才的队伍，宣传和紧抓青年的工作任务和奋斗的目标；强化团队之间的合作精神，使自身的活力和自身的建设得到进一步的增强。

新春新气象。××年，全市团的工作将继续坚持服务的方式为大局、服务青年，以全面提高青少年思想的道德教育水平，全面提高对经济社会发展的贡献精神，全面服务青年成长为主要方向。在继续抓好"振兴老工业基地青春创业的活动""农村青年创业成才""青工岗位技能的提升计划"的基础上,大力做好紧贴党政大局,最大限度地抓好快速发展为主题的教育活动。打造青年文化的品牌,展开青春的主题文化活动,引导青年踊跃地投身产业之中,实施青年投身经济发展的主题创业活动,推动农村经济加快的发展,实施农村青年的市场开发计划,为困难群众做好事做实事,继续推动扶贫千里的工程。以团员之间、友情、乡情为纽带,大力开展招商引资的活动,同时,展开增强团员的意识教育活动,大力增强团员的服务能力和学习能力以及合作的能力,团结带领青年团体在努力实现发展的伟大创业建功。

　　回首过去,展望未来,共青团事业的进步发展离不开在座的各位的老团员干部的支持和帮助,离不开你们的悉心关怀和呵护。在此,我代表全市的各级团员组织和广大的团干部对多年以来给予我们的关心和关怀的领导们表示衷心的感谢,希望在今后的工作之中能够继续得到你们一如既往地关心、支持,一起共同谱写我市的辉煌!衷心地祝愿大家身体健康,万事如意!

范文四:××百货公司领导在供应商联谊会上致辞

致辞人:××百货公司领导

致辞场合:百货公司与供应商联谊欢迎会

在场人物:××百货公司领导、供应商、社会各界人士

在座的各位朋友们:

　　大家下午好!在这个硕果累累的金秋时节,今天我们大家一起齐聚美丽的××之地,来参加××广场××年度供应商联谊会,在此之际,我谨代表××广场××有限公司向在座各位的到来表示热烈的欢迎和衷心的感谢!

　　今天,我们满怀着感激之情在这里举办这次供应商联谊会。特别感谢招商以及我们××试营业以来,在座各位供应商朋友们秉持与××能够长期进行合作以及对××广场的前景看好的信心带来了非常优秀的品牌,特别感谢各位在前期工作之中的积极配合,在短时间以内能够让试营业变成了不可相信的现实,更感谢各位供应商朋友们自试营业以来对各项营销活动以及货品的调整高度地重视和无限的支持,因为有了你们的鼎力支持,我们各项营销活动才能够取得良好的效果。

　　更值得我们欣慰的是××广场的品牌形象和购物环境在××省已经处于独一无二的领先销售的地位,在广大的消费者和媒体方面都建立了良好的口碑,已经初步实现了一种规模最大、提升档次服务、环境幽雅舒适、服务比较最优、功能最齐的现代型都市百货的新型目标。其次,××广场高中档的

经营定位已经清晰地传达给广大的消费者们,并且也已经得到广大消费者的认可,同时也为今后的发展打下了坚实的基础。随着各项的名品、化妆品、功能品牌在××月份的陆续到位,我们将紧紧地抓住××时期到××时期的黄金销售季节,不断提升管理化能级,不断加大宣传的力度和声势,同时也开展各类营销规模大的活动,以人气旺盛为基本的指标,争取创造更大的经济效益,以这种方式来回报各位供应商朋友的支持和鼓励。

在座的各位朋友,逐步发展中的××广场仍需要我们双方来共同地努力和培育,我相信如果通过双方之间的共同努力,××广场一定能够成为××地区百货业界一颗耀眼的明珠,成为最有价值的经济项目!

最后,我再一次欢迎各位在百忙之中来到这里,并对你们的到来表示真挚热烈的欢迎,对我们××广场的招待不周而表示深深的歉意,并且衷心地祝愿各位身体健康,事业蒸蒸日上。再次谢谢大家!

6. 领导在博览会上的欢迎致辞范文

博览会是一种投资的好兆头,领导们会通过展开博览会的形式,总结发展的形式和日后的进展,而且通过博览会进行招商投资。

范文一:农垦局在××博览会上的致辞范文
致辞人:××农垦局领导
致辞场合:××博览会上
在场人物:农垦局各级领导、市委领导、社会各界人士
尊敬的各位领导,各位嘉宾,社会各界人士:

大家好!今天我们在这里隆重的召开"首届××博览会议"!这次博览会的召开,得到了中国××协会和××省人民政府的高度重视和充分的信任,得到了国家农业部和商务部的高度肯定和大力支持,在此,我谨代表××农垦局总局党委向出席本次盛会的各级领导、各位来宾和社会各界人士,以及长期以来一直关心而后支持发展的各级领导和各界的朋友,表示热烈的欢迎,并且致以最真诚的谢意!

在今天这个高兴的日子中，我们深感荣幸！群英荟萃相聚在一起，共同来打造中国的发展；今天大家聚集在一起，共同庆祝××博览会的召开；今天高朋满座共同聚集在一起，托起人类健康、和平与发展的朝阳。我们举办这次国际××博览会，寓意就是以博览会为平台，展示国内外××的生产、加工、研制、服务等一系列领域产业化发展的最新成果。以博览会为传输纽带，加强国际之间技术的交流和合作，提升××的层次。以博览会为机会，传播××产业的信心、共同享受资源、共同的发展，构建开放的互相沟通机制。以博览会传承中国的××历史文化，弘扬××的精神，叫响绿色之都的品牌，挺起民族××产业的脊柱。

我们××作为我国重要的粮食基地和粮食战略的后备基地，始终以维护国家的粮食安全为己任，坚持绿色发展的理念，积极发展现代化产业，特别是现代化的粮食产业。据目前的情况来看，我国粮食产业已经成为一种重要的产业，并创造了与发达国家可以比拼的农业机械化，被誉为"绿色食品的摇篮"。××作为我国××产业的主力军队，××具有发展××产业的独到的天赋能力产业的基础。是建设现代化产业、生产绿色产业的基地。现代化的农业基础条件、标准化的生产管理方式、社会化的科技服务体制、产业化的经营发展体系、国际化的市场开发战略，保证了××产业链的高品质、高效率的运行标准。我们××省已经形成了一种独特的产业发展优势，在我们实现打造世界绿色现代化的农业企业集团的目标中，我们要放大优势，保护和开发好资源，增强××的生产能力和市场竞争的核心力量，为人类的安全做出不懈的努力！

尊敬的各位领导，朋友们，开放发展的××区，热情好客的××人民，真诚地希望你们能够投资和开发××企业，真诚地希望得到你们一如既往地关心和支持。让我们中国××产业文明化，结出丰硕的希望之果！

最后祝愿××博览会圆满成功！祝愿大家身体健康、万事如意！谢谢大家！

范文二：××人民政府在投资贸易博览会上的致辞

致辞人：××人民政府的领导

致辞场合：投资贸易博览会

在场人员：××人民政府领导、企业领导、各界人士

尊敬的各位领导、社会各界的朋友们：

大家好！首先，我代表中国××投资贸易博览会大会组织委员对各位的

光临表示热烈的欢迎和衷心的感谢！经由国务院的批准，由商务部、国务院领导办公室和××人民政府联合主办的××投资贸易博览会，今天隆重地在这里举行。我谨代表个人向今天参加博览会的各位领导以及社会各界的朋友们表示热烈的欢迎！

中国××投资贸易博览会是为了配合国务院振兴××工业基地战略实施，促进我国与××国家的经济贸易之间的往来和合作所采取的一项活动，就是构建中国与××国家之间的互利共赢、互相交流、互相之间的合作平台。这一合作平台也向全球商界开放。通过此次的博览会期间的投资交谈、货物贸易、经济合作、文化的交流等一些活动，为了××国家等各国在中国工业基地能够寻找合作的机会创造的条件。

中国××投资贸易博览会的召开有利于进一步加强中国与××各国的区域经济之间的合作。从目前的局面观看，××地区的贸易交流与合作在不断地深化，中国与××各国之间的经贸合作的模式在不断地扩大，领域在不断地扩展。通过举办这次投资贸易博览会，搭建中国与其他各国之间经常性的经贸合作平台，必将极大地推动中国与××各国区域之间的合作，促进区域经济的快速发展。

中国××投资贸易博览会，必将有助于加快中国××地区等老工业基地振兴和发展。支持××地区的老工业基地的加快调整和改造，这是党中央从全面的建设小康社会的全面着想。把一些老工业的基地建设成新工业基地，必将充分利用国内的资本，加强与国内各省地区，包括××的经济技术的基础和交流合作，加快改革和调整的步伐。到目前为止，是国际产业转向中国沿海地带资本扩张的有利的时机，在中国××地区举办大型的国际区域博览会，搭建招商引资的平台，对应尽而后利用国内的资本和加快老工业基地的振兴必将起着非常重要的促进作用。

我坚信，在社会各界人士和单位的支持下，振兴××、××人民政府有决心、有信心一定能够办好××投资贸易博览会，加快中国与××地区以及世界各国之间的经济交流和合作，促进共同发展做出贡献。谢谢大家！

7. 领导在艺术节上的欢迎致辞范文

在经济建设不断进步的同时,我们同样需要提升自身的艺术气息。艺术能够为生活增添色彩,为人生增添更多的精彩,因此艺术节就成为社会生活中一项必不可少的项目。

范文一:××市首届花卉博览艺术节欢迎致辞
致辞人:××市领导
致辞场合:××市花卉艺术节
在场人物:××市各位领导、社会各界人士
尊敬的各位领导、各位嘉宾:

大家好!今天是一个阳光明媚的好天气,在国庆节到来之际,由××市绿委、市农办、市林业局、市旅游局、市财政局、市外经委、市园林局、市文化局、市花卉协会等多家电视机构以及一些单位,共同举办××市首届花卉博览艺术节!这是一个值得庆祝的日子,国家实施开发政策以来,促进花卉产业快速发展的一件盛事。在此,我谨代表中共××县委、××县人大常委会、××人民政府以及全县的人民,向光临××首届花卉艺术节的各位领导、各位嘉宾、各位朋友们表示最热烈的欢迎和衷心的感谢!

××是一方美丽富饶的热土。花卉苗木的栽培历史悠久长远,特色经济突出,产业优势特别明显。随着国家不断实施开发和建设山水园林城市的规划,近几年以来花卉市场得到了迅速的发展,目前花卉木苗种植已经高达××万亩,在园林绿化企业和专业户达××家,远销全国××省市,成为一项富民强县的重要发展产业。

以花卉为媒,广交天下的朋友,扩大开放的区域,以加快发展,是××承办这次花卉艺术节的出发点和美好的愿望。我们坚信,花卉博览艺术节的成功举办,将会构建起××市花卉事业的相互交流和发展的桥梁。我们愿意与参加这次活动的四海的朋友们一起共同商讨兴业大计,共同大发展进步的策略!××人民诚邀各位投资者,提供最优惠的政策、美好的环境、优质的服务，共同携手创造更辉煌灿烂的未来。

祝愿各位领导、各位来宾朋友们万事如意，心想事成！预祝这次花卉艺术节圆满成功！

范文二：学校在文化艺术节的欢迎会致辞

致辞人：××学校校长

致辞场合：学校文化艺术的欢迎会

在场人物：××学校的领导、全校的师生

各位老师，同学们：

大家好！在这个阳光明媚、生机勃勃、大地飘香的时节，我们终于迎来了××镇中心校园文化艺术节。在此，我谨代表学校向为筹办这次文化艺术节而不畏劳苦的各位老师和同学们表示衷心的感谢！向我校的全体师生致以诚挚的问候！

每一年的这个时候都是一年一度的校园文化艺术节，这是我校师生们共同的节日，它既是我校加强教育校园文化建设、展示我校文化艺术的最佳时机，也是学校切实贯彻教育方针、实施素质文化教育的重要阵地，还是我们××镇中心的一道美丽的风景。

近几年来，随着素质文化教育的深入贯彻实施，学校再也不是只有朗朗的读书声，还会有优美动人的歌声。在21世纪的人才之中，不仅仅要有高尚的道德素养，强劲扎实的文化功底，还需要有更深厚的艺术底蕴，以及创新的思想构造。我们之所以举办校园文化艺术节，其重要的目的就在于构建一种健康、文明、和谐的校园文化艺术气氛，为沉闷的校园生活注入一种丰富的文化内涵，从而丰富广大师生的课余生活，营造一个美好的教育环境，同时，也为我校广大师生充分展示自己的艺术才华提供一个展现的平台，让广大师生在热闹的活动之中吸取艺术的灵气，加深对艺术的理解和热爱之情，培养师生们感受美、鉴赏美和创作美的能力，从而养成一种良好的个性和艺术特长，陶冶高尚的情操，共同来体验之间的合作与创造，体验那种成功的喜悦与欢乐，从而进一步地提高师生们综合素质的培养，来共同促进每一个人天赋的开发，更能让每一个人的潜能素质得到有效提升，使更好地成为21世纪多元化发展的可造人才。

各位老师，同学们！我校校园文化艺术节的帷幕已经拉开，这是一个文化与艺术相结合的舞台。文化的气息在艺术之中延伸，艺术的精髓在文化之中所体现，文化与艺术之间是相辅相成的。而这是一个纵情挥洒热情、激发生命的活力、展示自我、超越自我的魅力舞台。在此次的校园文化艺术节之中，我们将推出一场精彩盛宴的专题文艺演出和一场别开生面的绘画作品展示，愿我们学校的每位同学都能够成为艺术节上一个个跳动的美妙音符，共同合奏一曲美妙动人的校园乐章。愿各位同学能够学艺共同进步、学艺双馨，炼就全面素质发展，为了成就更好的人才奠定坚实的基础理念。愿我们的校园时时地飘荡着令人欢快的优美歌声，处处散发出一种艺术的芬芳，一直洋溢出一种蓬勃的朝气。

希望全校的师生能够以一种高昂的热情投入到文化艺术节的活动之中。在今天这个舞台上，老师们、同学们，你们想唱就唱，尽情挥洒你们的活力和激情吧！

我相信，这次的文化艺术节必将为我校的校园文化建设增添新的内涵，从而把我校的文化艺术教育推上一个更新的台阶。我也相信在我们大家的共同努力和积极参与之下，××镇中心学校的文化艺术教育必将取得更加丰硕的成果！

最后，预祝这次文化艺术节圆满成功！祝愿在座的各位老师和同学节日愉快！谢谢大家！

范文三：××教育局领导在中小学艺术节会上的致辞

致辞人：××教育局领导

致辞场合：中小学艺术节欢迎会

在场人物：教育局各位领导、学校的全体师生

尊敬的各位领导，各位校长、老师们、同学们：

在这个春暖花开，朝气蓬勃的日子里，我首先代表教育局对参加中小学艺术节的各位领导们表示衷心的感谢！为了全面贯彻党的教育方针，全面推进素质教育事业，推动××县的艺术教学的工作，今天我们举行"××县首届中小学艺术节"欢迎会。我对精心为这次艺术节准备的全体师生们表示衷心的感谢！

艺术节是我们坚持以"全面展示、相互交流、重在参与、推动教学"的原则，使全县的广大师生们都能够感受到艺术的熏陶，都能够参与到艺术教育事业之中。而本届艺术节是我县中小学首届的艺术节，是我县艺术教育事业的一个新起点。我们为每一位师生提供了一个艺术才华展示的大平台，这次活动激发了广大师生们热爱艺术的热情、使各位同学能够勤奋学习、努力成才！这次活动也是完成构建和谐校园的重要举措。

大家都知道，艺术是人类文明的重要组成部分，而教育是传承文明的重要手段，如果教育事业没有艺术的气息，那么我们的校园就失去了优美的歌声和完美的画面。社会的进步就是人类对于美好追求的结晶。艺术的气息更是对于自然、人类、社会和生命的存在与进一步发展的理解和把握。我们唱响了人生的精彩、描绘出了大自然景色，这些艺术都是真善美的表现。伟大的艺术从产生的那一刻起，就对社会的存在与不断发展以及人类灵魂的感悟、激情、净化和往前迈进产生着重要而深刻的影响，伟大的艺术体制则充分反映了生活的体系，同时也不断引导和创造人类的美好生活。让学校充满艺术的气息，能够不断地加强艺术教育对于培养学生的高尚情操，进一步地志向选择方面，更高深的学识，激发学生的智慧性，从而促进学生更健康和更和谐的重要思想意义部分。

艺术的产生净化着人类的思想，我们不可否认艺术在人生中占有重要的地位，我们需要色彩和歌声充实着乏味的生活，而艺术更是引导为人类追求人生的意义和价值。在我们国家从古至今涌现出了很多伟大的艺术家，他们用音乐震撼着无数的心灵，让他们从悲痛之中依然坚强地走出来，伟大艺术的教育显示了一种魅力。科学铸就了一次次的希望，艺术是人类文明和情感的象征，科学和艺术是人类认识整个世界和改造世界的两个臂膀，缺少哪个都无法将教育进行到底。艺术我更是一种想象的世界，艺术活动是培养与发展想象力和创造力最有效的一种活动，学习能力和创造力需要有宽阔平和的胸襟和良好的状态，艺术正是造就这种品质的有效途径。

广大的师生们，艺术是一种体现，使美丽的人生更加精彩，充满辉煌的灿烂，艺术使校园充满朝气、充满了欢声笑语，激励着每一位学生对于艺术的热爱。

我在此衷心地祝愿全县各中小学及广大师生发挥各自的特长精神，张扬个性，来点亮我们多彩的人生；我衷心地祝愿学校的艺术教育之花愈开愈艳。我坚信，我们教育事业的明天一定会更辉煌、更灿烂！谢谢大家！

8. 领导在欢迎专家指导会上的致辞范文

国家要迅速发展,就要有强劲的政策和措施,领导们总是会举行专家指导会议,让更多的人能够了解政策,以便于日后的发展。

范文一：××学校欢迎专家指导会致辞
致辞人：××学校校长
致辞场合：学校欢迎专家指导会
在场人物：专家、领导、全校师生
各位专家、领导、老师们、同学们：

大家好！在这个硕果累累,桂花飘香的金秋时节。在这个丰收的季节里,在这个令人难以忘怀的日子里,××中学迎来了成长史上的百年盛事——欢迎各位专家进行指导。此时此刻,我谨代表××中学的××名学生和××名教职工们,向那些不畏路途遥远、不怕旅途劳累,远道而来的各位专家和领导表示最真挚的欢迎！

回望我们每一步成长的历史,回顾我们过去的困难,所有的××人都无不饱含热泪,多少个日日夜夜,多少个灯火辉煌,我们从不畏惧艰辛,依然地前进,为了目标为不断地努力。从以往高考上本科线人数由零到突破××人,我们的学生甚至走进了一流大学的校门,现在的学生人数由以前的××人到现在的××人,现在的教学质量综合评价由以前的第××名到现在的名列前茅。这些辉煌成绩的取得,包含着全体××人的无限热情和汗水。为了××能够有新一轮的扩大发展,全体××人众志成城、团结互助、群策群力,更加全心全意地投入到创建活动之中去,从××年××月到现在为止,××次校长办公会、××次行政办公会、××次教职工大会、××次学生集会安排了大小上千个创建的环节,××名师生对每一次活动的每一点都做得很仔细致！

另外,上级领导对我校的创建工作业绩付出了很多,对我校给予了很多支持和鼓励。××教育局领导先后多次来校进行指导工作,××政府教育的督导室先后××次来校检查工作，更令人感动的是，在××月××日的时候，××教育局的杨局长、××教育督导室张主任、李处长也先后来我校对创建工作进行了指导工作。

在我们广大群众的努力工作下，今天的××校园已成了××山区一道亮丽的风景，学校的师资也成了××大地的一支强大队伍，我们现在整装待发，欢迎各位专家和领导的指导！最后，我再一次祝愿各位专家、领导在我校专家指导工作中能够心情愉快！祝愿这次欢迎会圆满成功！谢谢大家！

范文二：××公司欢迎安全性评价专家指导会致辞

致辞人：××公司领导

致辞场合：欢迎安全性评价专家指导会

在场人物：××公司的领导、各位专家

各位领导、各位专家们：

大家好！今天我们十分高兴地迎来了安全性评价专家指导会议，这是一个继去年××集团公司对我公司安全性评价后的又一次全面性整改工作的复查工作，更是一次宣传安全管理先进文化的良好机会。在此，我谨代表××公司的全体干部职工们，向不远千里而来的各位领导和专家们表示热烈的欢迎！

企业的发展，最重要的就是企业生产的安全问题。安全性评价工作作为安全生产工作的重要组成部分，是全面分析和掌握企业安全生产水平基础的最有效的强力手段，也是全面检查各项安全生产管理规定和技术规定是否得到贯彻落实的方针，更是检验安全生产各个环节是否真正存在问题和隐患的有效手段。

这一年以来，我们以安全性评价整体地改正工作为主要目标，更好地突出以人为本的管理思想观念，从而全面推动基础建设，认真开展安全评价。整体改进工作的宣传、动员和组织工作，有效提高企业职工特别是基层班组长人员，以及一些专业技术人员的认识，从而不断提高安全性评价工作的质量。整体改正复查工作是集团公司、××公司及各位专家对我们这一年以来安全生产管理工作的再次检验，是一次对工作的分析和检查，指导的政策，能够帮助我们更全面、无误、不断深入地把握企业安全生产状况和存在的各方面的问题，并且提出防范和控制的措施方针，使这次的安全性评价工作深入到企业安全生产管理之中，从而不断提高整个安全性评价工作质量。

在场的各位领导、各位专家来能够到××公司进行复查工作，是对我们工作的检查、帮助、指导。我们将对这次复查的问题不断地进行深入细致地整顿改变，逐步健全、完善安全生产的有效管理机制，从而不断提高××公司安全管理的水平。

最后我祝愿各位领导、各位专家们在环境优美的××镇度过一段美好的时光，在此祝愿各位领导、各位专家身体健康、工作顺利、万事如意。谢谢大家！

9. 领导在欢迎客商投资会上的致辞范文

国家的发展，需要强有力的企业。社会各界的投资就是一项有力的发展项目，所以，领导们会欢迎商客投资的活动，这种活动通常要简明扼要，叙述发展的空间。

范文一：××市政府欢迎客商投资会上的致辞
致辞人：××市政府领导
致辞场合：××市欢迎客商投资会
在场人物：市政府领导、远道而来的企业代表、社会各界人士
各位朋友们：
大家下午好！万象更新，春气盎然。在新春佳节即将来临的时候，××市委、市政府在这里隆重举行客商的企业代表、市重点企业和本地重点民营企业家的座谈会议，今天大家不辞辛苦，远道而来，欢聚一堂，共叙友情。借此机会，我谨代表××市委、市政府向远道而来的客商企业代表们、市重点企业和本地重点民营企业家以及在座的各位朋友问好！并趁这个机会提前拜个早年，祝大家新年快乐，身体健康，合家幸福，万事如意！对于在百忙之中抽时间出席座谈会的各位嘉宾、各位朋友们表示热烈的欢迎和衷心的感谢！向多年以来一直热爱、关心、支持××的各界人士致以最崇高的敬意和深深的谢意！

回望过去的一年，是我市不断发展的一年，更是收获的一年，也是最难忘怀的一年。经过全市人民的上下团结、不断奋斗、扎实苦干，克服了在前

进道路上遇到的诸多困难，取得了经济建设和社会发展的显著成绩，在全面推进我市小康社会发展的进程中迈出了最坚实的一步。

我们以一直坚定不移地实施发展战略，不断创新发展的措施，保持了经济发展的良好态势，实现了经济总产值的增长。同时，基础设施的建设和城市建设也有了明显的进步，在全面展开城市容貌集中整治的基础上，建立并实施了一种长效管理的机制，此时城市的面貌有了明显改观。各个项目的资金成效显著，在去年全市共争取上级资金××亿元，比上年增长××%。各个项目的申请和确立项目的前期准备工作也已经在加紧运作中。而各项社会事业也获得了蓬勃发展，文化广电事业也进一步得到扩大发展，广大群众的文化生活也进一步得到丰富。群众性体育的运动蓬勃开展，体育竞争水平有了明显的提高。城乡公共卫生的设施建设得到了大力加强，建立了一种突发公共卫生事件的严格的预警、应急机制和公共卫生管理的机制，应对措施和处置突发事件的能力得到大幅的提升。在治安防控方面的体系建设逐步的稳步推进，社会上的各项治安已经有持续好转的现象。各项安全生产的工作也进一步有了加强的变化，通过深入地开展各项安全生产工作专项整治，更加有效地控制了一些重特大事故的发生。

能够获得以上的显著的成绩，是我市各级干部群众之间的互相团结和奋斗的结果，各级干部认真紧抓住实干的结果，是各位企业家、广大的纳税人的大力地支持和帮助的结果，是所有人共同积极奉献的伟大结果，也是在座的各位朋友、各位客商的互相关心、互相帮助的结果。与此同时，我们也能够清醒地认识到，我市经济社会的生活之中还存在有不少的困难和难以解决的问题，目前仍然比较落后，而且特别是与一些发达地区之间相比差距更大。因此，这也是迫切需要各位企业家们、各位朋友们贡献计谋的时候，更希望各位客商们、朋友们能够踊跃投身到当前的经济发展中来，我们对外开放发展的大门永远向你们敞开。

××年是我市贯彻落实科学经济发展观，以及巩固宏观的调控成果，保持一种经济社会的良好发展态势的关键的一年，也是全面地实现国家的计划、衔接发展的重要一年。为此在今后新的一年之中，我们将以国家的指导和方针政策，认真贯彻党的科学发展观和经济的工作会议精神，以及全面的落实科学的发展观，继续以一种坚定不移的信念实施科学发展的战略，来适应和改善宏观调控的新形势，以共同建立开放型经济格局为指导，以迅速加快发展、快速壮大财力为主线，以各项项目的建设、产业的建设为进一步的突破口，更大力度地推进新型的工业化和城市化，大力地发展现代农业和农村的经济，大力发展县域经济和民营的经济，并协调推进三个文明的建设，不断地努力扩大就业和再就业，从而完善社会保障体系制度，共同促进国民经济之间的平稳、协调发展和让社会全面地进步。

在场的各位朋友们，现在正值秋冬的寒冷季节，虽然今天的天气阴冷，但是我们的内心是火热的，我们将以一种更加优惠的投资政策，更加宽松的投资环境，热烈欢迎来自四面八方的客人来投资发展。××今天的建设和成就，离不开您的大力支持；××明天的快速发展，更加需要您的大力帮助。我坚信，有了各位企业家、各位朋友、各界人士的全力帮助，有了××全市人民的齐心协力，××的发展会更飞跃和辉煌，××的明天会更加美好！

在这激动人心的时刻，衷心祝愿大家新年快乐、身体健康，全家幸福，万事如意！谢谢大家的支持！

第五章　表彰致辞，热情洋溢多夸人

表彰致辞大多是为了嘉奖做出突出贡献和杰出表现的人而专门进行的表扬、夸奖。领导者在这类会议上的致辞，要满怀欣喜，同时对被表彰者满怀敬意，言辞一定要突出他们被表彰的原因和事迹，号召听众学习他们的精神和品德。表彰会的目的一方面是嘉奖个人，另一方面就是让好的行为和意志得到进一步的发扬，因此，领导在这种会议上的致辞应该是积极的，情绪是欣喜的，而不应太过严肃。

1. 领导在优秀教师表彰会上的致辞

每一年都会涌现出很多的优秀教师，这些教师们用他们辛勤的汗水，培育出国家的优秀人才。而领导们对此会做一个总结，对这些优秀教师们加以表彰，以此来对教师们的工作表示肯定，让他们在以后的工作之中能够再接再厉。

范文一：市领导在优秀教师表彰大会上致辞
致辞人：市级领导
致辞场合：优秀教师表彰大会
在场人物：市级领导、县级领导、教育主管部门领导、学校教师等
尊敬的各位领导、老师和同志们：

大家好！在这枫叶如火的金秋时节，我们在此隆重召开优秀教师表彰大会，为一直默默无闻，无私奉献在教育事业上的教师们进行表彰。首先我代表市委、市政府向在座的优秀教师、优秀班级主任以及学校校长们表示崇高的敬意！并在此向全市辛勤奉献在教学岗位的教师们表示真诚的感谢！也向那些曾经身系在教学岗位的退休教师、关心教学发展的教师表示亲切的问候！你们与教育的命脉心手相连，祖国的未来掌握在你们的手中，你们是可歌可泣的典范！

我们伟大的祖国是一个历史悠久的文明古国，从古至今都有尊师重教的传统美德。在春秋时期《尚云》说过："天降于民，作之君，作之师。"其意思就是把老师的地位与天地和君亲一起并称，并将其写在同一块牌位之上供以众人朝拜敬仰，由此可见"老师"的地位是非常之高，备受众人的尊敬。中国伟大的教育家孔子一直被众人称为"至圣先师""万世之表"，并受中国千百年来人们的尊敬。记得我们中国还有一句俗语"一日为师，终身为父"的说法。由此可见教师的地位是多么的高尚和令人尊敬。教师的职业是一种神圣的代表，党中央和国务院也是时刻心系着我们的教育事业的发展，也更充分地体现了党和国家对教育事业的高度关心和重视，对人民教师的无限

关怀。

国家的运程和兴衰于教育事业息息相关。而从古到今,人们也是把教师比作红烛、人梯、铺路石等等,对于这一切的比喻,不正说明了我们所从事的教师职业是一种备受广大群众尊敬的职业,是一种具备淡泊名、德行高尚,具有无私奉献精神的高尚职业吗!而且今年受表彰的优秀教师中,有忠于职守、勇于开拓的学校领导,也有尽心尽力、精心育人的普通老师;有埋头苦干、默默无闻、兢兢业业、无私奉献的老同志,更有初入教学、脚踏实地、谦虚好学的教育精英。也正是有了你们对教育事业的忠诚和奉献,××的教育事业才能够获得提高,党和政府不会忘记你们,广大人民也不会忘记你们的辛勤!

季节的轮回,春夏秋冬的交替,是我们广大的老师们用真情播种着盛开的火苗,多少个日日夜夜不休不眠,多少次灯火通明,依然有我们老师在漫长的夜里伏案。在过去的一年之中,××的教育工作也获得了令人敬佩的成绩,全市的各级各类学校都围绕着"科教兴市"的主题,全面地贯彻党的教育方针,全面推动人民的素质教育,教育改革不断地深化,教育质量也在不断地提高,而广大人民群众对教育的满意程度也在不断地提高。这也不断地加速了改革和发展,推动我市的经济、文化、事业的发展,全市人民教师的奉献功不可没,历史将永远铭记你们的功绩,××人民深深地感谢你们的奉献精神!

虽然现在我们取得了较大的成绩,但是老师们、同志们,未来的路还很长远。教育是大计,振兴教育,就在当今。面对教育发展的挑战和机遇,教育事业任重而道远,我们要以全面发展教育事业为方针,为国家提供强有力的人才!

最后,再一次祝愿各级领导、老师们身体健康,工作进步,生活更美满!

范文二:校长在优秀教师表彰大会致辞

致辞人:××学校校长

致辞场合:优秀教师表彰大会

在场人物:××学校的全体教师、镇领导

尊敬的各位领导、老师、各位同学们:

大家好!在这个桃花盛开,阳光明媚,充满朝气的日子里,我们热烈地欢迎各位领导能够在百忙之中抽出时间来光临我校,和全体教师们一同参加今天的优秀教师表彰大会。大家都知道,××小学是××人民的骄傲,是×

×的一颗璀璨的明珠。这所拥有近百年历史的学校在教师们不断地努力下，一代又一代，一批又一批地培养出数不尽的优秀人才，不仅为××学校获得荣誉，也是××镇的骄傲，更重要的是为当代少年的历史前程中写下了光辉的一页。

大家都知道，在取得成绩的同时，学校由于一些原因，导致部分学生的流失。尽管如此，师生们还是永不放弃，共同奋进。学校今天能够获得如此好的成绩更是与我们的老师们息息相关。正是老师们团结奋进、不懈坚持，学生们的不断努力，让学校取得了一个又一个的可喜成绩，并受到了上级领导的赞扬和众多家长的认可。

尊敬的领导，我们学校现有教师××位，教师的达标率为100%，具备专科教师100%。今年以来，有众多的教师分别获得优秀班主任和优秀教师的称号，并且有些教师的公开讲课也获得好评，目前，学校已经形成了一支素质优良、勇于创新、充满活力的教师队伍，得到了各界的一致好评和认可。为了进一步改善学校的条件，我们先后筹备资金为学生能够有一个好的条件而努力，让更多的学生有一个良好的学习环境以创造美好的未来。

尊敬的领导，作为新一届的领头人，我深深地感觉到自己的任务和使命。在过去的时间里，大家对学校的工作给予了很大的帮助和支持，我代表学校向你们表示深深的感谢！同时也希望大家还能够像过去一样继续支持和鼓励我们，我非常欢迎大家经常到学校来，看看学生的学习进度和老师们的教学水平，随时对我们的工作提出批评和建议。让我们一起努力，为孩子们创造一个安全、舒服的学习环境，让学校成为孩子成长的摇篮！

各位老师们，国家兴衰，匹夫有责。国家的未来和教育紧密相连，我们要不断地振兴教育，为国家建设做出贡献。我们是塑造人类灵魂的工程师，我们更是教育祖国花朵的园丁，我们的社会使命任重而道远，让我们共同努力创造美好的未来。在新学期到来之际，我们要以崭新的面貌进行工作，加强学校管理，不断创新，提高教学质量，树立文明的学校校风，办最好的学校，让家长们更放心，让社会更满意。我们要通过不断地努力，把握机遇，迎接新的挑战，与时俱进，不负所托，再接再厉，继续往更高的目标发展，用我们的真诚和信念，智慧和勇气谱写出动人的乐章！在全体师生的努力下，在各级领导的支持和关怀下，我们会让××学校变得更加辉煌！

最后，我代表××学校的师生向领导致谢，祝愿全体教师身体健康，合家欢乐，笑口常开！谢谢！

范文三：企业领导在优秀教师表彰大会致辞

致辞人：企业领导

致辞场合：表彰优秀教师大会

在场人物：企业的领导、县级领导、教师职工

尊敬的各位领导、亲爱的老师们：

大家好！今天是一个高兴的日子，我们欢聚一堂，在此隆重地召开××年度优秀教师表彰大会。首先，我谨代表开发公司的全体员工向镇政府、党委以及镇上的众百名老师表示亲切的问候，同时也对今年受到表彰的优秀教师们表示最真挚的祝福和敬意，祝你们心想事成、身体健康、节日快乐！

教育是我们打造文明社会的基础，而××镇是一个政通人和、社会安定的文明之地。来到此地，呼吸着这里的清新空气，感受着这里的风土人情，让我深深地感受到在××镇尊师重教是多么的重要。特别是在党政部门的高度重视下，××更是出现了一种前所未有的关心教育、支持教育、努力发展教育的大好局面。教育是一种促进经济发展的动力基础，正像××领导说过的："教育和企业的兴衰紧密相连，如果想使企业能够更好地发展，狠抓教育是关键。"我对××镇浓厚的尊师重教的氛围感动不已！

自从我们××公司成立以来，受到社会各界人士的关心、关注和大力的支持，之后的各项业务也在不断地蒸蒸日上，而正在开发中的企业以一种优美的环境、优秀的品质、优惠的价格受到广大消费者的欢迎和支持。在此同时，我向关心和支持××企业的人民表示衷心的感谢！

众所周知，知识是财富的力量，人才能够创造财富。我们国家的发展和建设更离不开广大人才，我是一名××企业人士，我深切地知道教育对于企业发展的重要，对于支持教育事业更是充满无限的热情。我们××是一个以教育为基础的大镇，更是成长人才、创造人才的基地。我们××企业的全体员工殷切地希望××镇能够多出一些人才、出好的人才，真诚地欢迎××的精英们能够加入××开发公司创业的工程中来。在这个优秀教师表彰大会之中，我们通过××企业向××学校捐赠几百余套课桌椅子，借此来回报支持和关注我们公司发展的××人民和广大的消费者们。

与此同时，我们××开发公司今后将更加关注××镇的教育事业，为××教育事业的提高，奉献出真诚的心，贡献出一份力量！我坚信：未来的教育事业一定有一个更好的发展基础，对××企业的发展充满了希望，对××的教育事业充满了希望，××的未来将更加的辉煌灿烂！

在此祝愿各位老师身体健康、家庭美满幸福！

范文四：街道领导在优秀教师表彰会致辞

致辞人：街道领导

致辞场合：优秀教师表彰大会

在场人物：街道领导、社会各界人士、全体教师

各位老师，同志们：

大家好！在这个炎炎夏日，我们怀着一颗激动的心欢聚一堂，在这里隆重地举行优秀教师表彰大会，一起来共同展望我们××街道教育事业发展的美好的景象。我谨代表××街道党工委、办事处，向全体教师们表示衷心的问候和祝福！也向在今天受到表彰的优秀教师们表示热烈的祝福和崇高的敬意！同时也向你们的家人表示衷心的问候！

教育是一种塑造未来，孕育希望的事业，教育是一种阳光、神圣的事业。而我们伟大的教师们肩负着传播人类的文明、开发人类智慧和塑造人类灵魂的神圣使命。回顾我们每个人的成长历史，都曾受到老师的教诲和启迪，凝聚着老师的心血和汗水的力量。伟大的教师在历代以来一直都备受人民群众的尊敬和爱戴。每一位有教育经历的人都对教师们有着深厚的感情，回顾以往，正是老师们的孜孜不倦，才造就了今天的辉煌。教师们就像孩子们的父母，教他们知识和做人的道理，孕育他们成才，进而成为国家的栋梁。

教育是百年大计，我们要以教育为本，孕育社会的人才。而在近几年来，我们××街道办事处，有着对教育事业发展的高度责任感，把教育事业摆在发展的前端，教育事业由弱到强一直不断地努力，取得了很大成绩，教育事业的质量和水平也是逐步的稳定提高。××镇在中小学教育事业上重视教育质量，值得我们的称赞。我们街道办事处也适时对其加大了投入力度，在一年的时间中投资了大量的财力，完善了学校的各项设施，为学生创造了更好的环境设施。我们不仅在思想上重视学校的教育，更在行动上重视改善教育的条件。今后，我们准备筹划更多对教育事业有帮助的措施，从根本上解决教育的困难，为教育事业的发展奠定更好的基础。

各位老师们，我们之所以能够取得这些成绩，离不开上级教育部门的悉心指导，离不开社会各界人士的大力支持，更离不开全体的教育职工们的辛勤工作、无私奉献。对此，我代表××街道办办事处向你们表示最热烈的祝贺，同时代表街道办事处向你们表示衷心的感谢和敬意！广大的教师们，教育工作是人类文明的传承者，你们用自己的心血和智慧的力量，打开青少年的心灵，开启青少年的心智，同时推动时代的发展和社会的进步。没有好的

教师团队,就没有较高质量的教育理念。广大教师们要牢记教育的使命,树立一种强烈的事业心和高度的责任感。始终保持一种使命感的精神状态,坚持教书育人、为人师表,做先进的生产力和先进文化的弘扬者,做培养学生健康成长的引导人,以最出色的工作成绩来回报党和人民的厚爱,从而无愧于人民群众灵魂工程师的共荣称号。

我们要以一种高度的责任感,提升教育质量,全面提高学生的素质,做全面发展的社会接班人。学校也要以一种高度的责任意识,引导教师教书育人,加强教师的学习能力和管理能力。增强教师们的职业的光荣感、责任感,进一步地弘扬优秀教师的品质,营造出一种尊师重教的社会氛围。

过去是一种历史,是保留记忆的最美好时刻。在座的各位教师还要以一种高度的责任感和使命感,以一种进取奋进的精神状态,发挥自己的聪明才智。街道办事处一直都以一种高度的责任感把教育放在优先发展的重要位置,相信通过教育系统的全体努力,一定能够实现教育界的辉煌。

在座的各位教师代表们,××的教育就在你们的身上,希望教师们以教育的发展为己任,保持一种艰苦奋斗,无私奉献的精神,成为教育界的骄傲。最后在这里再次祝愿各位教师们桃李满天下,也祝愿今天受表彰的优秀教师们能够不骄不躁,继续以一种高度的责任感,再现辉煌的成就。祝各位同志们身体健康,万事如意!谢谢大家!

2. 领导在员工表彰大会上的致辞范文

一些企业每年都会开表彰大会,以此来总结企业的优、缺点,进行改进和维持,对优秀员工进行表扬,来更好地鼓励员工为企业的发展做出更多的努力。员工是企业的核心力量,而表彰员工不仅是一种鼓励,也是一种动力,更是一种希望。

范文一:企业领导在员工表彰大会上的致辞
致辞人:××集团总裁
致辞场合:表彰员工大会

在场人物：××集团的全体员工

尊敬的各位领导、各位同志们：

大家好，今天是一个阳光明媚，充满朝气的一天，也是××集团成长中的一个新的起点。首先，我代表××集团，向前来参加"××集团××员工表彰大会"的各位领导、分公司的员工、还有新闻界的朋友们，以及一直以来一直支持××集团发展的朋友们表示衷心的感谢！

一元复始，万象更新，悠悠岁月的轮回不经意间又多划了一圈。在这辞旧迎新的时刻，按照中国以往的传统习惯，人们总是对过去的一年做一个详细的总结、回顾或者是盘点，不管用各种形式，总归目的都是希望事业能够与时俱进得到更好地发展。

多年以来，我们××集团一直致力于铁矿和冶炼行业的开发，带领大家一起发家致富，不断进行产业结构调整，带头整理资源，走上可持续发展的道路。××集团的人们以简朴的文化，严格的管理模式，强劲的技术，高科技先进的设备，完善周到的服务，在激烈的市场竞争之中，铸就了"××集团"的卓越。到今天"××集团"已经从一个小规模的企业发展成为全方位的集团企业。在以后的发展中我们还要更加注重创新经营模式，提升企业的管理水平，增加高科技含量，将××集团做得更加强大。

××集团一直都坚持"以人为本"的管理理念，并逐渐发展为"以您为本"的理念，不仅展现了××集团长期以来贴近客户、了解客户和尊重客户的传统理念，还体现了××集团对客户个性化需求的不断努力。路在脚下，任重而道远。创新才能前进，不断地发展才是硬道理！唯有认真地学习党的××精神，紧紧抓住发展的主题观念，与时俱进，把发展作为企业的第一任务，突破一切妨碍发展的细想观念，坚决改变一切束缚发展的观念，解除一切影响发展的弊端，才能不断开创公司改革的发展新局面。

在岁末之际，我在这里衷心地祝愿全体奋斗在第一生产线的员工们身体健康，心想事成！也祝愿我们的公司的各项事业在顺利发展中日益增新，再创美好的辉煌佳绩！我坚信：我们一定能够成功地走向未来更加发展壮大的道路！

范文二：小型××百货公司领导在员工表彰大会上的致辞

致辞人：××百货公司经理

致辞场合：××百货公司员工表彰会议

在场人物：××百货公司的全体员、社会各界人士敬爱的各位员工：

大家好！在这个辞旧迎新的欢乐日子里，我们送走了××年，又迎来了令人瞩目的××年。在此，我谨代表××的领导向辛勤工作在各自岗位的全体员工致以最崇高的敬意！并且向你们的家人致以新年的问候，谢谢他们对××事业默默无闻地支持和鼓励，愿他们在新年之际幸福健康！

××的一年，是我们××广场更上一层楼的起步之年，也是在座的各位人生的一个转折点，我衷心感谢缘分让我们走在了一起，一起为建设美好的××的事业，建设最美丽的购物中心而共同奋斗！有你们不畏艰辛、团结互助、共同奋斗才有了今天的成就。你们是××的骄傲，更是××进一步发展的动力源泉！

回顾过去的一年，各位同人们都以××为自己的家，以高度的责任感和集体的荣誉感奋战在不同的战线，为了能够正常地营业，为了能实现××的最终目标，大家付出了无数的辛劳和汗水，一起熬过了无数个不眠之夜，放弃了一起与家人团聚的宝贵时间。试营业以来，正是有了你们的每一个微笑、每一份支持、每一次细心周到的服务，才能让××广场赢得了外界的一致赞美，同时也让我们××广场取得了良好的销售业绩，这些光辉的荣耀属于在座的每一位员工，没有你们的兢兢业业，就没有今天的辉煌成就。与此同时，我代表××的领导再次向全体员工表示深深的谢意，真心地谢谢大家的努力和支持。

新年新气象。在新的一年里我们任重而道远。在此我真心地希望各位能够怀着"荣辱与××广场共进退"的使命感，以更大的热情积极地投入到工作之中，把××事业当成自己的事业来对待，互帮互助，共同团结，共同提高，共同进步，一起攀上高峰。××广场与我们的智慧一起存在，与我们的理想共同进步，与我们挥洒的热血一起沸腾，与我们的生命一起闪耀光彩，我坚信：在不久的将来，在这片土地之上，一定会挥洒我们的梦想！

3. 领导在表彰劳模会上的致辞范文

劳模，即劳动模范的简称。他们不仅是工人阶级的优秀代表，也是民族的璀璨精英，国家的栋梁，社会的精英，人民的楷模。历年以来，我们国家不断地涌现出大批劳动模范，他们以一种忘我的精神，把自己奉献给社会，激励着一代代的人为了祖国的繁荣富强而不断拼搏，他们是当之无愧的楷模。所以我们要弘扬劳模的伟大精神，正是因为他们的这种精神才使我们伟大的民族精神得以体现出来，它是一种激励我们奋勇前进的重要精神动力。所以各级领导人每年都会对本范围内的劳动模范进行表彰致辞，以言传下去，渲染更多的广大人民，为建设和谐社会而努力。

范文一：××省委书记在劳模表彰会上的致辞

致辞人：××省委书记

致辞场合：××省劳模表彰大会

在场人物：各级领导、人民群众

各位领导、员工同志们：

大家好！今天我们聚集在这里，隆重表彰我省获得劳动模范的先进集体和先进个人。首先，请允许我谨代表××省委、省政府，向全省各个战线的广大职工和全体劳动者表示衷心的问候！向获得全省劳动模范奖的先进集体和先进个人表示热烈的祝贺与崇高的敬意！

劳模是一种崇高的谱写，是伟大的典范。劳模和先进工作者是劳动群体的杰出代表，劳模的精神是伟大的中华民族的精神，也是一直激励着我们推动社会富裕的强大动力。今天，我们在此隆重的表彰劳动模范和先进集体以及先进个人，就是要以此在社会上弘扬新时代的劳动模范精神，来激发全省人民的艰苦创业、勇敢创新的热情，以动员一切能够动员的力量，聚集一切能够聚集的资源，为了实现全省经济的快速发展，保障完成今年的经济社会发展的各项目标而努力奋斗。更重要的是推动弘扬劳模的爱岗敬业、勇于创新的新时代精神，全面推进各项工作。

全省人民要以劳模为榜样，尽最大的能力为国家奉献。发展爱岗敬业、兢兢业业、勇于创新、争当一流的劳模精神，积极地投入到企业之中。凝聚智慧的力量，充分发挥才能，为我省加快推进新型工业化、转变经济发展方向创造新的业绩。大力弘扬劳模的珍惜团体的优良传统，为构建和谐社会添砖加瓦。一起共同建立和谐社会，最大限度地维护广大人民的根本利益，实现人民群众的共同愿望。

各级工作者要充分发挥先锋模范作用，努力维护社会的稳定，引导全省职工努力工作。加强职工的思想教育和工作的积极性，最大限度地增加和谐因素，化解其中的矛盾，努力维护职工之间社会稳定。大力加强勤奋苦学、精益求精的进取精神，为建设高素质的职工团队不断努力。在全省的范围内宣传劳模的先进事迹、优秀的品质和高尚的精神，在社会上形成一种学习劳动模范的良好风气，以此来推动全社会会进一步尊重劳模、关心劳模、爱护劳模、争当优秀劳模。重视发挥劳模的精神作用，关心劳模的生活、学习，切实地帮助他们解决一些实际的困难。而广大的劳动模范也要珍惜自己的荣誉、谦虚谨慎，再接再厉地发扬成绩，并为党和人民创造出新的功绩。

同志们，劳动就是创造财富的力量，奋斗是我们谱写的辉煌。让我们大家紧密的团结在一起，高举有中国特色的社会主义伟大旗帜，努力践行科学发展观，进一步发扬爱岗敬业、勤奋工作、勇于创新的劳模精神，真正做到无愧于时代，从而推动经济社会的发展！

范文二：工会领导在××劳模表彰典礼上的致辞

致辞人：××工会领导

致辞场合：××劳模表彰典礼

在场人物：××领导、入选劳模人士

同志们、朋友们：

大家好，今天我们××省工会在这里隆重举行××劳动模范"表彰典礼。首先我受省委书记、省人大主任的委托，代表省委、省政府，对长期以来对我省经济社会的发展做出卓越贡献的全体的劳动模范们表示崇高的敬意！同时也向你们的家人们表示深切的问候！

劳动创造美好世界，劳动让生活更美好。劳模见证了沧桑的巨变，劳模的精神是一种可歌可泣的精神，伟大的祖国与劳模精神同在，一起共同地发展。自从新中国成立以后，我省社会主义建设和改革开放波澜壮阔的进行，不断地涌现出一代又一代、一批又一批突出贡献的先进单位模范人物，他们是国家的脊梁、民族的骄傲、社会的中坚、人民群众的楷模。今天，我们表彰的这些人物都是我省的杰出代表。他们是极具时代特征的公众人物，是光辉耀眼的明星，是社会的财富力量。他们以自己的行动来铸就了爱岗敬业、艰苦奋斗、敢于创新、敢于奉献的伟大劳模精神，用自己的辛勤劳动谱写了为祖国奉献的壮志乐章，生动地诠释出了劳动光荣的时代进步步伐。而劳模的精神同样是一种以爱国主义为核心的民族主义精神和以改革为核心的时代精神，是激励广大的职工和劳动群众一同向小康社会迈进的精神动力。我们要在全社会深入寻找和传承劳动模范的先进事迹和崇高的精神，关心他们的

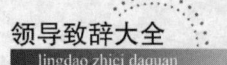

工作和生活，在社会上营造出崇尚劳模、争做劳模的浓烈的氛围。

各位劳动模范，同志们，今天的表彰大会是富强美好的前进曲。全省广大职工和各行各业的劳动者，一定要加大弘扬伟大的劳动模范精神，更加紧密地团结起来，落实贯彻科学发展观，同心同德，一起进步。为了全面建设小康社会，加快科学的跨越、强富民心而努力奋斗！

范文三：公司领导表彰劳模致辞

致辞人：××集团领导

致辞场合：表彰劳模大会

在场人员：××集团全体职工

各位同志们：

大家好！今天是一个值得高兴的日子，我们齐聚在这里，召开公司劳模表彰大会。首先，我代表公司向受表彰的劳动模范和先进个人，表示热烈的祝贺和崇高的敬意！并且通过你们，向一直辛勤工作在生产一线的全体职工们表示真诚的问候！

大家都知道，在中国共产党的领导下，中国工人阶级一直都是走在时代的最前端，以一种革命的精神和伟大的创造力，为中华民族的独立振兴，为中国社会主义制度的建立和巩固立下了不朽的功绩。而我们广大的职工传承中国工人阶级的光荣传统，在新的形势下，以高度的认知和力量不断地进取，辛勤地工作，为公司的改革和发展做出了突出的贡献。而今天受到表彰的同志们就是杰出代表。在广大职工的不断努力下，公司取得了非常好的成绩，为公司创造了更多的利益，生产经营也呈现出了蓬勃发展的大好形势，各项的主要经济指标在不断地持续快速增长，各项改革稳定的推进，职工们的收入也有较大的增长，全面地实现了跨时代的发展。这些成绩的取得，不仅凝聚了公司广大职工的辛劳和汗水，也是全体职工共同努力收获的成功。

劳动是一种伟大的成果，劳动是一种无上的光荣，劳模是劳动的佼佼者，所以劳模更是伟大、光荣。而我们的劳动模范在公司的各项工作中发挥了带头作用，他们虽然工作的岗位不一样，但是他们的事迹一样感人，展示了共同的精神风貌和企业的精神，他们高度的主人翁精神和艰苦创业、无私奉献精神、以一种开拓创新的精神，实事求是的伟大精神，良好的职业道德精神和爱岗敬业的大无畏精神，预示着企业有更好的发展方向，必将激励着公司的广大职工们以一种更加旺盛的斗志，积极地投入到企业改革和发展的伟大事业中！

团结就是力量，团结就是胜利。同志们！让我们一起团结起来，共同进取和发展，学习劳模的伟大精神，共同发扬中国工人阶级的优良传统和作风，以一种奋发的热情，以一种大无畏的精神为××的工作不断努力和奋斗！我坚信，为未来的工作中，只要我们不断地团结努力，终会实现梦想的舞台。

最后，我代表公司的领导祝愿全体职工们，优秀的劳动楷模，以及你们的家属，们身体健康，万事如意！谢谢大家！

4. 领导在表彰优秀员工大会上的致辞范文

每一年各行各业都会涌现出许多优秀的员工，他们是众多员工的代表。各行业想要更好地发展，员工是最关键的动力。所以，每个企业每一年都会选出一些优秀的员工代表进行表彰，这样能够激励他们在以后的工作中有更突出的表现。

范文一：××企业领导在表彰优秀员工大会致辞
致辞人：××企业领导
致辞场合：表彰优秀员工大会
在场人物：企业的全体员工
亲爱的员工们：

大家好！大家都辛苦了！我在这里对各位员工表示衷心的慰问和深深的感谢！

今天是一个值得高兴的日子，我们一年一度召开的表彰优秀员工大会在此进行，我谨代表公司主要领导向荣获表彰的员工表示最热烈的祝贺和敬意！

回顾××年我们在一起走过的路程，我们有过困惑、辛酸和汗水，但是我们付出后还是有收获的喜悦。自公司从几年前一起艰苦创业至今，是各位员工们付出艰辛和劳动，一起洒下滴滴的汗水，也是你们不畏艰辛与公司同甘共苦，共患难，共同地努力坚持，一路走下来，才有今天发展的成就。

今年是我们公司发展迅速的一年。在这一年之中我们通过全体员工们的辛勤和努力工作取得了傲人的成绩，也通过各个部门之间的协力配合和不懈努力以及团结互助的配合,才能在竞争非常激烈的市场环境下生存和不断发展。在看到这些成绩的时候,我们同样也看到了我们的不足之处,例如企业的管理制度还不太完善,工作的效率还需要不断地加强。

我们公司之所以能够取得傲人的成绩,离不开各位员工的不断努力,我衷心地希望大家能够为公司的发展努力,只要我们一起共同努力,我们坚信,××公司在××年里能够更进一步,××是一个发展年,一个好丰收年!让我们为了以后取得更好的成绩而不断地鼓掌加油!

在这个时刻,我要特别地感谢那些受表彰的优秀员工们,他们总是以一种勤勤恳恳的工作态度和心系公司、无私奉献的敬业精神,对待工作总是认真负责,事事都为公司里着想,任劳任怨,从来都不去计较个人的得失,默默地工作着,非常地让我感动,我非常感谢他们的付出。在这些年的创业之中,我们在座的各位员工,时时刻刻以公司的兴衰为自己的事情,忘我工作的精神状态,同样地让我感动!我也感谢你们!

5. 领导在见义勇为职工表彰大会上的致辞范文

见义勇为是一种典范,是一项光荣的任务。为了保护国家、集体利益或者他人的人身、财产安全,而不顾及自己个人的安危,与正在发生的违法犯罪做斗争或者抢险救灾的等行为做斗争。我们在见义勇为的同时也要极力地去宣传见义勇为的精神,为了全面地建设社会主义社会而积极地奋斗。

范文一:省书记在见义勇为先进单位和个人表彰大会上的致辞

致辞人:××省书记

致辞场合:见义勇为先进表彰大会

在场人物:各级领导、先进人物、各界人士

各位领导、同志们:

大家好!今天是一个激动人心的日子,因为今天我们要在这里隆重召开表彰见义勇为先进群体、先进个人大会。今天这个表彰大会开得非常及时和有必要,且目的非常明确,就是要大力弘扬见义勇为的精神,倡导见义勇为的精神，为了全面建设××和谐的社会主义社会，为了广大人民群众的安居乐业创造良好的社会环境。借着这个机会，我谨代表省委、省政府，向今天荣获见义勇为先进群体和先进个人荣誉称号的同志们表示热烈的祝贺，以及各位的家属们表示崇高的敬意！

在近几年以来，我省在不断地深入发展以平安为主的"平安××"创建活动中，广大的干部群众心系××，自觉地维护国家的利益和广大人民的利益，涌现出了一批批先进的典型。而今天受到表扬的同志们，都是来自各行各业，在每一个同志的身上都有感人肺腑的事迹涌现。他们汇集一身正气，不畏艰难困苦，以一种强烈的社会责任感和大无畏的英雄气概，在国家的利益上和人民群众生命财产受到严重威胁的紧要关头，临危不惧，挺身而出，用实际行动来维护正义，伸张正气，集中反映出广大干部群众舍己救人的高尚品质，体现了社会主义的精神面貌，也突出展现了全市人民的精神面貌。他们是时代的楷模，是我们学习的榜样，更是全市人民的骄傲。我们表彰奖励见义勇为的精神，就是要倡导见义勇为的大无畏的精神，这是建设"平安××"和维护社会稳定的需要，更是一种弘扬正气，振奋民族精神，建设社会主义和谐社会的需要。

在我们不断建设小康社会的同时，经济建设也在快速发展，近几年已经取得了不错的成绩，这些成绩的取得与人民群众的不懈努力是密不可分的。但是我们依然要创造一个良好的社会治安环境，如果没有稳定的治安环境，什么都实现不了，同时取得的成果也会受到损失。当前××正在全面地建设小康社会，这是一个关键的时刻，维护社会的稳定任务依然十分艰巨，因此，我们更应该充分地认识到弘扬和培育见义勇为精神的重要性和紧迫性。坚持弘扬和培养见义勇为精神，是构建社会主义和谐社会的重要内容，而见义勇为的行为正是一种道德高尚和伟大民族精神的集中表现。学习见义勇为的精神，弘扬社会的正气，对于我们抓好稳定的工作，有着十分重要的意义。我们应该高举见义勇为的大旗，为构建社会和谐提供强有力的保证。

见义勇为是一种高尚的品质，我们要大力弘扬见义勇为的先进事迹，大力宣扬见义勇为的精神，鼓励更多地人关心、爱护、支持见义勇为的行为，激励人们更多的加入见义勇为的行列，成为构建和谐社会的标兵。同时，要进一步健全和完善社会的奖励制度，做好切实的工作，为见义勇为者解除后顾之忧，逐渐形成鼓励、支持见义勇为的行为机制。维护社会的和平是一种神圣的事情，一方面需要依靠国家机关，更重要的还是依靠广大群众的支持和鼓励。让大家充分认识到见义勇为的意义，形成一种良好的治安管理，为

长期稳定发展打下良好的基础。

同志们，在建设和谐社会市场的经济新时期，大力弘扬见义勇为的精神，弘扬社会的一种正气，这不仅是维护社会的发展需要，也是建设和谐社会的需要。各级部门人士要积极行动起来，宣传典型，弘扬先进，为全面建设小康社会做出更大的贡献。谢谢大家！

范文二：市委在追悼见义勇为模范表彰大会上的致辞

致辞人：××市委领导

致辞场合：追悼见义勇为模范表彰大会

在场人物：市委领导、各界人士

各位领导、同志们：

大家好！××年××月××日，是一个我们应该永远铭记在心的日子，这一天我们的××同志为了救助山火而不幸身亡，献出了他年轻的宝贵生命。今天，我们在这里隆重地举行追悼××"见义勇为英雄"表彰大会。这是一次告别英雄的大会，也是一次表彰大会，更是一次弘扬见义勇为精神、深入开展学习××同志先进事迹的动员会议。我谨代表个人向××同志表示致敬，同时也向××同志的家人表示崇高的感谢之意！代表市委、市政府，向××同志见义勇为的精神表示崇高的敬意！

在近几年里，我市不断涌现出可歌可泣的英雄模范。他们用自己的实际行动来帮助别人，见义勇为，用青春的热血谱写了英雄的赞歌，他们的事迹将永远载入史册！我们要引导广大市民干部们学习他们奋不顾身的大无畏精神，树立强烈的社会主义正义感，而且倡导全社会建立见义勇为的良好风尚。学习他们乐于助人、奉献社会的高尚情操，多为人民做好事，共同伸张社会正义；也学习他们临危不乱、无私无畏的英雄气概，充满热情和高昂的斗志投身在我市经济社会的各项事业中。通过开展这项表彰大会，来宣传教育感染广大观众，激励更多的人们加入到见义勇为的行列中，全面营造建设文明的浓烈气氛。

见义勇为是一种宝贵的精神财富，要全面建立见义勇为的激励制度，对见义勇为的楷模和他们的家属们给予特殊的关怀和照顾。在精神上、物质上给予关爱和善待，把党和政府的关怀和温暖传达给每一位见义勇为的楷模。同时，做好见义勇为的全面保护工作，既是党和政府义不容辞的责任和义务，同样也离不开社会各界的关心和支持。我们要积极主动地参与到见义勇为的行列中去，积极为见义勇为的事业献出自己的爱心，共同营造一种和谐的社会环境。

同志们，见义勇为的精神是伟大的，见义勇为楷模英雄事迹感人至深。我们坚信，××同志为人民利益舍身救助人民的优秀品质和崇高精神必将成为全社会的共同财富，必将激发全市的人民拼搏创新、艰苦创业、争当优秀楷模，以一种高昂的斗志投入到各项工作中去！谢谢大家！

6. 领导在突出贡献表彰会上的致辞范文

突出贡献就是为了国家的发展而不计较个人的损失和利益所做出的贡献。还有一些表现在中小型的企业之中为了企业的发展而做出贡献。国家对于突出贡献的人物进行表彰，使之能够再接再厉，更好地去宣传这种精神。

范文一：公司领导在突出贡献技术人才表彰大会的致辞
致辞人：××集团的董事长
致辞场合：××集团技术人才表彰大会
在场人物：××集团全体职工
各位员工、同志们：

大家好！今天是一个重要的日子，我们大家齐聚××，召开公司××年突出贡献技术人才的表彰大会，表彰在这一年以来为公司的发展做出无私奉献的优秀党员和突出贡献的技术人才。参加这次会议的有各级党政领导、总工程师，以及优秀的先进集体和先进个人的代表，还有一些为我们公司做出突出贡献的技术人才。参加这次表彰大会的有老面孔和新面孔，其实正是这些老面孔们为公司的发展壮大做出了很大的贡献，奉献了大好的青春，挥洒汗水，是公司发展的基石力量，奠定了公司发展的坚实基础，我代表公司向你们表示衷心的感谢！同时，也让我感到欣喜的是，在我们公司逐渐出现的年轻的新面孔，他们年轻而富有力量，是公司未来发展的希望，更是公司不可多得的财富力量。把希望寄托在他们的身上，目的就是为了不断地开拓创新，以创新的精神，为公司未来的全面发展插上翅膀！

在这次大会上，所表彰的先进集体、先进个人和突出贡献的技术人才，是公司员工中的优秀代表，更是我们学习的楷模，也是公司的骄傲代表。而今天我们在这里召开表彰会议，其目的就是要在全体员工中进一步弘扬吃苦耐劳的奉献精神，调动广大职工的积极性，推动公司各项工作的发展。

回望过去的一年中，在公司集团的领导下，我们认真贯彻执行国家的方针政策，使公司在各个项目上取得了显著的成绩，同时企业的综合力也得到了进一步地增强，社会信誉也有了新的提高。特别我们转变的观念问题，积极抓住市场开发，树立科学的发展观，不仅让各项目标实现了历史上的新突破，而且在各大地区的市场也逐渐地展开，拓展施工领域的经营战略上的突破。我们一直以来都是信心满满，对公司的未来充满了憧憬和希望，通过不断地努力，我们的希望也逐步变成了现实！

希望今天受到表彰的先进集体和突出贡献的技术人才，在以后的日子中更加严格要求自己，不要骄傲，再接再厉，充满信心和勇气，在各自的工作岗位之中发挥好带头的作用，从而取得更优异的成绩。同时，还需要用自己的实际行动号召全体员工不断地努力。我坚信，全体职工都能够爱岗敬业，积极地发挥自己的聪明才智，为完成公司的各项目标发展不断地努力。谢谢大家！

范文二：在××市财政税收工作突出贡献表彰大会上的致辞

致辞人：××市长

致辞场合：××财政税收系统突出贡献表彰大会

在场人物：××市领导、受表彰的同志们、相关人员

各位领导、同志们：

大家好！在这个充满阳光散发青春朝气的今天，我们隆重地召开××年度财政税收工作突出贡献表彰大会！首先，我谨代表××市委、市政府向今天受到××年度表彰的财政税收贡献的先进单位和先进个人，向你们表示热烈的祝贺！每年按照市政府的基本工作安排，在新春佳节到来之前就争取把各项的专业会议都全部开完。而今天，我们之所以在这里隆重地召开××市财政税收工作贡献表彰大会，就是我们对在过去一年××市财税工作进行盘点工作，以便总结好的经验，吸取更好的教训。其次是认真谋划好今年在财税上的工作，为全市的经济社会能够有好的发展奠定良好的工作基础。

在过去的一年之中，总体看，在财税战线上、在广大干部职工共同努力之下，我市财政工作方面都取得了较好的成绩，在很多方面上都实现了一种前所未有的突破，并且在重点保障工作上也有了突破。去年的各项工作支出，

包括民生的支出、城市规划建设的支出、投资重点的项目支出以及其他各项事业发展的支出都是历史上最大的支出，特别是开发的重点项目和城市建设、民生各项支出，都有较好的资金保障。这是与我市竭尽全力为了经济社会的发展提供的有力保障密不可分的。工作量的加大，并没有影响工作的本质质量。我们在强大的工作力度之下依然保障质量的突破。整个财税工作的效率与以往相比有了很大提高。而且，征税管理方面比较复杂，我们在税收管理的办法上也有很多的创新工作，包括我们的服务水平也有了显著的提高。广大的财税干部们以一种热情高涨的工作态度，作风扎实，训练有素，同心同德，敢于承担艰巨的任务。在面对去年的繁重经济社会发展任务同时，那些财税系统的同志们也做了大量的工作，队伍之间得到了有效的历练，而队伍建设也得到了进一步的提升。我们取得的这些成绩，代表着历史性，同时也体现了我们各部门之间的合作效果。同各个部门之间一起合力攻坚，从不懈怠、不推诿，从而使整个工作的进行都非常顺利。特别是在年底的最关键时刻，各位同志们依然加班加点，紧抓进度，尽全力地使财政资金入库，这样才保证我们今天能够取得这么辉煌的成绩。

我们能够取得辉煌的成绩，也充分体现了财税战线的广大干部职工们高度的敬业精神和拼搏精神，市委、市政府对全市财政工作更是非常满意。为此，我代表市委、市政府，向在全市财税系统干部职工、非税收入征管工作人员和全市广大财务工作者们，以及在财税工作之中有突出贡献的纳税人和纳税大户，表示衷心的感谢和诚挚的问候！

在看到成绩的同时，我们更要正视差距，并进一步明确主观的方向和奋斗的目标。我们市经济工作的成果和质量最终还是体现在财税方面，如果财税工作抓不好，那么我们的收入就增加不了多少，老百姓的生活也就没有显著的改善，而城乡之间的面貌更是改变不了，想要发展更大项目建设更是不会有所成就。所以说，各位同志们对待成绩要有一种充分的估计，对差距也要有更清醒的认识。

从当前的形式来看，我们的财税压力仍然非常大。我市市场经济总量较小、产业结构不优、而且自主创新的能力也不强、各个项目的发展不快等方面都很不完善，而且这些显著的问题还都没有得到明确的改善，而国家也明确继续实行结构性减税，对部分小型微利的企业实施所得税优惠政策方针，实施一种有利于节能减排、环境保护和增加就业的税收优惠政策，实施保障性的住房建设优惠政策，以进一步地推进个人所得税改革，从而加大了收入工作的难度。虽然在今年增加了几亿元的财政收入，但我们需要办的事情还有很多，工作上的任务更重，而大家也要充分认识到这一点。所以，各位一定要认真对财政工作再认识、再努力，争取把今年的财政工作做得更好。

大家要知道，没有财源就没有财政收入。而财源又从哪里来，主要还是项目的开发，企业的强大。如果企业能够发展得很好，如果项目谋划得好、建设得好，随之财源就会滚滚而来，这些也都是基础。我们要把现有的企业、现有的财源扶持好，做到更加的强大。而今天在座受表彰的企业家们，也都是我们市多年以来支持、扶持发展起来的。各级政府、各部门要以一种更大的热情、心血和精力进行投入建设，精心地呵护、大力地扶持这些企业的快速发展，用真心去倾听企业的呼吁，认真地发展企业，有需要政府帮助解决和协调的工作，政府一定配合。放手支持骨干企业融通资金、占领各大市场、扩大强有力的销售计划，促进各个骨干企业培育的核心竞争力，上最有强项的项目工作，不断地扩大市场的生产，使财政方面收入不断地持续增长。对这些大型的企业之间，要最大限度地给予扶持工作。大家要解放各种思想的压力，以改变过去对民营企业的偏见和错误认知，认为民营企业根本不需要政府给予大力支持。在现在来看，有许多支持民营企业的政策和方针，大家一定要把这些政策争取到位。各位企业家们也一定要增强和扩充对这些政策的认知，以多方面的元素了解一些关于国家的政策，与政府之间形成一种互动，尽全力一起把企业发展得更好。

现在市场随着财政工作的不断精细、科学化、绩效化对于管理的力度也是逐渐地加大，这样就会必然触及各个部门之间的利益，大家要多从战略和全局的高度方面考虑问题的关键，对于财税部门的工作给予最充分的理解，以自觉的支持、配合和促进财政增收的节支和管理的优化方面。而我们广大的财政干部们还要有品德，对政治的品德、精干的程度要有一种较高的认知要求。要继续深入地开展行政工作的监察和绩效考核，对内工作要政令畅通，对外工作要改进服务的质量，以提高工作的效率，做到最切实地提高依法治税的水平。

各位同志们，要做好财政的工作，以确保今年的市政府提出的各项任务目标的实现，也是实现全市的经济社会进一步跨越发展的关键所在。让我们以科学发展为主题中心，围绕中心工作，服务大局，不断地开拓进取，以一种扎实稳定的工作态度，不断地开创出财政工作的新局面，为了建设富裕、文明的××市做出新好更大的贡献！

最后，祝愿各位同志们在工作中不断进取，不骄不躁，继续成为突出贡献的先锋，一起为创造更文明的××市而努力奋斗！谢谢大家！

7. 领导表彰抗险救灾单位和个人的致辞范文

社会是一个大家庭，当国家成员遭受灾难的时候，一些单位和个人都会伸出援助之手来帮助我们共同的家园，使其能够渡过困难。当这些单位和个人做出贡献的同时，各级政府会对这些单位和个人的贡献做出表彰，让他们能够继续为社会的发展做贡献，同时鼓励社会人士学习这种精神。

范文一：领导对红十字会抗险的表彰致辞

致辞人：××领导

致辞场合：××抗险救灾大会

在场人物：××各级领导、社会各界人士

尊敬的各位领导，以及来自社会各界的朋友们：

你们好！感谢各位在百忙之中抽身参加今天的抗险表彰大会！我代表××市的红十字志愿者团队的全体志愿者向参加这次大会的爱心人士表示崇高的敬意，还有对您的家人所做的善意之举表示感谢。同时，也在此向遭受了灾难的各地同胞们表示诚挚的慰问。

××红十字志愿站于××年××月××日成立。在成立的时刻，就奠定了"凝聚人民的力量，服务于社会"的理念，并逐步展开了多个项目的志愿活动。在××年××月××日的时候××红十字志愿站开始组织抗险的队伍，是志愿服务站成立以后组织的最大一次大型活动。当时参加活动的志愿者多达××人。在那次抗险之际，××红十字会的志愿者共同捐赠了××元人民币，并将募捐的全部金额汇往受灾地区。而且在灾难过后，重建家园之际，××红十字志愿站所有志愿者为灾区又募捐了××元人民币。这一举动有力地支持了灾难过后重建家园的工作，为重建家园的工作做出了新的贡献。不仅如此，我们××红十字志愿者也积极地投入到无偿献血的事业中，在这些志愿者中有一半多以上是无偿献血者，而且多数是获得国家级的奖牌等等。在志愿者服务站的组织下，先后共同成立了无偿献血的宣传工作的小组织分队，对献血者提供有力的服务。参与宣传献血手册的发放等一切的幕后工作。

更让广大的群众朋友们了解了无偿献血的意义，逐渐走进无偿献血的行列。通过志愿团队的积极工作，从而极大地推动了我市无偿献血事业的发展。

从××年开始以来，红十字志愿者服务站就着手进行志愿者救助小分队的筹建之中，先后选派了多名志愿者前往××红十字会，进行应急的救助活动的培训工作。并且在××开办了多场救助演习活动培训。更加普及广大群众的急救常识和相关知识。让广大群众更有能力地预防各种突发状况，防止各种不必要的伤害。同时，志愿者也在学校等地讲解各种急救的概念和意识，突发灾难的紧急处理，火灾地震的应急等知识，得到了社会的认可和百姓们的一致好评。也为我市的应急工作开展奠定良好的基础。××红十字会志愿者们还积极地投入到贫困家庭的救助活动中去。多次组织志愿人员走上街头进行募捐。并且帮助一些医疗机构，解决家庭的后顾之忧。针对××的一些贫困学生，志愿者们又建立了组织，进行贫困学生的走访和调查以及资助。这一模式的实施，为我市贫困学生的教育展开了一条新的途径。

同时随着志愿者人数的持续增加，志愿者活动领域也在不断地拓展，××市政府也给予了高度的重视和强有力的支持。在××年××月××日的时候，及时成立了××红十字志愿者管理中心。这标志着××志愿者的工作，已经进入了一个崭新的阶段，为我市的志愿工作推向专业化，规范化方向发展奠定了良好的基础。

社会在不断进步，××也在不断地发展中，我们××不但要在创造物质上的发达，更重要建筑高尚的道德精神。传承志愿者的精神，是中华民族道德修养的集中体现和新的发展思维。志愿者也是社会主义核心价值体系的重要组成部分。××让我们的世界变得更温暖和满足，我们也将自己的爱心和行动描绘成一道美丽的风景。

无悔的服务是一种精神，你我大家同在，共同构建美好的家园！谢谢！

范文二：集团领导对抗险先进集体以及人员的表彰致辞

致辞人：××集团的董事长

致辞场合：对抗险先进集体以及人员的表彰大会

在场人物：××集团的领导、省级领导人、全体职工

尊敬的各位领导、同志们：

大家好！首先我谨代表个人对参加今天表彰大会的各位同志们表示感谢！今天是一个隆重的日子，我们满怀期待豪情和欣喜，隆重地召开了抗险表彰大会，全面总结××抗险救灾的有效做法和成功的经验，表彰先进的集体和

第五章 表彰致辞，热情洋溢多夸人

个人，进一步弘扬中华民族的优秀传统和广大群众抗灾的精神，激励全体干部职工人员，深入贯彻落实科学发展观，把南方××做到最强大，最优秀。

相信大家面对这场突如其来的重大灾难，都感到惊恐万分。但是在面对灾难之际，在党中央、国务院的正确领导和亲切关怀下，在各级地方政府、人民军队以及社会各界人士的帮助下，我们××人民以坚定的信念和高昂的斗志、无言的激情，与残酷的冰雪之间展开了艰苦、不屈不挠的战斗，克服了难以想象的困难，经受住惊心动魄的考验，谱写出震撼人心的抗灾壮歌，同时，也涌现出了很多可歌可泣的感人事迹。广大干部职工的战斗，无数人民的不断努力，大家都干得非常出色，我们刚刚表彰的一些先进集体和先进个人就是其中的代表。对此，我代表公司党组，向全体的干部职工表示感谢！向这次受到表彰的先进集体和先进个人表示热烈的祝贺！向各级的政府、社会各界的新闻媒体表示衷心的感谢！同时，我们也同样为这次因公殉职的几位烈士表示沉痛的哀悼，向他们的家属表示真诚的慰问。

在灾难到来之际，我们的职工们临危不惧，紧急动员，不为艰险，勇往直前，一起来共同面对灾难。我们认真地贯彻落实中央的部署要求，始终保持清醒的头脑，沉着冷静，准确判断，指挥得当，每一步都抓住关键、抓住时机，做出正确合理的安排。这是斗智斗勇的战斗，关系生死的战斗，充分体现了我们的智慧和勇气的力量。在整个抗险中展现了我们的英雄气概，展现了我们的智慧和能力、顽强的精神，展现了我们一起团结、顽强拼搏面对困难的风范。经过长时间的日夜奋斗，共同团结和努力，我们终于战胜了困难，取得了全面性的胜利。现在的我们可以很自豪地说，我们没有辜负党中央、国务院和人民群众的期望，提交了一份满意的答卷。我们很自豪地生活，我们用心血和汗水报效了国家、服务于人民的建设，更××迎来了美好的春天。

灾难的到来让我们失去大量宝贵的物质，但是通过全体职工干部们的艰辛努力，让我们成功地化解了一场巨大的危机，坏事变成了好事，让我们积累了宝贵的精神财富，有了更多的收获。让我们了解到职工之间的团结互助，不断地坚持和努力，不畏惧困难的艰辛，这是一种宝贵的财富，我们依靠团结会更加的奋斗。

虽然我们取得的战果是辉煌的，但是不能够依靠过去的成绩，陶醉在过去的氛围之中，我们现在更应该深入地进行总结和反思。只有每一次的总结，才能够不断地提高，只有不断的反思才能进步，才能让我们向前发展，走得更远、更美好。这次的抗险给我们带来了很多意想不到的课题，值得我们进

行深入的研究和思考的。

广大同志们，我们经历了死里逃生的灾难，但是灾难让我们变得更成熟坚强，因为有了同甘共苦，我们才能更加团结在一起。我们要坚持以科学的发展为指导思想，全面性地实行方针，弘扬抗险的精神面貌，励精图治，不断地开拓创新，进行扎实的工作，努力实现公司的发展，不断地把××公司做到最大最强，牢记国家的战略方针，为建设小康社会做出更大的贡献！谢谢！

8. 领导在年度优秀干部和职工表彰大会上的致辞范文

每年的年终，领导们都会对各个企业一年的工作做总结，来表彰在一年的工作之中表现优秀的干部和职工们，让他们在受到表彰的同时能够再接再厉，继续发扬为企业为国家着想的精神，同时带动员工们能够发扬优秀职工的精神。

范文一：××市环保局年度优秀干部和职工表彰大会上的致辞

致辞人：××市环保局局长

致辞场合：环保局年度优秀干部干部和职工表彰大会

在场人物：××市环保局领导、一些相关人员

各位领导、同志们：

大家好！

万象更新，伴随着新春欢闹的气息，今天我们在这里隆重地召开××环保局机关优秀干部和先进的职工表彰大会！这次会议的召开对我局来说是一次非常重要的会议，意义非常重大，这次会议的召开，必将载入到史册。在此同时，我谨代表××市对年度受到表彰的优秀干部和职工们表示最热烈的祝贺！

众所周知，××年可以说是我局最不平凡的一年，这是巩固过去坚实基础的一年，是完善环保局机制充满活力的一年，是提升环保质量取得成功的一年。今天我们之所隆重地召开表彰大会，就是要以表彰的形式来肯定我们

的成就，肯定大家的无私奉献的精神。说句实话，在这一年之中，在座的各位同志确实是付出了自己的心血和汗水，而且全局的干部职工们也都付出了很多努力，尤其是在今天受到表彰的优秀的干部和职工们，你们的表现更为突出，更加令人致敬，局党组衷心地感谢你们的付出！你们应该受到尊敬和表扬！在今后我们要加大力度不断完善目标责任制，以完善各种考核的机制，就是要以奖勤罚懒的制度，就是要树典型、树立新标兵，就是要倡导一种你争我赶、干一流的工作、创一流风气的氛围，把我们的环保局工作打造成全市的强大队伍，从而走在新时代的前列！

而在这次受表彰的干部和优秀员工的提升，是环保工作形势任务的需要，也是干部人事制度改革的需要，对内部干部岗位结构变化的切实需要，以真诚来回报大家意愿的需要，更是一种对我局事业发展的需要。从今天开始，大家要以一种使命的心态，认真地承担任务，认真地履行工作的职责。我们要正确看待自己的升迁，珍惜自己的特殊岗位，对待自己的同志要互帮互助，利用这种搭建好的平台，来发挥自己的最大的作用，并展示自己的能力和才华，尽全力实现自己的人生观价值观。

我们要知道，善于学习才是一种美德。我们要把学习作为自己终身的职业来对待，做一名学习型的好干部。通过不断地学习，可以让你们获取更多的信息，增长知识，开阔更广阔的视野，陶冶情操，以培养和提升自己的思维能力。而学习对于一个人的成长进步尤为重要，尤其是对于提高自身的综合素质，要做好自己的本职工作更为重要。在现在的社会中，随着知识经济时代的到来，随着知识不断地迅速崛起，倘若你玩物丧志，不去认真地学习，经常忙于事务，不勤奋学习，不求甚解，那么对于你个人进步必然会落后于他人的发展中，工作能力和水平必将滞后于实践的需要。所以，我们各位应该要做一位善于学习的干部。要在不断提高学习能力自觉性上努力下功夫，把努力学习作为生活之需，工作之需和成长之需。能够把工作和学习紧密地结合在一起，做到相依相伴，随影不离。

同志们，今天受到表彰的先进单位和个人，你们是××环保局广大干部职工的优秀代表，是在不同岗位上起到率先作用的带头人物，是不断推动我市环保事业的排头兵。在过去的一年中，各位同志靠自己一种纯正朴实的人格魅力，崇高实干的工作作风，无私奉献的忘我精神，在自己的工作岗位上努力做出了突出的贡献，同时赢得了大家一致的推崇和好评，受到大家的尊敬和爱戴。你们为××局里近××名的干部和职工树立了先进学习的好榜样，好标兵，理所应当受到局党组的表彰。同时，也希望你们能够在今后的工作中一如既往，奋发图强，积极向上，能够再次立下战功！希望你们在以后的工作之中不断地深化自己的思想，认真端正自己的态度，不断锻炼自己的应变能力，不断提高自己的行为素质，不断增强自己的体质，不断奉献自己的力量。要以真正学习来促进生活，以实干精神来共谋发展，以共同团结来获得一次次的成功，以干净来树立自己的形象，不断地开拓进取，奋发向上，为铸就××市环保事业的辉煌做出更大的贡献！谢谢大家！

范文二：××矿党委在年度优秀干部和职工表彰大会上的致辞

致辞人：××矿党委领导

致辞场合：年度优秀干部和职工表彰大会

在场人物：××企业领导、受表彰的同志、一些相关人员

尊敬的各位领导、同志们：

大家好！在这个万象更新之际，我们在这里隆重地召开××年度优秀干部和职工表彰大会。我谨代表矿党委向今天在此受到表彰的优秀的干部和职工们表示真挚的祝贺！你们是工作先锋的代表，你们是不畏惧艰苦，努力奋进的代表，你们是党和人民的骄傲，你们是伟大职工干部的骄傲！

回顾一年以来，××全矿干部群众在艰难的煤海中忠诚敬业创佳绩，以一种诚信服从求进取的原则，为煤矿的事业创造了这么多年以来最高的成绩，从不畏惧艰辛和困苦。为了能够让矿产水平提高，多少个日日夜夜，多少次的惊险，你们都依然地战胜，为集团公司年产值创造水平目标的实现，为实现千秋跨越式的大发展做出了积极贡献。为此，我再次代表矿党委向一年以来不畏艰辛努力奋战的全矿的党干部和优秀的职工们，以及各位的家属们表示崇高的敬意和衷心的感谢！

一年以来，我矿根据最实际的情况制定了有效的管理办法，确定了一种建设团队队伍，以科技来发展矿业，开始严格的管理制度，狠抓落实的工作路线，逐步地开展了建设学习型企业，争当学习型职工活动，提出了诚信服从的方针，忠诚敬业的管理理念，将个人价值观与企业的发展紧密地结合起来，适时提高工作业务技术骨干的待遇。我们通过组织的培训，更好地提高了职工队伍的素质技能，实行各个项目活动的开展以激发全矿干部的工作激情，更好地促进了文明建设的健康发展之路。

一年以来，我矿党委认真贯彻和落实以安全生产为第一，预防为主的战略方针，集中精力紧抓安全措施，增强基础的知识，搞好培训项目，以严肃认真的指导思想，以落实各级安全生产责任制度为首要的保障，以深化各项

的安全管理制度为首要手段,以狠抓管理制度为重点,全面展开各项教育活动。并且牢固地树立广大干部职工的安全生产第一,稳定责任的新理念,为生产安全无事故,起到了根本性的作用。

在今年,我们以分步实施的方式解决了一直以来困挠职工群众多年的困难工程,切实地了解问题关键,在井下实施了简易的工作,这样减轻了职工的劳动强度;购进一种通勤车,接送职工上下班;修建楼层改变区队办公的各项困难条件,投入职工文体活动的建设,从而丰富广大职工群众的业余文化生活等。用最真诚的爱心激发广大职工干事们创业的热情和激情,至此××全矿呈现出同心同德的进取面貌,一起来共筑矿业的新辉煌和新的精神风貌。

所谓有一分耕耘,就有一分收获。取得好的成绩,就是因为我们有一个坚强有力的领导团体组织,有一条"以人为本"的好思路道路,有一支不断勇于进取的好队伍,有一套完善科学建设的好制度,有一种狠抓落实的好作风状态,有一个肯干、肯创业的好氛围。

我们回顾过去我们种种豪情,和信心百倍地展望未来,使我们充满了力量。同志们,让我们紧紧围绕不断地创新和辉煌成就奋斗目标,以一种严格治理矿场,综合方针管理,科学的发展观政策,来更全面地提高我们的工作思想,与时俱进,共同地发扬成绩,共同地拼搏进取为了公司百年以来跨越式的发展,为了伟大的宏伟目标的实现,一起再接再厉,再创辉煌的战绩!谢谢大家!

9. 领导在纳税先进单位表彰大会上的致辞范文

税收是国家的一项规章制度,我们只有保障税收工作的完整性,才能够实现社会的稳定发展。而国家也对税收有一定的政策,表彰那些纳税先进单位,使其能够积极纳税。经济的发展需要与税收工作紧密结合,同时也需要向更多的企业人士宣传纳税的政策,只有税收工作的稳定,才能够保证国家的快速发展。

范文一：市领导在纳税先进单位表彰大会上的致辞

致辞人：市级领导

致辞场合：××纳税先进单位表彰大会

在场人物：市级领导、各企业的代表、各界嘉宾

尊敬的各位领导、同志们、朋友们：

大家好！今天阳光明媚，焕发朝气，是一个不错的好天气。都说好日子有好彩头，而今天就是一个喜庆的日子。我市××年度纳税先进企业以及先进个人的表彰大会在此隆重地举行。而今有××多位同志和××家企业获得"××年度纳税先进个人"和"××年度纳税先进企业"的荣誉称号，也算是市委和市政府对这些企业和个人对我市经济建设的发展和税收工作支持的一种高度认可，在此，我也代表市委、市政府对获得称号的个人和企业单位表示热烈的祝贺！希望这些企业单位和广大群众以此来更加积极工作，共同促进社会的发展。

然而，在座的每一位同志们，取得荣誉只能说明过去，是对过去工作的总结，我们还要贯彻和落实省委、省政府，市委、市政府的战略方针，并要再次确立××全省税收模范单位的地位，再创辉煌的成就。在以后的奋斗中，摆在我们眼前的任务依然十分艰巨，希望在这次取得荣誉的同志们不要骄傲和浮躁，勇往直前，让你们的事业更加辉煌，再创胜利的喜悦。同时，也希望你们能够充分发挥模范带头作用，模范执行国家的税收政策，做到诚实纳税，依法经营管理，为我市的经济发展做出更大的贡献。

最后，让我们以热烈的掌声再次为模范标兵鼓掌，祝贺他们获得傲人的成绩；也祝福这些令人尊敬的企业和个人代表再创辉煌的成就，祝福他们的家庭幸福美满，身体健康。谢谢大家！

范文二：省地方税务局对纳税先进的表彰致辞

致辞人：省地方税务局领导

致辞场合：纳税先进单位表彰大会

在场人物：各级领导、社会各界人士

各位领导、同志们，社会各界的朋友们：

大家好！今天，我们在这里召开表彰会议，隆重表彰××年度"纳税先进单位""组织收入先进单位"。首先，我谨代表××省地方税务局对受到表彰的先进企业和先进的市县表示衷心的祝贺！并且向为全省经济社会发展做出卓越贡献的广大纳税人表示衷心的感谢！向在征税第一线的辛勤工作的广大税收干部们表示亲切的问候！

在刚过去的××年中，是近几年以来我国经济发展最为困难的一年，在这一年之中国际经济危机给我们国家的经济运行带来了前所未有的压力，也使我省的经济遭受到严重的冲击。为了应对这些危机，党中央国务院以果断的决策，从容不迫地应对问题，及时地出台了一系列的宏观调控的政策。同时，省委、省政府认真贯彻落实这些政策，扎实稳定工业、狠抓投资、大力促进消费、调整经济结构。使广大税收人坚定信心，迎难而上，化解种种危机，积极地改善经营方针，适时地调整税收政策，带动了我省经济的稳定回升，为我省税收跨进做出了卓越的贡献。全省各级地税收机关迅速的行动，坚持抓纳税服务的发展，大力实施科学化、专业化管理，积极展开税收政策的宣传活动，并且深入企业、了解企业的经营困难，主动出主意，帮助企业一起想办法，共同渡过难关，提高企业发展的勇气。在今天受到表彰的纳税先进单位企业和先进的个人就是全省纳税人和地方机关企业的典型代表。

这些受到表彰先进企业，分布在不同的行业和地区，都是本行业发展的领头羊，都是在本市有着较大的影响力和社会责任感、诚实守信的楷模，在自身发展遭到严重威胁的情况之下，用企业的实际行动承担依法纳税、贡献财富的社会责任感。你们是全省经济社会发展的脊梁，是××省经济发展的强有力的主力军！我们之所以评选和表彰税收先进企业，其目的就是为了充分地肯定这些企业和个人，对地方税收和全省经济社会发展所做出的卓越贡献，大力弘扬一种依法诚信纳税的精神面貌，从而全面推进和谐税收的建设。希望受到表彰的企业继续发挥主力军的作用，努力提升自主创新能力和自我发展的能力，为推动我省经济快速发展，贡献更强大的力量。希望广大的纳税人自觉把依法诚信纳税作为一种最宝贵的资产和企业的信誉，进一步加强税收法律规则和政策的学习，不断地增强税收的法制意识，认真履行依法纳税的义务，为了建设××省做出新的贡献。

这次受到表彰的纳税先进的单位，在严峻的考验面前，牢牢记住"聚财为国，执法为民"的使命感，坚持依法纳税、科学管理，优化服务、促进发展，在十分艰难的困难面前，实现了税收的持续增长。正是这些机关的共同努力，我们才实现了税收的增长目标，为增强政府公共服务能力提供了坚实的财力保障。我们评选表彰优秀先进单位，就是要充分地发挥先进单位的示范作用，大力弘扬依法纳税的使命精神，进一步激发全省税收工作的热情，努力提高在复杂形势下做好税收工作的能力。希望受表彰的先进单位能够不骄不躁，继续发扬成绩，更加努力地工作，在新一轮的起点上创造更辉煌的

1. 领导在企业上市答谢股民会上的致辞范文

所谓答谢，其实就是报答别人的恩惠或者款待别人并以示谢意的活动。在现实生活中，有多种答谢内容以及答谢的方式和方法。在企业上市获得成功时，企业领导最应该答谢的便是股民，而这个时候，企业领导就应该代表企业表达对股民的感谢。

范文一：××公司董事长代表首批创业板上市公司答谢股民会上致辞

致辞人：××公司董事长

致辞场合：首批公司创业板上市答谢会

在场人物：××公司的主要领导人、员工和××公司的所有股民以及各界人士

尊敬的各位领导，各位代表，女士们、先生们：

大家好！

非常荣幸能够代表我们××上市的企业在这次答谢宴上为大家致辞。首先我要感谢的是××、××为××公司首批创业板上市公司所付出的艰辛和努力，感谢××公司的所有股民多年来对公司一如既往地关心和支持，还要感谢各级政府对创业板的关心和帮助。

在中国，中小型企业的健康发展是国家稳定的基础，而创业板的上市无疑是国家对中小企业成长的大力支持。创业板是科技创新的技术与资本的有机结合。它可以为企业创新做出巨大贡献，同时也能提高企业的创造力。更重要的是通过创业板可以规范企业管理，提高企业的品牌形象，提高企业团队的凝聚力和企业的核心竞争力。由此，创业板的上市无疑承载了所有产业界和投资界的热切期盼和美好憧憬。

今天，是创业板即将开市的时刻，××公司有幸与首批在创业板上市的公司一同上市，其主要功臣就是××各级政府的和××公司广大股民，谢谢你们的倾力帮助和支持。从上报资料开始，到和××家企业共同上市，短短几个月的时间，××公司完成了制订各项计划与目标，也让我们亲身体会到

了每一个股民对××企业辛勤地付出和无私地奉献,我们看在眼里,感激在心。在此,我代表××公司向广大股民致以崇高的敬意和诚挚的感谢!

我们深知,首批创业板上市公司的表现,将会对今后的市场发展起到很重要的作用。因此,我们一定要安全规范、认真履行信息披露义务,切实地做到诚实守信。只有这样,才能够不断地提高××公司在市场上的竞争力,把企业做大做强,从而创造良好的业绩来回报社会、回报股民。我们相信××公司与××家企业的成功上市,一定会给中小企业带来新的动力和新的发展希望。只要依靠科学发展,凭借着资本市场的力量,创业板一定成为创业型、创新型、创造型中小企业发展的助推器,为××公司以及××家上市企业健康发展做出贡献。

最后,我再次祝愿××公司开市大吉,祝愿所有股民身体健康,万事如意!

范文二:××公司董事长在××公司上市挂牌答谢会上致辞

致辞人:××公司董事长

致辞场合:××公司上市挂牌答谢会

在场人物:××公司主要领导和员工,以及各界人士

尊敬的各位领导、各位来宾、女士们、先生们:

大家好!

非常荣幸能够请到大家,感谢各位能在百忙之中抽空参加××公司的上市挂牌仪式。在这个激动人心的时刻,我代表××公司的全体员工,感谢多年来一直支持和帮助××公司的各位领导,同时也感谢公司全体员工的团结和多年来的共同拼搏,更要感谢投资××公司的广大股东。

经过了十几年的努力,如今××公司终于发展成为上市的公众公司。××公司如今的地位不仅是社会对××公司的认可,也是在座各位的共同努力和辛勤劳作的成果。这一次的上市是××公司发展过程中的里程碑。我们要非常珍惜××公司进入资本市场发展的机会,认真做好公司的主要业务。除了严格按照上市公司的要求来规范管理之外,还要提高公司的核心竞争力和企业的盈利能力,从而加快公司产业规模化并打进世界国际市场,从而获得更大经济效益。虽然这项任务对我们来说责任重大,但是为了给广大股民带来满意的回报,我们一定不会辜负广大股民和各界领导对××公司的信任和期望。

现在的××公司会依靠科学的技术和资本杠杆的力量,继续发挥××公

司诚实守信、务实奉献的企业精神，保持稳健有效的经营理念，将公司所有的产品和项目做精、做大。××公司将为国家的富强和社会的和谐发展做出应有的贡献。

最后，我再次感谢××公司广大股民的支持和关心，谢谢大家！

2. 领导在答谢新老客户会上的致辞范文

答谢其实主要的意义就是向他人表达自己的感恩之情。在生活中，每个人都有可能受到周围人的恩惠，对于这些恩惠或许我们不会在意，但是对于具有盈利目的的企业来说，在受到客户的恩惠时，就需要对客户进行答谢，以示感谢。

范文一：××房地产公司总经理在××房地产答谢新老客户会上致辞

致辞人：××房地产公司总经理

致辞场合：××房地产答谢新老客户会

在场人物：××房地产公司主要领导和员工，以及各界人士

尊敬的各位来宾、各位朋友：

大家好！

在这阳光明媚，百花争艳的时节，我们××公司全体员工和社会各界人士共聚一堂，在此隆重举行新老客户答谢会。首先我代表××房地产公司的所有员工向广大业主和朋友表示深深的谢意，祝大家身体健康，万事如意！

××房地产公司所建的××庄园，其总建筑面积达××万平方米，是××市最大的商业化生活建筑群。××房地产公司本着"适时、适势打造适合人类居住的环境"这一开发理念，对整个地区进行了环境改造和整治，并在这个商业化生活建筑区进行全面绿化和升级改造，打造三横两纵交通带。我相信，日后我们将会为后人留下一条枝繁叶茂的林荫大道，惠及后代。

××庄园自××年开发到今天，已经接近××年的时间了。在这么长时间中，××庄园得到了社会的广泛认可，在××年，××庄园获得"××花园社区"的奖项。现在，我郑重地宣布一个振奋人心的消息：我公司决定将

现在××路上的××余万平方米的所有商业面积全部自持，并将这个地方用来打造集现代艺术和古玩、集各种文化于一身的艺术区域。××房地产公司承诺××公司用近××亿元的资金来全面提升××庄园的区域价值，让所有的业主都能够享受到一个适合人类居住而且充满文化气息的生活环境。在整个××庄园中，我们拓三湖、铸两山，并建立了不同风格的园区，同时，我们在配套方面从生活实际出发，力求为每位业主提供最周到的服务，坚决做到：别的社区能够提供的服务我们都能提供，别的地社区所做不到的，我们还要做到。

现在我们公司正在集中建设具有××艺术风格的建筑。而且会在品质上有所提高和创新。同时，我们还采用全球先进的地源热泵技术，使每个房间不仅可以恒温恒湿，而且节能环保，更适合人们的居住。我们之所以能够有今天这些成就，都得益于在座的各位领导和客户们的帮助与支持。我们期待在不久的将来能够与你们为邻！谢谢大家！

范文二：××保险股份有限公司分公司总经理在答谢新老客户会上的致辞

致辞人：××保险股份有限公司分公司总经理

致辞场合：答谢新老客户会

在场人物：××保险股份有限公司主要领导，分公司主要领导和客户以及各界人士

尊敬的各位来宾，各位朋友：

你们好！首先请允许我代表××保险股份有限公司分公司的所有员工向在百忙中抽出时间光临××保险股份有限公司新老客户答谢会的朋友表示热烈的欢迎！也向一直以来都非常关心和支持我们公司的客户和老朋友表示衷心的感谢！

作为中国国内最大的××保险股份有限公司，××保险股份公司一直是中国××保险市场的领先者。尤其是主营的××保险、××保险、××保险拥有最为知名的××保险品牌。而且拥有最多的客户群体和最大的多渠道分销网络和客户服务支持。正是因为有这样庞大的团体，才使我们××保险股份有限公司总市值高达××亿元人民币以上，成为全球上市保险公司的第××名，向世界展示了××保险股份有限公司作为国际一流保险集团的"王者风范"。

我们作为××保险股份有限公司旗下的一个分公司，应该坚持建设"最具价值、最具品质"的标杆型分支公司。这样才能够成为具有雄厚力量和优质服务的公司，从而成为广大客户信赖和依赖的品牌。如今我们的这个分公司有××个服务部和××名保险代理人，不仅实现了保费××亿元，而且年市场份额已经占××保险市场百分之××以上，并获得了"诚信单位"和"文明单位"的称号。

当然，这些成就的获得是与我们××公司全体员工的不懈努力分不开的，同时，也离不开广大客户的信任和在座各位朋友的支持和鼓励。今天，我们在此举办新老客户的答谢会，不仅答谢客户多年风雨路相伴不相离，同时，也让我们××公司的所有员工更懂得珍惜和感恩现在拥有的一切。××保险股份有限公司如果没有广大客户的理解和支持，××保险有限公司分公司就没有今天这样的成就；如果没有广大客户的关心与拥护，就没有××保险公司分公司今天的辉煌。

因此，在这里我们特此举办了××保险有限公司分公司新老客户的答谢会，答谢广大客户对××保险股份有限公司的支持。回首过去，我们相知多年，我们值得托付。展望未来，我们雄厚的实力，使你终身无忧。最后再次祝愿大家工作顺利，万事如意！

3. 领导在答谢员工会议上的致辞范文

在一个企业中，员工是企业的核心力量。没有员工，企业便没有了生产动力和盈利的能力。因此，对于企业来说，没有员工便没有了企业，所以对于任何企业来说，答谢员工是理所应当的。

范文一：××公司总经理在答谢员工会上的致辞
致辞人：××公司总经理
致辞场合：答谢员工会
在场人物：××公司主要领导和员工以及员工家属
尊敬的各位领导、公司的全体干部员工们及员工家属们：

第六章　答谢致辞，真切诚恳感人心

你们好！

在告别××年之际，在这充满喜庆祥和的日子里，我们全体××员工欢聚一堂，以无比兴奋的心情一起共同迎接更美好的××年的到来。在新年即将到来之际，首先，我代表××公司的各位领导向××公司的所有员工致以新年的祝福！祝愿大家身体健康，万事如意！并请允许我代表公司，向××公司的全体员工致以崇高的敬意，说一声"大家辛苦了"！感谢大家一直以来为××公司付出的辛勤劳动和做出的卓越贡献，更加感谢你们能够来到××公司和我们一起工作、一起生活，为××公司的发展做出巨大贡献。

在这欢庆的时刻，总会让人想起××公司××年以来难以忘怀的时刻。自公司××年创建以来，我们不断地努力奋斗、进步，从小小的××成为今天的××公司，不仅拥有属于自己的××平方米的××车间，和××平方米的××车间，同时在各位员工的共同协助下，实现了一流的××作业方式，通过××作业方式有效地提高了我们的工作效率等等，这些所有的改善都体现了我们××公司员工的智慧。在××这一年里，我们接待了许许多多的企业来我们的公司参观，这不仅充分说明了我们××公司的成绩，也对我们××公司的蓬勃发展充满信心。而且经过这一年的市场竞争以及生产行业优胜劣汰的风暴，我们××公司仍能够在众多公司中屹立不倒，这不仅是××公司全体员工的共同努力，也表示我们××公司的所有员工都是优秀的。在此我再次以公司的名义向××公司一起走过风雨的全体员工表示深深的感谢！

今天，我们仍满怀希望和信心去迎接××年这个充满未知机遇和挑战的一年。未来的一年，任重而道远，但是面对着更为阔的发展空间和更加激烈的竞争环境，我们的××公司，必须继续努力拼搏，这样才能够在困难中求得生存。想要在未来的一年创造更大的成就，就必须全方位提升我们的品质和管理水平，从而创造更好的效益来回馈广大员工更多的福利待遇。我相信，在未来的工作中，我们××公司所有员工一定会团结一致，为××公司的将来能够成为"成就个人事业的平台"而努力奋斗！

最后，我在此祝愿大家新的一年，开开心心，万事如意！

范文二：××公司董事长在答谢员工会上的致辞

致辞人：××公司董事长

致辞场合：新春佳节答谢员工会

在场人物：××公司主要领导和××公司所有员工以及员工家属

尊敬的各位领导，员工同志们：

大家好！

在我们告别精彩而难忘的××年，迎来喜庆祥和的××年的新春佳节之际，我们××公司全体员工欢聚一堂，值此，我代表××公司董事会向我们公司的广大员工以及大力支持和深深理解我们的员工家属表示真诚的祝福和衷心的祝愿！

在令人难忘的××年里，我们××公司的全体员工一直牢记"服务顾客，奉献社会"的企业宗旨，为企业实现了"建设温馨和谐企业，创造幸福美好生活"的战略目的；并持续发扬公司的企业精神，不断创新，努力奋进，圆满完成了公司全年各项工作任务。在这一年中，公司先后建成开业了××连锁店、××连锁店和××连锁店。同时，公司的××总店在大家的不断努力下获得更多的盈利。这一切成就，都凝结着××企业所有员工的辛勤汗水和无私奉献，在大家的共同努力下，我们的企业在这一年中蒸蒸日上，获得前所未有的好成绩。

在过去的一年中，××公司的所有员工为了保证各项工作的有序进行，认真做好本职工作，耗尽心血为企业奉献自己的青春年华，舍小家顾大家，一心扑在工作上，为企业的发展做出了巨大的贡献。在此，让我代表××公司董事会真诚地向大家说一声："××公司的兄弟姐妹们，辛苦你们了！"

硕果累累的××年已经过去，充满希望的××年即将到来。在新的一年中，××公司将实现跨越式的飞速发展，在此我希望××公司的全体员工能够在新的一年中继续努力拼搏，用我们辛勤的双手为××公司托起冉冉升起的太阳！

最后，我再次祝愿大家合家欢乐，万事如意！

4. 领导答谢合作伙伴的致辞范文

在商场中，有很多企业都有着各自的合作伙伴。所谓合作伙伴，其实就是互帮互助以维持企业的成长，共同提高生存能力。两个企业达成合作伙伴关系后，在自身获得较大利润的同时，就要对其合作伙伴进行答谢和问候。

第六章 答谢致辞，真切诚恳感人心

范文一：××机电公司总经理在答谢合作伙伴上的致辞

致辞人：××机电公司总经理

致辞场合：答谢合作伙伴答谢会

在场人物：××机电公司主要领导、××机电公司员工和合作伙伴以及各界人士

尊敬的各位领导，各位合作伙伴：

大家好！

非常感谢各位在百忙中抽出时间前来参加××机电公司答谢合作伙伴的盛会。值此，请允许我代表××机电公司全体员工向给予××机电公司大力支持的各位合作伙伴致以真诚的问候和诚挚的祝福！

回望过去的一年，××机电公司实现了销售高达××台的销售任务，比往年销售量增长了百分之××，而且主营业务收入也增加了××亿元，其中机电产品销售增加了百分之××，装饰收入增加了百分之××。在这些数据中，我们可以很欣慰地看到，××机电公司在过去的一年中，各项收入的增长率都远远高于往年的增长率，且超额完成××年初的目标任务。

通过这些数据，我们可以看出××机电公司的整体变化。而这些成绩的取得，都应该得益于××公司的××精细化管理模式以及高效的执行团队。当然，更重要的是离不开在座所有合作伙伴们的大力支持和帮助。对于××机电公司这一年来的变化，我们是怀着一种感激的心情对待我们的合作伙伴的。正是由于各位的支持和帮助，××机电公司才获得了今天的成就。也可以这样说，如果没有你们的大力支持，便没有如今的××机电公司，更不会有××机电公司的未来。

当然，辉煌只能是留给昨天的，明天我们更要超越梦想。面对如今激烈的市场竞争，我们如何超越，如何做好攀登更高顶峰的准备呢？首先我们要知道，梦想的达成仅靠一人之力是不可能完成的，它是需要靠××机电公司全体员工的努力和在座各位合作伙伴的齐心协力才能获得的。我希望借此次答谢会为契机，加强××机电公司与各位合作伙伴之间的沟通和交流，以推动双方的深化合作，通过合作共同发展，实现共赢！我相信，我们的共同携手，一定能够为××机电公司创造美好的未来！

同时，我也在此祝愿大家身体健康，万事如意！

范文二：××规划设计院长在答谢合作伙伴会上的致辞

致辞人：××规划设计院长

致辞场合：合作伙伴答谢会

在场人物：××规划设计院主要领导和员工，合作伙伴单位代表，以及各界合作人士

尊敬的各位领导，各位合作伙伴：

大家好！

值此新春佳节之际，我们在此隆重举行"迎新春答谢合作伙伴的酒会"。其目的有两个：一个是为了答谢各位合作伙伴的鼎力相助；其二是为了与各位同人、朋友欢聚一堂，共叙友谊。首先，请允许我代表××省××规划设计院全体员工，向各位远道而来的嘉宾表示热烈的欢迎！

在××交通集团的正确领导下，经过这几年院领导班子以及全体员工的共同努力，××规划设计院的内部管理水平有了明显的提高，而且××规划设计院所生产的产品质量也不断提升，品牌优势也越来越凸显，整个××规划设计院内的各项事业都呈现出生机盎然的崭新景象。××规划设计院之所以有今天这样的成就，与在座各位的大力支持与鼎力相助是分不开的！我们的军功章里有也有着在座各位的一半，而我们××规划设计院的发展历史也必将为你们记下浓墨重彩的一笔。为此，我在此对在座的所有合作伙伴表示衷心的感谢和诚挚的祝愿！

回顾××规划设计院过去的几年里，我们一直本着诚实守信，共建共赢的原则，在设计、××、××等多个领域开展广泛的合作，并通过合作取得非常好的成就。通过合作，增进了××规划设计院与各个领域的合作伙伴了解彼此的机会，增加了彼此之间的友谊，也加强了彼此之间技术的交流和合作。更为重要的是，通过合作，使××规划设计院的综合实力得到了增强，各个合作伙伴也得到了迅速成长，彼此的经济效益也都获得了相应的提高。这不仅让××规划设计院和合作伙伴综合实力获得提高，也达到了互利共赢的合作目的。

如今新的一年即将开始，××规划设计院将与在座各位合作伙伴继续共同努力，不断提升战略，创新技术，增强××规划设计院的执行力，争取为我们的合作提供更好更广阔的施展空间。我相信，在我们的不懈努力、共同建设下，××规划设计院今后必定能取得更新更大的成就！

最后，在新春佳节到来之际，我代表××规划设计院全体员工向在座的各位拜个年，祝愿大家在新的一年里身体健康，万事如意！谢谢大家！

5. 领导在小型庆功会上的答谢致辞范文

庆功是对于业绩突出人物的表扬和鼓励，让更多的人士在以后的工作中继续努力，创造更好的业绩，为企业里继续奋斗，创造更美好的未来。

范文一：业绩突出者的庆功会

致辞人：××单位领导

致辞场合：××举行庆功宴会

在场人物：××单位的全体员工

各位领导，员工们：

大家好！在新的一年里，新的气象，我代表公司对××部门做出的卓越贡献的同事们以及你们的家人表示亲切的问候和衷心的感谢！是你们的努力让公司得到更好地发展，你们是公司动力的源泉，我代表公司的全体股东对你们表示衷心地感谢！

回望过去的一幕幕，我们感慨万千，豪情满怀；在未来的日子里，我们内心澎湃，对将来充满希望。我们只有在不断地奋斗中才能拥有傲人的成绩，并使希望成为现实。我们是一个富有想象和创造力的企业，在过去的一年里，××企业的全体员工在工作中默默无闻地付出，无怨无悔，甘于奉献的努力和勇往向前的精神，无论遇到什么样的困难都依然坚守在自己的岗位，为我们公司企业的发展和突破保驾护航。我由衷地对你们说：你们辛苦了！没有你们就没有今天的企业发展，你们是公司的命脉，企业的源泉。

过去的成绩是一种骄傲，过去的辉煌是一种动力，过去的努力凝结为历史；未来是一种希望，未来的辉煌成就还需要靠我们的双手继续去创造。在我们举行盛会，品尝美酒、分享胜利喜悦的同时，还要更加清醒地认识到以后的任务将更加的严重和困难。我们要抓住机会的命脉，迎接新的挑战和困难，以更高的使命感和责任感来推进公司的发展动向和趋势，肩负起历史赋予的神圣使命。公司经过数年的积累，培养了诚信和人才，实事求是的办事作风使我们坚信，在未来的工作中，经过各级主管部门的领导和各位同事们

的顽强拼搏，××一定会茁壮成长，用自己的学识和才华、勇敢和忠诚展现出新的光辉形象。

最后，让我们共同庆祝，祝愿我们的公司在以后的工作中更辉煌，祝愿大家身体健康、家庭美满幸福！

第七章　庆功致辞，激昂奋进激励人

　　庆功致辞是指领导者在庆功大会上的致辞，通常来说，这类致辞需要朴素简洁的语言文字，言辞要热情洋溢，内容更要充分展现庆功事项的可贵之处，并要求与会人员积极主动地学习和推广积极向上的行为和精神。领导者在此类会议上讲话时，一定要富有激情和感召力，让听众深切感受到庆功大会的奋发向上，鼓励人们以更加高昂的姿态向前迈进。

1. 领导在年终业绩总结会上的庆功致辞范文

在经历以一年的劳碌工作之后，几乎每一个公司或者企业、机关都会举行年终总结会议，以此来回顾过去一年的成绩，对新的一年制定更高的目标，同时给予员工更多的希望和祝福。在年终总结之后，庆功晚会总会接踵而至。每年的这个时候，总是各个阶层员工最高兴和最期待的时刻。领导的庆功致辞在给予大家鼓励的同时，往往会将下一年度的希望更有激情地说出来！

范文一：××商场领导在年终业绩大会上的庆功致辞

致辞人：××商场领导

致辞场合：××商场年终业绩庆功大会上

在场人物：××商场的全体员工

各位同事，朋友们：

伴随着新年的钟声，我们即将迎来新的一年，在这辞旧迎新之际，我代表××公司的全体领导班子向各位员工提前拜个早年，祝愿大家新春愉快！在新的一年中身体健康，工作顺利，合家欢乐！

今年的工作已经接近尾声，我公司在今年取得了不俗的成绩，公司的各项工作都取得了很大的进步！其中，公司生产的××商品销量达到××，为我公司创造利润××万元；公司在××省、××省开设分公司××个，各个分公司为总公司创造了××万元的利润；公司××种商品被国家评为名牌商品。

××年对于××公司而言是不平凡的一年，也是充满胜利喜悦的一年，但是，这所有成绩的取得都是我们××人共同努力的结果，公司的所有员工克服了种种困难，在巨大的压力面前，圆满地完成了公司下达的各项任务和指标。所以说，收获如此丰硕的果实，是每一位××人辛勤付出的结果，更是每一位××人的骄傲和自豪！

我们的勤劳和汗水铸就了××过去的辉煌，我相信在所有××人的共同努力之下，××的未来会更加美好和光明！我们坚信，××年对××公司而言会是更加有意义、更加激动人心的一年。在未来,我们将会看到××公司的各项事业取得更加长远的进步,在明年的今天、后年的今天,今后每一年的今天,我们所有的××人都会在此欢聚一堂,共同为公司的繁荣发展喝彩,为公司的成功举杯共饮!

在此,我再次代表××公司向在座的每一位员工表示深深地感谢,谢谢你们一年以来在各位岗位上的认真负责、辛勤劳动,谢谢你们的敬业和无私,谢谢你们的努力和积极!今天我们在此举杯同庆,为了××公司的发展,为了大家的梦想和目标,我们要在以后的工作中激发自己更大的热情和更强的力量!最后,希望大家在新的一年中为××公司的发展再接再厉,做出更大的努力!谢谢大家!

2. 领导在企业上市成功庆功会上的致辞范文

企业上市对于企业具有着重要的意义,很大程度上表明企业的发展将会迈向一个新的台阶,企业未来的路将会更加宽广!在企业成功上市之后,一般都会举行形式多样的庆功会。在庆功会上除了要表彰做出贡献的工作人员之后,还会有重要领导的致辞,因此领导的致辞会让庆功会变得更有意义!

范文一:××集团领导在上市庆功晚宴上的致辞
致辞人:××集团领导
致辞场合:××集团举行的上市庆功晚宴
在场人物:××集团的全体员工会让其他人士
各位来宾,同志们,朋友们:
大家晚上好!在这样一个美好的夜晚,我们欢聚一堂,怀着无比激动和喜悦的心情,隆重庆祝××集团成功上市!在此,我谨代表××集团董事会和集团的全体员工,向一直以来关心、支持集团发展的市委、市政府相关领导、我们的商业合作伙伴以及社会各界人士表示由衷的感谢!谢谢各位长久以来的照顾和帮助!同时,请允许我代表集团的领导班子向多年来一直辛苦付出的员工表示感谢!另外,需要我们特别感谢的还有集团的专业团队,公司的审计师团队、上市顾问团队等等，是你们的专业知识和技能让这次上市计划得以实施和成功，谢谢你们！

回首过去，××集团经历了无数风雨的洗礼，回望××走过的路，我们心中感慨万千！我们要衷心地感谢那些为集团发展而奉献心血和青春的员工，你们在集团创业初期就兢兢业业，无私地奉献自己的智慧和才能，正是因为有你们这样一群忠诚、尽职、无私奉献的老员工，××才能从一个作坊式的小厂房发展壮大成为一个拥有××名员工的上市集团。如果说××集团这么多年的发展是一个奇迹的话，那么你们就是一群创造奇迹的人；如果说××集团的发展历程是一段历史的话，那么你们就是创造××集团下一个历史的人。

今天，××集团在××成功上市，标志着××集团的经营将会迈上一个崭新的台阶；标志着集团在高速发展的过程中又注入了更加新鲜的血液；标志着××集团的发展又翻开了崭新的一页！

××集团到现在为止经营了有××个年头，虽然企业目前的发展状况良好，但并不能证明××集团现在是成功的。长久在同行业中站稳脚跟，才是我们追求的目标，争做行业的领军人物，才是我们一直的追求！现在，集团仅仅经历了××个十年，我们还有下一个十年，下下一个十年等等。在新的十年中，××将会变得更加成熟和睿智。现在，我们已经拥有了一个全新的上市平台，这为××的进一步发展奠定了坚实的基础！

在××集团未来的发展中，我们将会站在新的起点和高度上，一如既往地创新、开拓，争取最大的市场份额，积极参与到国际市场的竞争中去。在以后的工作中，要进一步加强资源整合，提高企业员工的工作效率，吸引更多青年才俊，为公司的发展谋求更多稳定因素！

在新时期的战略计划中，××集团的各种品牌都要面向国际化，积极开拓海外市场，把公司的管理变得更加制度化和国家化，增加出口商品的种类和数量，为在海外市场上站稳脚跟做出一定的铺垫！另外，集团还会一如既往地和各个投资商进行沟通、交流，保持必要的联系，争取创造更多的价值来回馈投资者、回馈社会！

最后，希望各位能够尽情享受这个庆功之夜，谢谢大家！

3. 领导在工程竣工庆功会上的致辞范文

一个工程倾注了一大批人的心血,当它顺利竣工的时候,往往是最令人欢欣鼓舞的!当一个倾注很多心血的工程在众人的期盼中竣工时,那个时刻一定是令人兴奋的!为了鼓励做出贡献的人员,同时也是为了犒劳所有人员,很多工程竣工之后都会举行隆重的庆功会,在庆功会上,领导激情澎湃的致辞不仅能够充分肯定每个人的功劳,还能够让庆功会提前进入高潮环节!

范文一:××集团领导在工程竣工庆功晚宴上的致辞

致辞人:××市领导

致辞场合:××市举行的工程竣工庆功晚宴

在场人物:××市的社会各界人士

各位来宾,同志们,朋友们:

大家好!××市××公司设计建造的××工程已经圆满竣工,在这充满欢庆气氛的日子里,我们在此隆重召开××工程竣工庆功会。××公司负责建造的××工程,是对我市经济跨越式发展献上的最有力的礼物!在此,我谨代表市委、市政府向参与此次工程建设的所有工作人员表示热烈的祝贺!

××工程的建设,对于我市发展具有重要的意义和深远的影响,市委、市政府对此次工程建设给予了很大的关注,相关的责任领导多次和××公司进行沟通协调,为工程的发展和顺利竣工提供了很多帮助!现在,××工程已经顺利竣工,我们在此欢聚一堂,共同庆祝××工程的顺利竣工,同时向在××工程建设过程中涌现出来的一批先进工作者表示热烈的祝贺!

从××年开始,市委、市政府就已经开始关注城市建设,而××工程对我市城市建设的发展具有重要意义。近几年来,××市委、市政府经过认真部署和周密计划,带领全市各级部门,在金融危机这个严峻考验之下,从容应对各种挑战和困难,帮助、协调××公司如期、保质完成了××工程,从而让我市的经济发展取得了新的成就!

××工程的顺利竣工是我市经济发展的标志,但我市的经济发展体现在方方面面。近几年来，在市委、市政府的正确领导下，在全体党员干部的积极配合下，在全市人民的共同努力下，××市的经济事业取得了长远的发展，全面建设小康社会的脚步又往前迈出了很大一步！特别是在××工程竣工之后，市委、市政府抓住契机，全面开展建设新型经济社会，更深一层地推动了城市建设的脚步！以××公司为代表的一大批公司将会在未来××市的经济建设中发挥更大的作用。××工程的竣工，彰显了××公司的实力，也彰显了我市人民群众奋勇拼搏、不怕艰险得到精神，更彰显了我市人民团结一致，奋发作为的精神风貌！

最后，我衷心地祝愿××公司在未来的发展道路上能够越走越好，我市的广大干部职工在未来的工作中要再接再厉，把团结一心攻克难关的精神发挥到极致，以此次庆功晚宴为新的人生起点，进一步理清自己的工作思路，在以后的工作中能够以百倍的精神推进我市的经济发展和城市建设！谢谢大家！

4. 领导在公司成立纪念日大会上的致辞范文

每个公司都会在成立××周年时，举办周年庆典。在庆典上，领导致辞会总结公司××年中的发展历程，并在此基础上确立新的发展目标。鼓励员工们团结一致为公司的明天努力奋斗。

范文一：××公司领导在公司成立××周年大会致辞
致辞人：××公司领导
致辞场合：××公司成立××周年大会现场
在场人物：××公司全体员工
各位同事：
大家好！

20世纪90年代的中国，大多数的企业都在深化改革、为自己企业发展探索新的道路。当时的我们也怀着满腔热情立志做一番事业，我们立志能够成为有能力组织经营企业、创造社会财富的企业家。我们用自己的青春年华、

第七章 庆功致辞，激昂奋进激励人

满腔的热情，为了能够提高工业自动化水平，为振兴社会主义经济的发展添砖加瓦。

因为当时的创业必须要具备经济基础和社会关系这两个条件。最后我们选择发挥自身的专业特长，不怕艰辛，我们奔波在各个城市之间，深入到矿业的第一线，了解各个企业的困难、发现弊端及需求，为他们开展一系列的技术培训，赢得了××行业中的生存空间。

我们企业基于在创业的初期，正确地定位，主要以自动化技术作为纽带，专营世界级的知名品牌工业自动化器材。为此我们为自己制定了循序渐进的发展战略规划，让我们的企业从无到有、从小到大、从本地到全国、最终让我们企业步入世界舞台。我与在座的大家一直都在憧憬着××公司的服务能够遍布到全国乃至全世界的每个角落。

我们公司在这××年的历程中，全体员工在一起风雨同舟。我们经历了近××年的风雨，为我们公司奠定了坚实的基础，为我们下一个目标的实行铺平了道路。现在的我们正昂着头向下一个目标迈进。我们公司能够从一个小公司到能够针对单个品牌进行单一服务、能够同时多个品牌技术与销售服务共存，我们已经成长能够为多家企业、十几家分公司、办事处、数十种品牌产品进行服务、能够解决系统的解决方案并有一支专业的技术团队，现在我们的企业顺利且平稳地完成了转型的过渡期。

我们在这里回忆这××个春秋，××公司一直没有辉煌的成绩，我们只是有个实现理想的平台。现在的我们，应该把我们该做的事情做好，不论它是一件多么平凡的小事，也应当认真对待。我们应该有这种觉悟，才能够激励着我们为明天不停地奋斗。

虽然我们并没有什么可喜的成绩，但是令人欣慰的是，我们在这些年里培养了很多专业人才，同时也吸纳着更加出色的人才加入到我们的团队中来。在××的创立初期时，我们公司只有少许的一些技术人才、这使得我们公司在技术方面没有过多的优势。但是对于一个企业的发展来说，最显著的增长点就在于人才，企业的发展进程需要有人才的成长及其新加入的优秀人才共同进行推动。企业要实现最终的理想，是要依靠这一大批重于团结协作的优秀人才来完成。对于一个企业成长来说，也许它的显著标志是企业的营业总额和利润总额。但是这些都只是企业发展的表面现象，如果想要让企业长久且持续的发展，那么就要有大量的企业人才来支撑。

我们企业一直坚信，人才能够通过他的聪明才智创造出更多的社会财富。这样企业就能够凭借人才对社会的贡献来提升自己企业的形象，促使企业良性发展，走健康企业发展之路，这是××企业始终不变的原则。我们常说："物竞天择，适者生存。"在社会这个大环境下，如果一个物种想要生存繁衍，并日渐壮大，这是因为在它得益于大环境下的良性互动。同一道理，如果企业有着利于社会发展的经营理念，那么这就是最持久的生命力，能够使企业走上健康的发展之路。对于我们来说，在创业的初期我们也许要经历太多的困难和跋涉，但是我们有信心，××公司的每一位员工都有着艰苦奋斗的思想准备，为能够实现自己的宏伟理想而努力奋斗。当××经历的这段艰难时期时，我们衷心地感谢那些曾经通过各种方式向我们提供帮助和默默支持我们的人。我们由衷地感谢那些为了实现××的理想艰苦奋斗的人。在这里，我谨代表××公司的全体职工向各级领导、客户供应商等各业合作伙伴表示最真挚的感谢！

我们的公司富有探索的精神，拼搏的激情，同时充满着活力。在我们的企业里，有着一大批有志投身于工业自动化事业的青年人，由他们共同组成的事业团队给我们的企业发展注入能量。现在的我们一直都在探索着如何促进企业快速发展的道路。通过各类资源的有机整合，创造一种完美的整体效益，运用优质的流程进行规范、功能复用以带动规模效益，发掘一些共性的市场需求，这些都是××公司为了加快自身的发展速度，而总结出来的管理宗旨。

××公司现在所取得的成绩，与我们的目标相比，它只是一个开始。现在我们的公司已经逐步进入了加快发展最关键的阶段，这对于我们公司来说是一个机会，但同时更是一种挑战。但是我们要把握住这个机会，迎接这个挑战。我们坚信，只要我们全体员工团结一致，兢兢业业地工作，孜孜不倦地学习，我们这个艰苦奋斗、富有激情和创新精神、懂得团结协作的集体，就会发挥出无限的潜力。所以，我们没有理由不去相信，我们公司一定会实现自己的目标，为祖国的工业自动化贡献出自己的力量，为我们的企业谱写辉煌的明天。

××公司在这××年中，一直都坚持以服务社会来促进企业的发展，把自己的个人追求同企业发展联系在一起。这正是我们企业的文化精神，也正是这种文化精神，给了我们无穷的动力。现在的我们逐步地建立并健全了一整套基于长期发展的策略管理机制，在我们的企业中聚集着一大批有着理想，不畏艰难、奋发图强、勤奋敬业的优秀人才。对我××公司今后的发展，我们是以企业文化为核心，充分弘扬××公司的专业、创新技术、提高服务品质，我们公司一定要争做中国工业自动化服务行业的主导品牌，最后把我们的企业推向世界工业自动化行业的舞台上。

在这里,我衷心地感谢大家一直以来对××公司的关心及支持。祝愿大家在今后的工作生活中事事顺利,身体健康,合家幸福!谢谢大家!

范文二:××公司领导在公司成立××周年大会致辞

致辞人:××公司领导

致辞场合:××公司成立××周年大会现场

在场人物:××公司全体员工

各位同事:

大家晚上好!

今天是××有限公司建厂的××周年纪念日。在××年的今天,××公司在大家的期盼中成立了,本公司已有××年的发展历程。在这几十年中,我们一同度过最艰辛的创业初期,也经历了无数次风雨的洗礼与磨炼,当时我们只有不到十人的员工,××多平方米的小厂,但是现在我们已经发展到拥有××多名员工,生产及其办公面积一共达到了××多平方米,还有员工宿舍也有××多平方米,我们现在有着过硬的人员及设备条件,也成为了国内较大的通信天线制造企业。××能够发展成现在这样的规模是非常不易的。在此,我代表××有限公司,向在座的各位表达我最诚挚的感谢,感谢你们在这几千个日夜里辛勤地劳动,因为有了你们无私地付出,才有了××公司的今天。

××公司的前身是××天线厂,创建于××年××月,当时它是××管理区里的一个集体企业,在当时的那种情况下,××管理区只用近××万元作为企业的流动资金,工厂的生产和办公都在××的管理区内,当时成立的时候也仅有××个人。那时我们非常的艰难,因为人员不够,我当时负责全厂的技术,同时还要对工厂的销售情况进行管理,一年中有大半的时间我都是在外面跑业务。当时别说是飞机,只要能够买到一张火车票都是一件非常幸福的事情了,我现在还记得有一次为了买一张火车票我在雪地里排了一个晚上。在公司最初成立的时候,我们主要生产对讲机天线,这种天线的用途主要是针对公安系统、交通、运输、铁路和航运等。但是当时因为是初期我们的资金非常不足,常常会有了订单以后,才会委托别人去购置各类金属件,等到工厂把货物加工出来时,已经都到了交货期。所以没有办法,只有辛苦我们的员工加班进行装配调试。当时的工作环境也非常恶劣,虽然工人们非常劳累、辛苦,但是他们从来没有一丝的抱怨。我们最后的辛苦都得到了回报,因为当时关于对讲机的天线中国大部分都是依靠进口,当看到我们自己做出的天线被客户接受,并给予我们的产品肯定时,我们的所有辛苦都化作一丝甘甜,流入心田。有时候,会听到员工们说在市场上看到我们的产品,语气中都带着骄傲和自豪。

在××年初,中国出现了寻呼,使用率非常高。而在最初寻呼台的发射天线国内没有生产厂家,全部都要依靠进口。这就使得这类天线有着高昂的价格,每根天线的价格都到了××多元。所以有许多寻呼台都向我们公司提议,希望我们公司能够生产出物美价廉的天线供他们使用。当时公司也看到了这里面的商机,于是决定投资近××万元从国外购进了××网络分析仪。这是国内的首台用于生产天线上的网络分析仪。因为当时中国内部只有几个大型的研究所购进了网络分析仪,但是他们都只是用它进行天线的检测,其他的天线厂因为资金问题,也只用××元一台的扫描仪来生产天线。我们为了能够把握住这一商机,公司全体技术人员不畏艰难,奋战几十个日日夜夜,最终研究出了符合要求的寻呼天线,最后大量投入生产。正是因为我们当时的正确决定,使我们公司的天线广泛地用于中国各个大小的寻呼台,如当时的××、××和××都在使用。当时我们的天线市场占有额在中国已经大于近百分之××,同时我们还把天线出口到了××和××等国家。在××国家的电视塔顶上,安装的都是由我们公司生产的天线,这些都是我们公司成长的最好见证,我们要永远记得它。

中国的第一艘载人飞船"神舟"五号,于2013年10月15日在酒泉卫星发射中心顺利发射成功,在"神舟"五号的发射通讯设备中,有我们公司生产的××天线。这是我们公司的一个里程碑,因为这代表了××公司所生产的天线已经在世界同行中具备了高技术含量的通信天线的能力。

××公司经过了这××年坚持不懈地努力,已经走在中国通信天线行业的最前沿,并成为一面辉煌的旗帜。但是我们不能骄傲,我们要锐意进取,再接再厉,现在的辉煌已经变成了过去,现实已经给我们赋予了更多的责任,未来还需要我们付出更为艰辛的努力。××公司要在今后的日子里不断创新,并加强与社会各界的紧密合作,不断增强企业的综合竞争力,让我们××公司能够进入世界先进通信设备制造行业,付出自己毕生精力。

我们都相信××公司能够拥有辉煌的明天!谢谢大家!

范文三:××公司领导在公司成立××周年大会致辞
致辞人:××公司领导

第七章 庆功致辞，激昂奋进激励人

致辞场合：××公司成立××周年大会现场
在场人物：××公司全体员工
各位领导、各位来宾、员工同志们：
大家好！

今天我们欢聚一堂，共同庆祝××公司组建成立××周年、还有我们的××厂投产××周年。在这个值得我们欢庆的日子里，我们大家共同祝愿××公司的将来能够前程似锦、让它的明天更美好！

我们××公司现在已经走过了××个春秋，经过××年的艰苦创业、××年的风雨兼程，流金的岁月见证着我们××人不畏艰难，奋力前行、为企业开拓创新，一路走来留下的坚实足迹。这××年虽然我们经历了很多的艰辛、但是我们的付出也取得了非凡的成绩，这些成绩是大家有目共睹的。成绩的背后，离不开在座员工的无私奉献，为了我公司的发展，你们从来都是不计回报、不向公司提任何的条件，总是一直默默无闻、兢兢业业地在自己的岗位中工作。你们用那勤劳的双手在自己的岗位上，为公司谱写新的篇章。通过我们××年的付出，现在我们公司已经完成了建设初期的所有目标。这些成绩是我们不畏困难，顽强拼搏所取得的，现在××公司已经由集中供热转向热电联产一体化运营跨进。在这里，我代表公司的全体领导班子，向曾经和正在为公司的发展壮大奉献自己心血和汗水的全体员工表示由衷的感谢和最诚挚的敬意！

我们回顾所走过的这些岁月，我们总是充满着激情，去实现自己最初所制定的目标。××年是我们公司发展历史上一个新的起点，随着××和××区的供热系统的接入，现在我们公司的供热面积已经高达××平方米，电热销售收入也已经突破了近××万元。按这样的速度，我们企业的经营规模、我们企业的总体效益、我们员工的收入也都会再上一个新的台阶。

我们××的所有员工，永远把实干进取、勇攀高峰作为我们不变的追求，与时俱进、加速发展是历史赋予我们××公司最神圣的职责。在这新的一年里，全体员工要继续发扬我们的优良传统，我们的服务宗旨是服务人民，造福大众。始终坚持着以人为本、以理治企、塑造良好的企业文化、弘扬无私的企业精神。目前，我们公司加快了现代企业制度的建设步伐，提高了技术创新能力，提升我们优质的服务水平，提高员工的整体素质，进一步加强公司的凝聚力及向心力。让我们与公司一同迎接新的挑战，为公司的明天不断奋斗吧！

我们公司现在已经把××年所要完成的各项经营指标制定出来，而我们要想实现这个目标，就要依靠我们全体员工的力量。让我们团结一致、拼搏进取，圆满地完成各项任务。在以后的工作中，我们全体员工要把握住身边的机遇，珍惜我们以前所打下的坚实基础，继续发扬我们公司的优良传统，在日后的工作中用最好的业绩，来开创我们××公司新的明天！

最后，我代表全体领导，祝愿××公司的全体员工在以后的工作和生活中事事顺心，身体健康，合家幸福！谢谢大家！

范文四：××镇领导在公司成立××周年大会致辞
致辞人：××镇领导
致辞场合：××公司成立××周年大会现场
在场人物：××公司全体员工
尊敬的各位领导、各位来宾、朋友们、同志们：

今天是××公司自××年创建的第××个秋天！在这××年的风雨旅程中，我们见证着××公司的成长。××公司由当初的小规模变成了现在在市场中有着竞争力的企业，这一路走来是艰辛的。在此，我谨代表××镇政府、××镇人民群众向××公司表示最热烈的祝贺！

对于一个企业来说，想要达到一定规模，那么就要不畏艰难，不怕困苦，勇敢向前。创业的征途是崎岖的，没有平坦的道路可走，但是有了这些精神，我们就能够取得成功。自××年来，××公司的全体员工在××董事长的带领下，加强公司内部的管理、对外部市场进行开拓，无论是在对产品的开发、还是市场结构的调整、科技创新等方面都取得了让人瞩目的业绩。在公司创建初期时，当时的销售总额还不足××万元，现在销售公司逐步发展成为现在这个年销售能够超××万元的中型企业。不仅为××市经济的持续发展做出了贡献，同时也为我们全镇的民营企业树立了良好的榜样。在××公司的发展史上，让我们看到了一个真理，那就是有志者事竟成。所以我们坚信，××公司的明天会更加的辉煌夺目。

现在的科技水平快速地发展，面对现在这个竞争日益加剧的市场状态下，我们面对着很大的挑战，但是我们不能退缩，而是要积极进取。我们要牢固树立率先发展意识，勇于创新的精神，与时俱进的干劲。我们希望××公司的全体员工能以此次公司成立××周年为契机，进一步确立××公司今后的发展战略，团结一致，再接再厉，努力做好新产品的开发，管理结构的调整，技术的不断创新，在××公司前进的旅程中留下你们辉煌的印记。在你们的努力下，通过内联外合，把我们××公司做大、做强，为中国的现代化建设贡献你们毕生的精力，开创××公司新的辉煌。

××镇党委、镇政府一直致力于解放和发展社会生产力，尊重及保护一切有益于人民和社会的劳动，让一切创造社会财富的资源得到充分运用，让××镇的经济能够快速且健康发展，是我们××镇党委及其镇政府义不容辞的责任，也是历史及时代，所赋予我们最严肃的使命。作为××镇政府，我们会一如既往地支持与关注××公司今后的发展，为××公司谋求更大的发展空间，努力做好你们的公仆，切实把你们的事当作自己的事办好。我坚信，只要我们大家能够团结一致，精诚合作，那么××镇的明天也会更加辉煌。

最后，祝愿××公司全体员工及各位来宾，朋友身体健康，事事顺心，合家幸福。谢谢大家！

5. 领导在挂牌活动上的致辞范文

所谓挂牌，从字面上理解就是挂出牌子或者挂上有文字的标志，过去指的是律师、医生等正式开业，现在多指单位正式成立或企业正式营业，也指公司在股票市场上市。挂牌活动就是指为了庆祝组织、团体正式成立，公司、企业正式开始营业或企业上市所举行的活动。挂牌致辞首先要表示欢迎和祝贺，然后回顾历史，陈述挂牌意义，最后展望未来，这是一个基本的套路。

范文一：××有限责任公司领导在公司挂牌成立活动上的致辞
致辞人：××有限责任公司领导
致辞场合：在公司挂牌成立活动上
在场人物：政府领导、企业界朋友、公司全体员工
各位领导、各位来宾、企业界的朋友们：

今天，阳光明媚，鸟语花香，在这生机盎然的早春时节，××有限责任公司正式挂牌营业了。我代表公司全体员工向莅临指导的各位领导和同行表示热烈的欢迎，向前来捧场的社会各界同人表示衷心的感谢，对公司各级部门领导和员工的支持、付出表示崇高的敬意！

××有限责任公司的前身是始建于××年的××厂，在经济变革的潮流

中，××厂不仅抵挡住了经济风暴的冲击，还顺应市场规律，成功完成了革新和转型，其主导的产品在当地十分畅销。后来，××厂又开始生产机械配件，汽车地盘配件，数十年来，××厂历尽艰辛，一路坎坷，一路高歌，逐渐由小变大，由弱变强，发展成为今天集铸造加工为一体的专业机械加工企业，并兼营汽车零部件专业化供应，现已经与全国十几家大中型汽车生产厂家建立了牢固的合作关系。

虽然××厂早已跻身全省百强企业，并成为乡镇企业的优秀代表，但随着市场经济的不断发展，市场对企业的经营体制和管理体制都提出了更新、更高的要求。为了顺应××市政府关于《××市公有企业改制实施方案》的精神，同时也为了进一步促进××厂规模的扩大、管理上的规范、质量上的提高、效益上的增强，××厂更名为××有限责任公司，完成了资产评估和股金募集等工作，通过正式选举，产生了××有限责任公司新的领导班子，初步建立了现代企业机制。相信××有限责任公司的诞生一定是企业改制过程中绽放的一朵奇葩，这样的转变一定会为企业寻求更大的发展凝聚无限的动力和活力，最终也必将结出丰硕的经济果实。

××有限责任公司的诞生是××市领导和社会各界同人大力支持的结果。公司的发展需要良好的外部环境，更离不开社会各界的大力支持和鼎力相助。××有限责任公司之所以能够渡过一次又一次难关，并持续、健康地发展到现在，正是各级政府和领导部门扶持的结果。在此，我再次向支持和关心××有限责任公司成长和发展的各级、各部门领导表示诚挚的谢意！

××有限责任公司的诞生更是全体员工奋力拼搏的结果。从起步到发展，××有限责任公司一直经受着市场的严峻考验，广大员工从不畏惧困难，经常为了攻关舍弃休息时间，平时更是以厂为家，团结务实，奋勇拼搏，无私奉献。他们在平凡的岗位上为企业的建设与发展付出了艰辛的努力，更涌现出了一大批兢兢业业的销售员、技术精湛的铸造工、攻克难关的技术员……是他们用自己的双手和智慧支撑着公司这片天，他们也是公司一道亮丽的风景线，更是公司的无价之宝。

××有限责任公司的挂牌成立标志着公司掀开了新的一页。新世纪，新机遇，新机制，必将带来新发展。我们将借××有限责任公司成立这场东风，以市场开拓为重点，以科技创新为中心，以管理创新为动力，抢抓机遇，奋勇开拓，做到外树形象，内抓质量，节能降耗，盘活存量，继续抓好产品结构调整，不断开发潜在市场，积极探索国际市场，力争成为机械铸造业的一面新旗帜。

困难与希望同在,机遇与挑战并存。但我深信,在××市各级党委和政府的高度重视下,在社会同仁的大力支持下,在全体员工的共同努力下,××有限责任公司一定能够迎来一个全新的发展!在此,我预祝公司的明天更加美好!谢谢大家!

范文二:××领导在××中心派出所挂牌仪式上的致辞

致辞人:××领导

致辞场合:在××中心派出所挂牌仪式上

在场人物:××县公安局党政领导、××派出所全体人员

各位领导、各位来宾、同志们:

今天是××中心派出所正式挂牌的日子,我代表××县公安局党委向所有参加挂牌仪式的各位领导和关心支持公安事业的单位和个人表示衷心的感谢,欢迎你们能够在百忙之中抽空来参加今天的挂牌仪式,同时,也向××中心派出所表示衷心的祝贺!

××派出所建所至今已经有20多年的历史了,刚开始,由于受到当时条件的限制,办公场所和各种设施都极其简陋,如今,××派出所的办公场所更是由于年久失修,门窗破败,成为危房,这样的状况已经严重影响到了正常的办公。后来,××派出所在不得已的情况下,还借用××交警中队的房子进行办公,给广大民众造成了十分不便的影响。

为了确保××派出所所有民警的人身安全,改善××派出所的办公环境,树立良好的公安形象,同时也为了更好地密切警民关系,方便群众,发扬服务基层的方针政策,××县公安局将××派出所的实际情况上报县委,经过研究考虑和多方努力,最终决定买下这座办公用房,经过简单地装修和改造后,添置了必要的办公设施,并决定成立××中心派出所。如今,××中心派出所的面貌已经焕然一新,不仅内务规范整洁,各种硬件设施也完全符合公安部三级达标派出所的要求。当然,××中心派出所的成立离不开各单位和部门的密切配合,尤其是××交警中队和××国税分局的大力支持,更离不开辖区群众和社会各界人士的资助和奉献。在此,我代表××中心派出所所有工作人员向大家表示深深的感谢!

过去,虽然××派出所条件艰苦,但全所民警都恪尽职守,尽心尽力,在维护治安、打击犯罪、抢险救灾、服务群众等方面都做出了突出的贡献,取得了辉煌的成就。现在,××中心派出所的成立是一个新的起点,新的征程,希望××中心派出所全体民警继承和发扬过去艰苦朴素的作风,团结一

心，克服困难，迎接挑战，更好地为基层民众服务！

我承诺，在上级部门和乡镇党委、政府的关心和支持下，在兄弟单位的扶持配合下，在广大民众的帮助和监督下，××中心派出所的全所民警一定会坚守岗位，圆满完成自己的责任和义务，确保辖区范围内的社会安定和民众安全！

最后，祝愿各位领导和来宾工作顺利，万事如意！希望××中心派出所以后的各项工作都能更上一个台阶！谢谢大家！

范文三：××领导在××国土所挂牌仪式上的致辞

致辞人：××领导

致辞场合：在××国土所挂牌仪式上

在场人物：××国土所全体员工、政府领导、受邀来宾

各位领导、各位来宾、朋友们：

在这孕育生机和希望的季节里，在这春暖花开，阳光明媚的日子里，××国土所在这里举行隆重的挂牌仪式。请允许我代表××国土所全体员工向一直关心和支持我所建设的各级领导和社会各界人士表示最诚挚的谢意，对领导和来宾的莅临表示最热烈的欢迎！

××国土所虽然组建时间不是很长，但在各部门的密切配合与关怀下，在上级部门和领导的正确领导和大力支持下，各项工作都已经逐步走上了正轨，国土所标准化建设也已经初见成效，这些都为××国土所今后的建设和发展奠定了良好的基础。

雄关漫道真如铁，而今迈步从头越。今天，这么多领导和嘉宾能够在百忙之中前来参加××国土所的挂牌仪式，这让我们所全体人员倍感鼓舞。在上级领导和社会各界人士的大力支持下，××国土所全体人员有信心，也有决心在今后的工作中加倍努力，以规范的管理和高效便民的举措为群众提供更优质的服务！

预祝××国土所的明天会更好！谢谢大家！

第八章　慰问致辞，温言细语暖人心

每逢特殊的日子或者时期，领导者都要到基层进行慰问，一方面为基层所面临的困境给予安慰，表达上级对基层的关心和支持；另一方面也是鼓励他们勇敢面对挑战，克服当前的实际困难，取得令人瞩目的成绩。慰问致辞要充分表现领导者的诚挚，以及对慰问者的关心和体贴，不能敷衍了事，故作姿态。通常慰问活动都会发生在重大灾难或者重要的节假日期间，慰问辞讲得好，可以有效拉近上下级之间的情感距离，对后期的工作会有很大的帮助。

1. 领导慰问抗震救灾官兵战士的致辞范文

在面临突如其来的灾难时，我们广大的战士们并没有退缩，而是冲锋在抗震救灾的第一线。这些战士们是我们国家的骄傲，更是我们国家能够全面发展的基本保障。领导们对其进行慰问，进一步加强战士们抗震救灾的信心，让他们感受党和国家是他们强有力的后盾。

范文一：××公安部消防局慰问抗震救灾官兵战士的致辞
致辞人：××消防部领导
致辞场合：××局慰问抗震救灾官兵战士
在场人物：××局领导、抗震救灾战士们、社会各界人士
尊敬的各位领导、参加抗震救灾的战士们、朋友们：

大家好！今天我们怀着激动的心情，在这里举行慰问抗震救灾官兵战士会。各位战士们你们辛苦了！为今天远道而来的社会各界人士表示衷心的感谢，对参加今天慰问会的战士们表示热烈的欢迎。

自××省××县发生强烈的地震危险后，你们积极响应党中央、国务院的号召，不畏艰辛坚决执行公安部下达的命令，按照公安部消防局的统一规划部署，迅速地开始了行动，你们不辞辛苦，在第一时间赶到抗震救灾的一线，积极投身于抗震救灾的战斗中去。在此次战斗中，同志们以一种顽强的心态克服身体种种不良反应。当面对复杂地形和恶劣的天气时，战士们不畏艰险、克服困难把人民的利益放在首位，人民的生命高于一切。在抗震救灾时，战士们能够挑得起重担，运用科学的施救方式抢救人民生命财产，在抗震救灾中战士们做出了重大的贡献。你们用自己的实际行动来完成忠诚可靠、服务人民的要求，也充分体现了消防军队的良好形象。在此次抗震救灾过程得到了党和人民的高度赞扬。公安部消防局向你们表示最真切的慰问，并致以最崇高的敬意，向你们表示最真诚的谢意！

大家要记住，灾难无情人有情，用自己的力量挽救更多人的生命，挽回更多的经济损失。真心地希望各位同志们能够把人民的利益放在首位，全力

抗震救灾，打赢这场战斗。你们要在抗震救灾中充分地发挥公安消防部队装备和技术上的优势、专业的优势等，发扬不怕牺牲、连续作战的精神和传统作风，抓住救人的最好时机，想尽一切办法来克服困难，全力地冲刺，解救更多遇难的人民群众。在施救时一定要注意安全问题、要多关注官兵的身心健康，切实做好参战官兵的生活和安全的保障。关心和帮助灾区的人民群众们，积极地为群众排忧解难，带去党的关怀。要高度地重视、坚决地执行党和国家的民族政策，尊重××区人民的风俗习惯，维护和促进民族的团结。

我希望各位同志们，英勇顽强，不负使命，不负重托，抗震救灾的全面胜利再立新功，谢谢大家！

范文二：××省慰问团慰问××抗震救灾战士的致辞

致辞人：××省常委

致辞场合：慰问团慰问××抗震救灾战士

在场人物：××省常委领导、慰问战士、社会各界人士

各位领导、各位战士、各位来宾：

大家好！在我们共同欢庆"八一"建军节即将到来之际，我们省的抗震救灾的工作也取得阶段性胜利，我们一行专程来慰问奋战在抗震救灾第一线的人民解放军和武警官兵们。首先，我谨代表省常委、省人大、省政府机关、省政协和省军区，更代表全省各族人民向你们表示节日的问候，并且致以最崇高的敬意和衷心的感谢！向在抗震救灾中受到表彰的先进单位和个人表示热烈祝贺！

长期以来，××人民解放军和武警部队全体的指战员高举中国特色的社会主义伟大旗帜，以邓小平理论和"三个代表"的重要思想为指导方针，切实深入地贯彻落实科学发展观，以新时期的军事战略方针统揽各项规模的建设，全面落实从严治军的方针，全面地推进中国特色军事变革和实现军队现代化跨越式的发展战略，圆满完成了以军事斗争准备为龙头的各项工作任务，其部队建设取得了显著的成绩。与此同时，广大的官兵战士牢记以全心全意为人民服务的宗旨，继承和发扬拥政爱民的传统，以驻地为故乡，视人民为最亲近的人，积极地支援××和驻地的建设事业，在完成了抢险救灾、应急处突、维护稳定等。你们在抗震救灾中发挥了重要作用，在维护国家政策和社会稳定起到了重要的保障作用，在参加重点工程建设和新农村建设中发挥了主力军的作用，在精神文明建设中发挥了排头兵的作用，用一种实际行动为××的经济社会快速发展做出了卓越突出的贡献。

在××大地震中，使我省的人民生命、财产造成重大的损失。当灾情发生之后，××军区、省军区系统和武警所属部队坚决执行党中央、国务院和中央军委的指示，在两级军区和省委、省政府的积极领导之下，以灾情就是命令，时间就是生命的政治责任感，迅速地调动××多名官兵，组织××余万民兵战士，快速反应，迎难而上，紧急赶赴了灾区一线，积极投身于抗震抢险的斗争中。广大官兵战士们充分地发扬听从党指挥、服务人民、英勇善战的优良作风，大力发扬一种不怕苦、不怕牺牲的革命精神，冲锋在最前方，勇敢地挑起重担，积极地承担侦察灾情、营救群众、排除艰险、运送物资、抢修道路等一系列任务。你们是抗震救灾的主力军和突击队，你们无愧于人民子弟兵的光荣称号。你们以自己的鲜血、汗水和实际的行动，充分地彰显了人民军队的那种不怕吃苦、艰苦战斗、无私奉献、奋力拼搏的英雄风貌，为了抢救广大人民生命的财产、恢复家园的重建做出了突出的贡献。你们的伟大英雄事迹得到了党和国家领导人的高度赞扬，也赢得了广大人民群众的尊敬和爱戴。党和政府不会忘记你们，人民更不会忘记你们。广大官兵在抗震救灾中的英雄精神、英雄气概和英雄行为，将成为激励灾区干部群众抗震救灾和经济社会发展双胜利的强大精神动力，激励广大干部群众以一种强烈的责任心和使命感投身到各项工作中去。

现在，抗震救灾的工作已经取得了阶段性的胜利，但是灾后重建的工作依然任重而道远。希望广大地指战员们继续保持传统作风，发扬那种不怕困难、连续作战的优良传统，努力地做好维护国家稳定的各项工作，为确保经济建设可持续发展、确保社会和谐的稳定工作做出重大贡献。并且希望奋战在抗震救灾一线的全体官兵战士们，按照抗震救灾指挥部的统一部署安排，大力弘扬"万众一心、众志成城，不畏艰险、百折不挠，以人为本、尊重科学"的抗震救灾精神，以更加激昂的革命精神，继续深入到重建家园的工作中去，为夺取抗震救灾斗争的全面性胜利贡献自己的力量！

省级的各个地方各级党委、政府和广大干部群众，要以一种强烈的精神牢固地树立国防建设和经济建设协调发展的思想，并且认真地学习人民军队的那种优良作风和奉献的精神，发扬拥军优属的光荣传统，全力支持参加抗震救灾的一线解放军战员，坚决做好各项后勤服务的工作，从而解除他们的后顾之忧。要不断探索社会主义市场经济条件下拥军优属工作新的形式和内容，切实地拓宽拥军优属的领域和范围，要不断地扩大拥军优属工作的群众基础，继而为实现全面建设小康社会做出更大的贡献。

我们始终坚信，有党中央、国务院和省委、省政府坚强的领导们，有×

×广大的人们战士们的大力支持,全省人民一起众志成城,携手奋斗,一定能够战胜困难和灾难,重建美好的家园。在最后阶段,再次感谢人民解放军战士和武警官兵为了抗震救灾做出的突出贡献,祝愿各位同志们节日愉快,工作顺利,身体健康!

2. 领导慰问留守儿童的致辞范文

随着现在社会的发展,有很多家长会外出打工,当他们外出打工时,他们的子女教育就是一个重要问题,领导经常会组织社会各界人士慰问留守的困难儿童,让他们感受到自己并不孤单,让他们感受到党的温暖和关心。

范文一:××学校领导慰问留守儿童贫困学生活动的致辞
致辞人:××学校领导
致辞场合:××学校慰问留守儿童贫困学生活动
在场人物:××的领导、全校的师生
尊敬的各位领导、亲爱的同学们:

大家好!在我们一年一度的传统新春佳节即将来临之际,我们学校举办了"一起共享新年快乐"慰问贫困留守儿童的一项活动。共同关爱留守儿童,关心这些贫困学生,这正是我们发扬光大中华民族扶贫济困的一种传统美德,也是我们学校执行工作的重点,让这些留守儿童感到新年的热闹气息。

在现在的社会中,随着社会经济的不断发展,越来越多的家长选择了外出务工,这样一来,就有了一大批与父母长期分离的留守儿童这样一种特殊的群体,在这个群体之中,很多的贫困学生是我们关爱的对象。不能够让他们感觉父母不在身边就会孤单和可怕,让他们感到他们有一个温暖的家。

各位同学们,由于一些原因,你们的父母外出务工,让你们逐渐远离了父母的关爱与教育,有的同学和你们的爷爷奶奶、外公外婆以及亲友们共同生活在一起。但是,当你们走入校园的那一刻起,你们又得到了更多人的关心,有学校的各位领导和老师,以及其他同学的关心与帮助。

你们知道,虽然你们长期远离了自己的父母,可是你们在学校并不孤单;

这里有很多关心和爱护你们的老师，也有一些亲如兄弟姐妹的各位同学，更有团结互助共同和谐的班集体，你们一定要克服困难，坚持不断地努力学习，不辜负老师、家长对你们的殷切期望，我希望你们要用优异的成绩来回报学校、老师和同学们的关爱之情。要学会自尊、自爱、自强不息，树立远大的目标。拥有积极进取的精神，不要因为贫困就自卑，深处于逆境之中，就要学会独立自强，将各种困难当成一种历练。远离一些不良的环境和不良嗜好，遵守学校各项规章制度，主动与学校的老师和同学进行沟通，努力学习，有勇于创新的精神，为了创造美好的社会奠定坚实的基础。注重全面发展各项好的精神，为了构建安全和文明的和谐学校而不断努力。

祝愿你们幸福的笑容像花儿一样永远地绽放！各位同学们，要相信你们的困难仅仅是暂时性的，明天一定会更加美好。我们要通过自己的不断努力，创造出属于自己的一片天地，把爱心继续传承下去，为了伟大的祖国和人民做出更多的贡献。

在最后的时刻，我衷心地祝福全体的同学们新年快乐，身体健康，学习进步！谢谢大家！

范文二：××共青团领导委员会慰问留守儿童致辞
致辞人：××共青团委员会
致辞场合：××领导慰问留守儿童会
在场人物：××各位领导、社会各界人士
各位领导、各位朋友：
大家早上好！

在这个阳光明媚，艳阳高照的日子里。我们组织共同的行动起来，关注和关爱那些留守儿童，一起向社会展示我们的风采，做爱心奉献的榜样和模范。而今天参加活动的留守儿童是来自××镇××小学的学生们，让我们对他们的到来表示最热烈的欢迎。

近几年来，××市经济迅速发展，经济面貌也在不断变化，随着我市经济的逐步发展和社会的不断进步，奉献爱心的活动也蓬勃发展，并且不断的涌现出一批批的爱心单位和爱心志愿者，不断地延续一次又一次的爱心传递活动，已经成为活跃在城市的一道亮丽的风景。今天，我们也都看到了，××公司以××为纽带，共同牵起了各行各业的爱心单位，聚集来了各行各业的爱心人士，以社会责任为己任，并且用自己独特的方式，一起开展关爱留守儿童的行动，用最真诚的心奉献社会，用爱心来共同传递真情。

我们知道，做好留守儿童工作任重而道远，希望社会各界的爱心人士能够一如既往地重视和关心、支持关爱留守儿童的工作，用最真情的雨露，用双手撑起一片蔚蓝的天空！

最后，预祝活动圆满成功！谢谢大家！

范文三：××市妇联儿童部主任慰问留守儿童致辞

致辞人：××市妇联主任

致辞场合：××市妇联主任慰问留守儿童

在场人物：××市各位领导、社会各界人士、相关人员

各位领导、各位朋友：

大家好！在这个阳光明媚，充满朝气的日子里，我们在这里召开慰问留守儿童大会。首先，我谨代表××市妇联向今天参加活动的这些小朋友们表示亲切的问候和关怀！对参加活动的众多爱心父母们表示热烈的欢迎，对大家默默支持关爱留守儿童工作、关爱留守儿童的这一善举表示最诚挚的谢意！

我们都知道，留守儿童一直是社会上关注的焦点，也是需要我们社会认真关注的弱势群体，她们的父母由于一些原因外出工作，用勤奋和智慧提高家庭收入，为了经济的发展和社会秩序的稳定做出极大的贡献，但是这些儿童却留在家里，与自己的父亲或者母亲一人，又或者与她们的爷爷奶奶们，甚至是父母亲的其他亲戚、朋友一起生活。而这些孩子也与父母们相处时间十分的少。今天，在××成立××周年之际，我们把爱心带给这些特殊的留守儿童，希望他们能在"爱心父母"的帮助之下，能够感受一下我们××年来发展的最新景象，感受到我们社会大众对他们的关心和爱护。

而本次的活动承办单位是××公司，这是一个正在发展的企业，也成为关爱留守儿童的一支新的生力军。××公司承办了让爱流万家的活动，不仅是为留守儿童提供了一次活动，也为所有一直关注留守儿童的单位和个人提供了一个关爱留守儿童的平台，这也是一种值得倡导的企业理念和社会责任感。

发扬关爱留守儿童精神，需要在全社会的共同努力下，要大家全面地参与进来。我们更希望，通过今天这个活动，以××业公司为首，掀起了一个关爱留守儿童的热潮。我希望留守儿童将爱化为一种奋发的力量，努力地学习，做一个"自尊、自信、自立、自强"的好孩子，以一种优异的成绩来回报全社会。

最后，祝大家身体健康，万事如意！祝愿这些小朋友们学习进步、茁壮

成长!

3. 领导慰问孤寡老人的致辞范文

逢年过节或者休息日的时候,很多机关和社会团体会组织相关人员去看望、慰问社区、乡镇的孤寡老人。对生活孤苦的孤寡老人进行慰问和优抚,把温暖和关怀送给他们。每到这个时候,相关领导会发表充满温情的致辞范文,这对孤寡老人而言是感觉温馨的,也是倍感幸福的!

范文一:××市领导慰问孤寡老人的致辞

致辞人:××市领导

致辞场合:××市领导中秋慰问敬老院的孤寡老人

在场人物:××市的孤寡老人,其他相关人士

各位大爷、大妈,同志们,朋友们:

大家好!中秋是我们中华民族的传统佳节,它也象征着我们中华民族的迷人魅力!今年的中秋即将来临,值此佳节来临之际,我代表市委、市政府向广大老年人致以节日的问候和诚挚的祝愿,祝愿各位老人家福如东海,寿比南山!

市委、市政府一直非常关心我市孤寡老人的安置工作,此次慰问各位,市委准备了月饼、水果和各种对老年人身体健康有益的食品,相信大家已经收到。送大家的慰问品虽然不多,但是却包含着我们的心意,希望各位在市委、市政府的关怀之下过一个欢乐、祥和、轻松、愉快的中秋节!

每个人都会经历生老病死,所以说任何人的生命都包含着各种不确定因素,天有不测风云,人有旦夕祸福。因此,我们要懂得珍惜眼下的生活,把握好自己生命中的每一天,在自己有限的生命时间内,尽力为自己积累善果,这样生命才是有意义的,这样才没有浪费自己宝贵的生命。

每一个人的人生都是不一样的,家庭环境和身世背景也是不尽相同,在这样的条件下,每个人的想法也不会一样,特别是老年人。当从不同的生活环境中脱离出来,来到一个集体环境中的时候,虽然大家在生活上能够互帮

互助，相会关心，但是有些时候难免会发生一些摩擦和误会，但是，既然大家在政府的关怀下来到一个共同的生活环境中，那就应该摒弃个人生活中的陋习，懂得享受大环境的温暖，用更加宽广的胸怀去关心、接纳他人。这是我们老年朋友们一定要谨记的，也是我们必须要做到的！

希望大家能够健康、幸福地安享晚年！在今后的生活中，希望各位老人家能够在珍惜自己的同时，多关心周围的人！再次祝愿大家节日快乐！谢谢大家！

4. 领导慰问职工家属的致辞范文

职工能够在公司用心工作、辛勤付出，需要自己有强烈的主人翁意识之外，还需要有来自职工家属的鼓励和支持。所以，很多机关、企业都会组织一些活动对职工家属进行适当的慰问，在慰问活动上，领导的慰问致辞总会让职工家属倍感温馨！

范文一：××公司领导慰问职工家属的致辞
致辞人：××公司领导
致辞场合：××公司领导春节慰问职工家属
在场人物：××公司的员工及其家属
各位员工及家属们：

大家好！新年的钟声即将敲响，春天的脚步声越来越近，在这春回大地、万物复苏的季节，在这新春佳节到来之际，××公司董事会、全体领导代表我们的所有员工向各位家属们表示衷心的感谢和亲切的慰问！并祝你们春节愉快，心想事成！

回顾过去的一年，××公司刚刚走过的路程，我们心中有无限感慨！××年，对于××公司是非常不平凡的一年，我们全体员工上下一心，紧紧围绕市场在行业内展开激烈的市场竞争，抓住所有能够促进××公司发展的机遇，积极响应××市××局的号召，专注打造专属我们的企业特色，为××市的竞价发展做出了巨大的贡献！

过去的一年，对于××公司来说是励精图治的一年，也是各个部门捷报频传的一年！在公司内部，我们也在不断适应市场和社会的需求，积极创新我们的生产模式和生产工艺，公司的领导班子多次开会讨论公司未来的发展方向，并在各个部门展开讨论。一年以来，公司的所有员工面对高强度的工作、激烈的市场竞争和行业竞争，以及残酷的市场形势，团结一致，在公司领导班子的带领之下，一路不惧艰险、奋发图强、不断创新，不仅超额完成了公司下达的经营指标，还得到很多合作伙伴的认可，这为公司未来的发展奠定了坚实的基础！

之所以能够出现这样的骄人成绩，离不开员工自身的努力和顽强；离不开公司的支持和帮助；更离不开各位家属的关心和理解！是你们的关心像一股暖流涌入各位员工的心田；是你们的理解犹如一缕春风吹散各位员工心头的阴霾！你们作为职工家属，能够在他们工作一天的时候，为他们提供一个温暖的港湾；能够在他们劳碌一天的时候，为他们做上一桌可口的饭菜；能够在他们沮丧气馁的时候，帮他们分析原因，鼓励他们继续拼搏！

广大的职工家属们，虽然你们不是××公司的员工，但是××公司对你们是心存感激的，你们是××公司发展壮大的一股无形的力量。过去因为有你们的支持，公司才能发展壮大。未来，相信在你们的继续支持下，公司会变得前途无量！

明年，××公司的发展将会迈上一个崭新的台阶，希望大家能够再接再厉，不断开拓创新，为公司的发展贡献自己的力量！同时希望广大的职工家属能够在未来的日子中，继续支持我们的工作，继续为我们加油鼓劲！最后，在此祝愿大家春节愉快！谢谢大家！

范文二：××市××局领导慰问职工家属的致辞

致辞人：××市××局领导

致辞场合：××市××局领导春节慰问职工家属

在场人物：××市××局的员工及其家属

各位员工、广大职工家属们：

你们好！现在举国上下都沉浸在欢乐的海洋中，因为新春佳节就要来临，在这辞旧迎新的欢庆时刻，我谨代表××局的全体干部向广大的机关成员问好，向在节日期间依旧值班的职工致敬，并向你们表示亲切的慰问！同时向广大的职工家属拜年，并致以诚挚的问候和美好的祝愿！祝愿大家在新的一年中，工作顺利，阖家欢乐，身体健康，万事如意！

在过去的××年中，我局的各项工作都进行得有条不紊，并且取得了非常显著的成效，得到了上级领导的嘉奖和鼓励！去年，全局的安全生产、各项事务管理、党政建设和××整治工作等都取得了明显的进步和长足的发展，特别是在市委、市政府号召安全生产××日的关键时期，我局上上下下全力以赴，争当安全生产模范，在各自的工作岗位上兢兢业业，不辞劳苦，最终圆满完成了自己的工作任务，并保证了××日的安全生产！

过去的××年，是我局各项事务建设脚步最快、步伐最大的一年，我局的各个职能部门积极协调社区深入开展一系列的基础性活动和基层活动，这对加强基层建设发挥了重大的作用。与此同时，我局主管经济的职能部门积极与我辖区的企业联络，为他们的生产、经营提供各项优惠政策和便利条件，这对夯实企业发展根基做出了很大的贡献！

在过去一年的时间内，我局不断创新管理机制和改革体制，并对全局职工的思想政治工作予以加强，从而使全体职工的思想觉悟水平明显提高，工作能力明显加强！这些成绩的取得，饱含着全体职工干部的心血和汗水，同样也离不开广大家属的鼓励和支持！

在新世纪、新的发展阶段，我局会有新的任务和工作，在今后的工作中，我们要为全面建设小康社会做出更大的努力，提供更多的帮助，在下一步的工作中，我们要明确新的形势，加强党政建设，从而加快推进社会主义现代化建设的步伐。全局职工要深入解放思想，进一步开拓创新，结合自己的工作，认真审视自己的现状，理清未来的发展思路，克服一切思想障碍，树立牢固的发展意识和创新意识，为我局的全面发展提供有力的帮助和更多的支持。

广大的职工家属们，在过去的一年中，因为有你们的支持和理解，我们才能够稳步地发展，我们才可以取得让人满意的成绩，我们才会在前行的道路上没有后顾之忧！在此，我代表全局职工向各位表示深深的感谢和诚挚的敬意！在日后的工作中，我们依旧需要你们的支持和鼓励，需要你们的爱心和帮助！这些不仅仅是在生活上，更多的希望是在精神上支持我们！希望广大的职工家属能够继续为××局的员工撑起思想上的半边天！

新的一年，××局的任务是非常艰巨的，我们要按照上级的部署和指示，从实际出发，积极推动我市的经济发展和企业改革。在不断深化改革的过程中，全体职工干部要处理好改革、发展和稳定之间的关系，正确看待企业改革体制，拿出自己满腔的工作热情，而广大的人民群众做实事、做好事！用自己的实际行动尽力解决企业遇到的实际困难，为全面推进我市的经济发展贡献力量！

最后,再次祝愿大家在新的一年工作进步,身体健康,家庭和美,阖家幸福!谢谢大家!

5. 领导慰问外地职工及家属的致辞范文

随着经济的不断发展和社会的不断进步,有越来越多的人开始到外地工作。很多经济效益好、福利待遇高的企业都会吸引四面八方的人才。一个企业的发展离不开这些外地职工或者在外地工作的职工。当然,这些外地职工的家属也是这些职工安心为企业谋福利的重要因素。所以,企业、公司和机关有必要在适当的时候对他们进行一些慰问,相关领导的慰问讲话总会鼓励这些员工再接再厉,不断付出!

范文一:××公司领导慰问外地职工及家属的致辞
致辞人:××公司领导
致辞场合:××公司领导在新年慰问外地职工和家属
在场人物:××公司的外地员工及其家属
各位员工,各位家属们:

大家好!××年的新年钟声即将敲响,在新春佳节来临之际,我代表公司的领导班子向公司所有的外地职工、在春节期间依旧坚守岗位的外地职工致以节日的问候,表示深深的感谢!同时祝愿各位新春快乐,合家幸福!

即将过去的××年对于我们广大××人来说是非常有意义的一年,在新一届领导班子的带领之下,我们公司制定了新的五年发展战略,即将过去的××年刚好是五年发展战略的开局之年。过去一年我公司的各项工作都获得了丰硕的成果,一年以来我公司的全体干部职工以"创新务实,服务客户"为宗旨,把科技创新作为公司发展的主题,把加快企业经济建设作为公司发展的首要任务,综合提升员工素质,树立良好的企业外在形象!在公司领导的准确部署下,在全体职工的不懈努力下,公司终于取得了令人满意的成绩。在××年,公司完成产值××亿元,实现净利润××万元,不仅超额完成了既定的工作目标,还圆满地完成了全年的各项工作任务,为公司赢得了非常好的经济效益和社会效益。

公司这些成绩的取得，是公司上下所有员工抓住机遇、共同努力的结果。公司的成绩中，包含着你们这些外地员工的汗水和心血，是你们不远千里从外地赶来，在这里扎根苦干。我们不会忘记你们为公司付出的辛劳和汗水，不会忘记你们背井离乡的寂寞和困难。××公司正是因为有了你们，才能一步一个脚印走到今天。在此，我代表全公司的领导干部和广大的当地员工向你们这些外来"血液"表示崇高的敬意！

你们这些外地职工之所以能够安心在公司工作，默默为公司付出，最需要感谢的并不是公司，而是你们背后强大的精神后盾——家属！正是因为你们的家属在你们离家之后为你们照顾年迈的父母和未成年的孩子，是你们的家属在精神上给了你们莫大的支持和鼓励！在此，我代表全体的外地职工向在座的各位家属表示深深的感谢和衷心的祝福！在这些外地职工的背后，是你们在默默支撑着，是你们在他们远离家乡的时候时常联系他们，为他们解决家庭中的后顾之忧。在××以后的发展过程中，需要各位家属继续给予我们支持和关心，因为你们是这些外地职工的精神支柱和温暖港湾！

最后，再次向在节日期间依旧奋战在工作岗位上而不能回家的广大外地职工表示崇高的敬意和深深的感谢！希望各位在今后的工作中能够坚定自己的信心，再接再厉，为公司的繁荣发展贡献更大的力量！谢谢大家！

6. 领导慰问基层员工的致辞范文

基层职工虽然在一个企业、公司或者团队中的职务很低，但是他们却肩负着这个企业、公司或者团队最辛苦，最烦琐的工作任务！公司的发展、进步、改革、创新……每一个环节都离不开这些默默耕耘的基层员工。作为一个人性化的企业或者组织，会在适当的机会对这些基层员工进行必要的慰问，领导同志的致辞对他们而言也是一种激励和肯定！

范文一：××市领导慰问基层员工的致辞
致辞人：××市领导

致辞场合：××市领导在××广场上慰问讲话

在场人物：××市的所有环卫工人、干部

广大的环卫工人们：

大家好！今天我们怀着无比激动和喜悦的心情迎来属于我们环卫工人自己的节日——环卫工人节！在这个属于我们环卫工人的节日中，我代表市委、市政府向全市奋斗在环卫战线上的所有职工干部致以节日的问候和真诚的祝福！

环卫事业是一项非常崇高的事业，也是一个十分光荣的职业，环卫工人也是一个十分光荣的群体，是一个值得社会尊重和敬重的群体，你们是城市的美容师，也是城市的美化师！你们中有很多职工已经为环卫事业奉献出了多年的青春年华！多年以来，你们舍小家，为大家，辛勤耕耘在我市的大街小巷，用自己的双手为广大的市民创造出干净、整洁的居住环境，在自己平凡的工作岗位上做出了不平凡的业绩，为我市创建文明卫生城市做出了不可磨灭的贡献，正是因为你们的辛勤和汗水，为我市争得了一个个的荣誉！

市委、市政府对我市的环卫事业一直非常重视，并给予了大力支持。市委、市政府把我市的环境建设当作是城市的一个品牌来倾力打造，在环境建设设施上加大投入力度，对环卫工人的薪酬待遇进行不断提高，环卫工人的工作环境也在不断发生变化！在市委、市政府的关心、支持下，有越来越多的人关注环卫工作，改变对环卫工人的看法！

今天，对于我们广大环卫职工来说是一个值得庆贺的日子，市委、市政府对环卫工作会更加重视。在此，呼吁我市的社会各界人士能够更关心、支持环卫工人的工作，从身边的小事做起，用自己的行动为环卫工人做好事、做实事！如今，有越来越多的市民拥有文明意识，也有越来越多的市民懂得尊重、支持广大环卫工人的工作。我希望随着市委、市政府加大对环卫工作的重视程度，有更多的市民养成良好的卫生习惯，拥有强烈的文明意识！

一年来，我市环卫工人做的工作是有目共睹的，市委、市政府对大家做出的成绩倍感欣慰，明年就是我市创建卫生城市复检验收的一年，你们肩负的责任会更重。希望在未来的一年中，广大的环卫职工能够再接再厉，继续发扬自身的行业精神，热爱自己的工作，在自己的工作岗位上尽职尽责，精益求精，为我市的环境卫生做出更大的贡献！

最后，再次祝愿全市的环卫职工节日愉快，同时祝愿环卫职工的家属身体健康，生活甜蜜！谢谢大家！

7. 领导慰问受难职工的致辞范文

每个人都会遇到不如意的事情,同理,作为一个拥有庞大人员的企业或者公司,同样也会遭遇各种不同的困难,有时甚至是天灾人祸。在这些灾难面前,会有很多人受难,甚至有人会遇难。此时,这些受难的职工和遇难职工的家属最需要的是来自上级领导的关心和支持。领导适当地慰问总会给他们更多希望和勇气!

范文一:××公司领导慰问地震受难职工的致辞
致辞人:××公司领导
致辞场合:××公司领导在公司慰问受难职工
在场人物:××公司的全体员工和家属
同志们、朋友们:
大家好!今天是"5·12"汶川地震发生××周年的日子,此刻我们的心情依旧无法平静,为了缅怀逝去的同事,也为了向各位员工表示慰问。公司的领导班子特意举行了这个隆重的集会!在此,我代表××公司的领导班子向各位员工表示诚挚的慰问,对在地震中有亲人遇难的职工表示最亲切的慰问!

汶川地震虽然已经过去很长时间了,但是我们的心情还是会陷入深深的哀伤之中,悲痛的心情没有办法用语言表达,我作为××公司的董事长,一个曾经亲身经历地震的幸存者,我心中的悲痛从来没有停止过。在自然灾害面前,人类的生命显得格外脆弱,对在地震中遇难的员工,我深感悲痛,在此,我代表公司向遇难者的家属表示诚挚的慰问!在地震中和我一样的幸存员工,我们应该懂得感恩,把握好生命中的每一天!

汶川地震中,我公司共有××名员工遇难,××名员工受伤。今天,受伤的员工已经恢复了当初的健康状况,但是身上的伤疤依旧在向我们揭示大自然的无情!在此次自然灾害中,我公司的××、××等人为了挽救他人的生命,不顾自己的生命危险,在灾难来临的时候临危不惧,最终挽救了多名职工的生命,而他们却在这次灾难中成为残疾人。他们的品质是值得我们所有员工学习的,他们的精神是值得所有员工继承和发扬的!他们是××公司最宝贵的财富,是××人最强大的精神后盾!

  公司在经历这次灾难之后,全体员工并没有离开,反而不离不弃,和公司一起重新站了起来!灾难无情人有情!广大的××人在灾难之后尽自己的最大努力将公司的损失降到了最低。这一个劫难显然是很不幸的,但是从这个劫难中我们同样收获了很多,灾难带来的伤痕总有一天会被时间抹平,但是在灾难之后,××人民众志成城、团结一致的精神会永远留在我们每一个人的心中!

  公司的所有员工都在灾难之中受到了或大或小的伤害,但是你们并没有因此而消沉,而是振作精神,你们对待公司始终保持着荣誉感和自豪感,你们是好样的,公司同样因为你们而感到自豪和骄傲!

  在今后的生活和工作中,广大的干部职工无论遇到任何问题,都可以向上级反映,公司会在第一时间为你们分忧解难,特别是遇难职工的家属们,如果有困难,一定要第一时间通知我们。你们的亲人是我们的员工,他们是在公司遇难的,那么我们以后就是你们的亲人!我相信,只要我们团结一致,不管遇到再大的困难,再大的挫折,都会迎刃而解的!

  灾难过后,公司上下表现出来的坚强令我们动容。在此,我谨代表公司的领导班子向各位员工表示真心的感谢,感谢你们的坚强和高尚,感谢你们的理解和支持!是你们在公司面临困境的时候依旧坚守在自己的岗位上,是你们在灾难发生之后主动承担起重伤员工的安抚工作!同时,要特别感谢市委、市政府的大力支持和帮助,以及社会各界人士的无私奉献和亲切关怀!因为有你们这些人,××公司才能够重获新生!

  今天,在"5·12"地震××周年之际,我们向遇难者表示沉痛的哀悼,向受难的员工表示慰问。但是,我们既然是幸存下来的幸运儿,就不能一直活在悲痛之中,我们应该更加坚强,更有勇气!我们知道,我们是不会被眼泪和悲痛击垮的,灾难和泪水只能够让我们变得更加坚强。今后,我们不会用苦难来祭奠苦难,更不会用眼泪去冲刷眼泪!对遇难者最好的告慰、对受难者最好的祝福,就是化悲痛为力量,用更加激昂的斗志、更加坚定的决心、更加慑人的气魄,去完成他们没有完成或者不能完成的事业!为建设更加美好的家园而不懈努力!

  最后,愿逝者安息,生者幸福!以后,××公司会尽自己最大的努力为各位员工创造幸福的家园!谢谢大家!

第九章　欢送致辞，大方得体有礼节

与欢迎辞相对立的还有一种欢送辞，欢送辞一般都会为了感谢来宾的参与以及双方共同交流的心得，并表达以后继续交往合作的意愿等。言辞上要保持诚恳，不要过分夸张，实事求是更能取悦来宾。同时需要注意的是，欢送会或多或少都会有一些离别的愁绪，这时候，欢送辞就要体现一些真情在里面，一方面预祝欢送之人有好的发展，另一方面也要表达自己依依不舍的情绪。

1. 领导欢送前任领导离职的致辞范文

在前任领导离职欢送会上的致辞，要总结前任领导在任期间完成的工作任务，并肯定前任领导的工作。感谢他为你日后的工作奠定了坚实的基础，最后祝愿前任领导在新的职位上能做出更多的功绩！

范文一：××局领导在前任领导离职欢送会上的致辞
致辞人：××局领导
致辞场合：前任领导离职欢送会现场
在场人物：××局全体职工
各位同志们：
大家好！

××领导圆满而出色地完成了他在任期间的工作任务，现在他就要奔赴新的工作岗位了。在这里我首先代表我们××局的全体干部职工，感谢××在这几年中，对我局工作的有力领导，更感谢××在这几年中对我及全局干部职工的悉心关怀！

作为我局的领导，××在政治方面非常坚定，而且有着开放的思想，组织能力强。××同志富有领导魄力且具备全面丰富的知识及领导才能，他是给予我们支持的好领导。对于他的各项工作业务能力及领导水平，是全局上下有目共睹的，更是被上级领导认可的。他自在××局工作以来，一直立足于从××局的实际情况出发，充分发挥自身的优势。在工作中总能够游刃有余，把工作开展得有声有色，有力地促进了××局的经济快速的发展。××又非常平易近人，无论工作还是日常生活中，他总会关心关怀下级的工作状况及生活情况，了解下属在工作中遇到的一些实际困难，并给予帮助及解决，正是因为这一点，同志们对他也是一致地好评及赞赏。

去年由××负责进行争取××项目以来，我与他在工作上有了更多的接触，这使我更加深入且全面地了解和学习××的工作态度、能力、方式、方法。同时也被他的领导水平及人格魅力所折服。××项目是近年以来我局投资资金最多的项目，同时，这个项目也是能够带动周围经济的最大项目。对我局的经济发展具有深远的意义。××对此项目有着正确的认识，态度坚决，行动迅速。他以高度的政治责任感及其使命感，多次召开相关项目争取的现场办公会，对项目的前期准备工作进行了非常细致及全面的安排部署，还积极地深入项目的备选点进行了实地勘察及其调研，并曾多次亲自上门去向××公司及设计单位等相关的部门进行协商与沟通。特别是最后，在竞争众多的严峻形势下，××充分发挥了一名领导干部的作用，没有因为压力而退步，不怕劳苦，亲自前往××公司多次进行汇报该项目前期准备的情况，以及如果项目落户于我局的优势。他还多次陪同这家设计单位和××公司的调研人员深入项目的一线，对不断调整变更的备选项目点进行实地勘察及调研。他这种工作态度及作风获得了××集团负责同志及项目设计单位同志的一致认可及赞赏。正是因为他获得对方的理解与信任，为成功竞争该项目赢得了先机。与此同时，××在全力抓好××项目工作时，还多次主动放弃自己的节假日休息时间，经常加班加点，目的就是能够抓紧把工作落实，积极地争取到××项目。正是因为他的努力，目前这一项目已被我局成功竞争到手，并进入了施工阶段。

几年来，××非常出色地完成了自己所负责的工作。他工作的时候，总是一丝不苟，能够从总体把握全局，而且还经常去倾听各方面的工作意见建议，只要是有利于他工作的意见建议，他都能够虚心地接受。同时，繁忙的工作并没有让他忘记学习，他经常研读国家的方针政策，用他所掌握的知识与我局的实际情况进行工作部署。工作之余，他又是一个非常友善的人，让人觉得很亲切。他总会与我们基层单位的同志进行交流，了解他们的生活、工作情况，与他们建立深厚的友谊。正是由于他了解基层，所以他能够很准确地进行工作谋划，理清工作思路。

在这里我要说，××局在这几年里的工作成绩，在很大程度上都是得益于××等各位领导的有力领导，在这里，我代表全体工作人员，向各位领导特别是××领导表示最真挚的谢意！

最后，我祝愿××在新的工作岗位上能够一切顺利，生活美满！并诚挚地邀请××在今后的日子里，能够常来我局指导工作，继续对我们的工作给予支持。当然，我们同样相信××一定能够在新的工作岗位上做出更好地业绩！谢谢！

范文二：××县领导在前任领导离职欢送会上的致辞
致辞人：××县领导

致辞场合：前任领导离职欢送会现场

在场人物：××县党政机关全体干部职工

同志们：

今天是我们每周的例会，但是这次的例会却不同于以往，我想大家都已经知道了，我们的××书记明天就要回到原来的单位就任新职，今天在这里我们也是一个欢送会。因为××书记自从到了我们这里工作，给我们做出了很好的榜样，让我们的工作能够更好的开展，落实。

××书记在这里的××年里，他不单单只是我们的领导，他更多的是我们的老班长、老大哥，无论在工作还是生活上，他让我们知道了如何做事、如何做人、如何面对生活。上级领导说××书记是"三宽"干部。何为三宽？就是说××书记他的眼界宽、思路宽、胸襟宽。

第一，××书记的眼界宽。××年来的工作中可以充分地说明这一点。××书记他总能把工作与全县大局紧紧地联系在一起，每年对工作安排都十分细化，制订了详细的工作计划，落实了各项的工作目标，抓好督促于指导，他具有一套行之有效的办法。特别是在××年中，我们的新一届党委就职以后，他提出了"三不"政策，就是指对前届党委政府工作，不否定、不放松也不能停止。比如说，村村通公路的建设，要接着上届党委政府所制定的目标进行实施，并要胜利地完成。还有××街的整修，这是为百姓们做实事，更是为了圆广大干部及群众多年的梦。所以他说："我们要一任接着一任干，一任干给一任看。"正是因为他的这种思想，给了全县党政干部做出了表率，同时也给各个工作班子提供了努力工作的动力。

第二，他在工作时思路非常的宽阔。我县作为农业大县、工业穷县。对于以后如何开展发展、如何推进乡镇的工业发展，这一直是历届党委苦苦思考的问题，××书记在经过广泛征求了县领导、乡镇干部以及广大人民群众意见后，提出了一个三年目标：一年打基础，两年上台阶，三年让经济大飞跃。我们为了这个目标而努力，××年来，我们县里的经济稳定发展，干部们的工作重点也是在求稳求实，在这种稳扎稳打的形式下，完成了多次未完成的机构改革，做到了轻装上阵。××年紧跟着县委的招商引资步伐，以吸引外资为重点项目，突出抓好了××电站的建设，××厂的扩建，以及××服装厂、××食品厂的建设工作，正是因为这些工厂的建设，使得我县摘掉了落后的帽子，并取得了招商引资的二等奖，这个奖项被市领导称为××历史上最荣耀的事情。××年××书记还带领着大家大踏步前进，干有力度的工作，下决心地招商，有信心地拿奖，在工作中一环扣一环，实现了进位争先的目标。获得这些成绩,充分说明了××书记勇于创新的思想,为××的历史上加上了最绚烂的一笔。

第三,××书记的心胸非常宽厚。做为这个班子的领导,××书记有着最为宽广的心胸,他能够宽容别人的过错。在工作中,他能够善于发扬民主,是一位亲切的领导。大家都清楚,在全市论团结,就数我们这个班子。而我们班子的团结,就是因为××书记以身体作则,使全体班子成员都以他为楷模的结果。××书记常常说懂团结才是有大智慧,会团结是你有大本事,真团结才是一种高境界。大家能够在一起是一种缘分,我们都要做到心胸宽广、虚怀若谷、宽以待人,理解别人,尊重别人。在工作生活中要知道包容别人的缺点与不足,更要学别人之所长,容别人之所短,讲感情、讲友谊,不利于大家团结的话不说,不利于大家团结的事情不做,要做在政治上志同道合的同志,在思想上能够肝胆相照的战友,生活中相互关心的朋友。在这里××年多的时间中,××书记用他的工作态度、生活态度为我们诠释了这些话。在××年县机构的改革中大家是否还记得,有一些人想要走捷径,想不被精简。当时是××书记要坚持一切程序都要公开公正透明化,所有班子的领导从他做起,不说有倾向性的话语,正是因为这个决定,我们机构的改革才能够顺利结束。××年领导班子要定编定员,为了能够使××、××两位同志回城工作人员有个好的归宿,××书记不仅带着××书记、××书记来找市委、找组织,还多次去找××部长向上级反映情况,最后使这两位领导都能够在市里找到了满意的工作单位。××年,××书记为了使××村、××庄的修路问题能够得到落实,曾经多次带着我们找分管这些项目的领导,跑省××局、省××办、××市委等相关的部门。为了这件事情他可以说是磨破了嘴皮,跑累了双腿,不顾及自己的面子,才有我们这些新路的完工,解决了群众交通不便的问题。××书记在生活中对我们更是关心和爱护。××年,××的孩子得了重病,是他带头捐款去献爱心,这工作和生活中的点点滴滴都充分地体现出了××书记作为我们的班子领导是一个重感情、讲团结,一切为了群众的好领导。在这里,我代表我们班子的全体工作人员及全县干部向老大哥致以最衷心的感谢!

明天,××书记就要离开我们县城,到市里工作了,我代表班子的全体同志以及全县的广大干部向××书记说一些知心话,古人云:以史为镜,可以知兴替,以人为镜,可以明得失。我的老领导、老大哥,在工作与生活中,我们永远都会以你为榜样,我们会沿着你的脚印走下去。我们会像你所说的"一任接着一任干",努力把团结工作进行到底,实现下一个工作目标。我们还希望你能够经常回来，给我们指导工作。同时，也祝你能够在新的工作岗位上，再创佳绩，干出新成绩。谢谢大家！

范文三：××镇领导在欢送××镇党委书记、镇长欢送会上的致辞
致辞人：××镇领导
致辞场合：××镇党委书记、镇长欢送会现场
在场人物：××镇全体干部职工
各位领导、各位同事：
大家好！

今天我们相聚在这里，是因为××书记、××镇长要离开我们，走上新的工作岗位。我们借些机会，为他们举办欢送会。此时我的心里有万般的不舍，因为我们曾经是并肩战斗过的好同事、好战友、好朋友。现在的我心里有一种难以表达的感情。我有高兴，同时也有难舍及伤感。我高兴的是因为××书记、××镇长都将走向新的工作岗位；我伤感是因为他们都是工作优秀、基层经验非常丰富的同志，就要离开我们这里了。

我来××镇工作已经快××个年头了，在这××年里，与在座各位经历的事情依然能够清晰可见。××年里，要离开的两位领导为了××镇的发展所做出的努力，所留下的点点滴滴都让我们历历在目，仿如昨天。

我还记得，在"非典"发生的时期，××书记总是不畏病魔走到了抗击"非典"的第一线，细心排查、精心监控。他还在每次的人代会之前，整晚地熬夜，为的就是能够多写几个提案，为新村的发展争取更多的机遇；他为了能够给农民解决好纠纷问题，经常在深夜还在为他们做工作。

××镇长来到××镇以后，总是坚持亲自深入基层，他说这样才能够很快地了解自己工作中所存在的问题，乡村公路的修建工地上，你能够看到他正在查看工程进度及工程质量的身影；当镇上要实施沼气池示范点时，你也能看到他认真查看、指导身影；镇区道路上，还留着他带人修补沉槽时的印记。

××镇长自从来到××以后，先是从事管区的工作，上班一个月以后，他就跑遍了东管区的各个行政村，了解到了所有村子里的基本情况；后来他去主管乡镇企业，在不到一个月的时间里，他就跑遍了所有乡镇企业，他深入了解这些企业所面临的问题，并帮助这些企业解决问题。后来他又主管文教卫生，当时××中专发生了一个冲突事件，他在冲突事件现场坚持了两天两夜，与相关人员彻夜长谈，直到最后问题得到了圆满解决。当面临对环境

整治及创建卫生城镇的时候,他曾经写出了近××余条的整治标准。还与××学院协调用地,在这期间他与当地的群众、村组干部在一起商谈共达到20余次,最终签下了双方满意的协议。

当然,他们在××镇所做出的贡献是说不完也写不完的。在这个欢送会上,我想给他们两位说,在这××年里,你们对××镇无私的奉献,我们是永远都不会忘记的!你们对××镇的发展付出了太多太多,这些××人民是不会忘记的!在这里,我提议让我们用最热烈最真挚的掌声,对你们为××所做出的贡献表示最由衷的感谢!

在此,我也真诚地希望,离开××镇工作的××书记、××镇长,能够在有时间的时候回来再看看××,以给我们的工作提出意见或建议,能够继续地关注××镇,支持××的发展。

我代表在座的各位,祝愿你们在新的工作岗位上能够工作顺利,干出新的成绩!谢谢大家!

2. 领导欢送考察团的致辞范文

每当考察团离开的时候,都会举办一个欢送会。领导会对考察团的来访予以肯定,并对考察团的收获予以祝贺。在致辞中介绍考察团们所关心的问题,吸引考察团再次到访。

范文一:××商会领导在参观团欢送会上的致辞
致辞人:××商会领导
致辞场合:××商会考察团欢送会现场
在场人物:××商会全体员工
尊敬的各位领导、各位嘉宾、各位乡亲,女士们、先生们:
大家中午好!
在这个收获的季节,我们要送别以××团长为首的考察团,在此,我谨代表××商会对你们此次考察成功表示衷心的祝贺,希望你们能够满载而归。

现在,随着我们这里各项经济建设突飞猛进地发展,还有随着××博览会在这里的召开，随着××在中国西部的大开发战略中的地位，以及国内外金融经济运转的回升，我们迎来了天时地利人和的重大历史机遇。在考察中，我们可以看到，你们此次来××进行投资考察非常具有经济战略眼光，顺应了目前经济发展的潮流。对于我们来说，只要能够抓住这些机遇，勇敢创新，开拓进取，就能够在当前的投资建设中找到新的赢利点，同时也能体现你们自身的投资价值。

各位朋友，我们××商会是你们最温馨的家，自去××商会成立以后，现在已有了近××名会员，原××党委副书记是××商会的名誉会长，我们的会长××先生在××各界也享有盛誉，现担任××委员和××总商会的副会长。我们商会还有很多的常务副会长在××、在××各地都担任着一定的职务。所以说××商会拥有着一批实力雄厚，在当地有着很大影响力的××企业。而且我们××商会的组织机构非常合理、相关规章制度健全，并且配备有一支团结、智慧的工作团队。当前××商会正在飞速地发展，所以请你们对我们放心，如果你们在以后的日子里选择来××进行投资创业，我们一定会给你们提供最好的服务，让你们能够在××大地上干出一番事业！

各位朋友，今年还有一喜，那就是中华人民共和国成立××周年，在这个特别的日子里，让我们一起携手走向更加辉煌的明天。最后，我们祝愿××的朋友们能够在以后的日子里大展宏图、前程无量！同时祝在座的各位领导，各位嘉宾，各位同仁们，身体健康，事事顺心！谢谢大家！

3. 领导欢送老员工退休致辞范文

对于一个单位、企业来说，退休的老员工都是职员工的老前辈，在他们的岗位中做出过巨大贡献的人。为老员工退休举办欢送会时，领导会在致辞中总结老员工们多年来的工作业绩，向他们表示衷心的感谢。

范文一：××局领导在××局离退休员工离职欢送会上的致辞
致辞人：××局领导
致辞场合：××局离退休员工离职欢送会现场

第九章　欢送致辞，大方得体有礼节

在场人物：××局全体职工

各位尊敬的离退休老前辈：

大家好！

我曾经看到过这样的一句话，童年是一幅美丽的画，少年是一个清新的梦，青年是一首奔放的诗，中年是一篇韵味的散文，老年是一部耐读的哲学。在这里——祝贺几位离退休的老前辈已经进入了哲学家的行列了，在这里我代表全体工作人员向你们表示真挚的敬意。

对于我们来说，教师的加法便是为国家增加栋梁之材，而教师的减法便是减少祖国的知识荒凉，在我们地区教育事业的蓬勃发展中，渗透了你们无私的汗水，更离不开你们那不怕艰辛地奉献。在这里我们一定不会辜负你们对教育未来的期望，在局领导的带领下，我们一定会再创下××教育的最好成绩，以来感谢你们的厚望。

××教育局是我们曾经共同工作及学习的地方，你们既是我的同事，也是我的长辈兼老师。我们从你们身上看到了什么是"衣带渐宽终不悔，为伊消得人憔悴"的无私无畏的敬业精神，学到了待人要真诚、懂得相互尊重的待人哲理，学到了你们一丝不苟的工作作风。我为能够做你们的同事而感到无比的荣幸。感谢你们这么多年以来对我们的关心与鼓励！

在这里我祝各位离退休的老前辈们能够开心快乐，身体健康，在夕阳的映照下画出人生的另一幅美丽画卷！谢谢大家！

范文二：××领导在××同志退休欢送会上的致辞

致辞人：××行领导

致辞场合：××同志退休欢送会现场

在场人物：××行全体职工及退休老职工

同志们：

今天，我们欢聚一堂，是为了给××同志举行退休欢送会。在此，我代表市分行党委向光荣退休的××同志表示热烈的祝贺！并向××同志在这么多年里为××农发行所做的巨大贡献，表示由衷的感谢！

××同志在××行工作已经近××年了，他在各个岗位工作中都能够不畏艰苦、勤劳努力、任劳任怨，把自己全部的青春和力量都无私地奉献给了农村金融事业上，也把自己全部的工作激情和智慧都奉献给了××农发行的改革发展，他在这个最平凡的工作岗位上干出了不平凡的工作业绩，曾经先后受到过各级的表彰××次，××次他都被评为了优秀的共产党员，还多次被评为先进的工作者，在××年他先后被团省委及团中央所授予省级新长征突击手称号及全国新长征突击手称号，他是全市乃至于全省的农发行系统所受到的表彰最多且表彰等级最高的职工。正是因为他的种种表现，使他在全行广大的干部职工中有着非常高的威信，也可以说是德高望重的一位老职工。在这里，我希望我们大家能够再次用最热烈的掌声向××同志表达最崇高的敬意！

对于我们的人生来说，退休是一个很大的转折点，同时也是我们全新生活的一个开始，我们的老同志们辛辛苦苦的工作了几十年，也到了应该休息的时候，这样就能够有更多的时间来照顾自己的家庭、锻炼身体、静心地享受自己的美好生活。在此，我也希望其他已经退休和即将退休的同志们都能够调整好心态、以最快的速度适应这个全新的环境、开始自己新的生活，市分行的党委将一如既往地关注你们这些老同志的生活，尽最大的努力来帮助你们，解决你们生活中所遇到的困难，让你们这些退休的老同志能够有一个快乐且幸福的晚年生活。

对于我行来说，你们这些老同志就是我们最宝贵的财富，××农发行未来的发展同样离不开你们这些老同志的关注和支持，当前××农发行的改革发展已经全面步入了飞速发展阶段，这为你们在座的老同志提供了广阔的舞台，让你们能够奉献余热，再创新功。各位退休的老同志你们要注意加强自身的锻炼，保持一个健康的体魄，能够继续为××农发行的改革发展献计献策、贡献余热。

最后，我们衷心地祝愿××同志及其在座的退休老同志们，都能够老有所乐，老有所享，身体健康，阖家幸福，事事如意！谢谢大家！

范文三：××领导在××矿老职工退休欢送会上的致辞

致辞人：××矿领导

致辞场合：××矿老职工退休欢送会现场

在场人物：××矿全体职工

同志们：

今天我们欢聚在这里，隆重地为退休干部职工们举办欢送会。首先，我代表××矿党委及矿行政部门向在座的××名光荣退休的干部职工及其家属表示最热烈的祝贺！同时由衷地感谢你们在这几十年中对企业所做出的卓越贡献！

在这几十年中，你们勤勤恳恳地在各自的职位上，不顾艰辛，任劳任怨地忘我工作。你们把自己最青春的年华无私地奉献给了煤炭事业；把自己的力量和工作热情奉献给了你们最爱的矿山；你们用自己的智慧，为我们的矿山增添了无尽的色彩。你们总是一心为公，无私奉献。无论何时都是以大局出发，识大体，始终能够把企业的命运与自己联系在一起，风雨无阻，共渡难关。你们一心为了企业的发展，心怀着报企的志向，想矿山之事，解矿山之忧，能够自觉参与一系列改革改制工作，积极地参加矿山里的最艰险的建设任务，为矿山的发展献计献策、贡献了自己毕生的力量。你们立足于本职工作，把自己奉献于岗位，扎实地完成了各项工作。对于那些长年需要下井进行采掘工作的同志们，我们更为你们竖起大拇指。正是因为你们不怕吃苦，不怕艰难，起早贪黑，风雨无阻地工作几十年，才换来了矿山今天的成绩。你们把自己的一切都献给了这片矿山，有的同志因为工作身体已经留下了伤病。你们的这种工作精神和业绩××煤矿全体职工铭记于心，在我们××煤矿的发展史上永远都会记得你们曾经的无私奉献。对此，矿党委及矿山上的各位领导都会牢牢地记得你们，全体矿业的广大干部职工及家属也不会忘记你们的无私贡献。让我们再一次以最热烈的掌声向我们这些退休的老职工表达我们最崇高的敬意！

在近几年的工作中，由于受大的市场面的影响，一级采掘面的不断加深，井下条件越来越艰苦、采场的接续变得更加紧张、企业的负担也在不断地加重，这一系列不利条件摆在面前，但是我们矿党政班子带领着我们广大的干部职工不畏艰难，奋勇拼搏，创新进取。最终由于我们的坚持不懈，真抓实干，让我们渡过了这重重的关卡，并取得了业内最骄人的成绩。这些都全面地呈现了我们全矿广大职工团结一致、政令畅通、快速发展的良好态势，为我们××煤矿以后快速发展奠定了坚实的基础，更为再创辉煌提供了条件。我们可以说，在经过这一年的储备和积累中，经过我们不懈地努力，我矿加速发展的条件已经具备且成熟。我们有着坚实的基础，环境对于我们来说也非常有利。尤其是在我们今年进入三季度以来，我们的矿业各项工作都有了很好的超越，我们能够重点突破，保持了安全且持续的生产进度，而且我们非煤产业也取得快速发展，内部管理也进行了科学规范，科技创新的成绩也非常的突出，特别是我们已经通过了安全评估及安全生产许可证的检查。这是我们全集团各公司的努力共同完成的。截止到现在，我们矿业实现了安全生产××天，创出了自××年以来最长的安全周期。还有我们累计的产煤量已经超过了××万吨，完成了掘进总进尺××万米，实现了企业利润××万元，均超额地完成了我们集团总公司所下达的目标任务。我们上面所说的企业成绩，都是离不开我们全矿最广大干部职工的共同努力工作，更离不开为我们矿山奉献几十年的退休干部职工们。××煤矿现在能够取得的全部成绩都是你们的功劳，你们是最珍惜同时也是最值得尊敬的人！

同志们，对于我们××煤矿来说，现在正处于改革发展最关键的时期。因为我们要实现新的目标、使矿上能够取得更大的成绩，这样才能让广大的职工家属过上更好的生活，这也需要你们一如既往地关注、支持与拥护××煤矿的各项工作。在这里，我给大家出几点希望与建议，希望我们能够为更好地发展做努力。

第一，你们要时刻牢记我党的宗旨，那就是退休，但不能退志。作为共产党员的你们并没有退休，无论在任何时候，任何方面都要为群众做出最好的表率，这样才能无愧于我们共产党员的光荣称号。我们在座的每一位退休党员，都一定要拥护我们矿党委及矿行政上所做出的决策，坚信我们党的领导，永远跟着党走，在退休的生活中继续发挥我们党员先锋模范的作用。

第二，虽然你们已经退休，但是希望你们能够永远理解与支持矿上的各项工作。同时不断地加强自身的学习，要去了解国内外的大事，关注我们矿上的发展形势，一定要牢牢地树立与矿业共命运的思想，你们也要时时刻刻地关注着企业的发展，你们要多向矿上提有利于矿业发展的合理化建议及好的意见，要积极地支持矿上的各项改革，为我们矿业的振兴与发展出一份力。

第三，你们要协助矿上做好煤矿的安全工作。正是因为你们在煤矿上工作的几十年，你们对煤矿工作的安全性有着较高的思想觉悟，而且你们还具备着丰富的实践经验，我希望你们能够以亲身经历，现身说法，在矿上积极地宣传党对安全生产所制定的方针政策，多多教育自己的子女亲属及其周围的工友能够按照规章制度作业，搞好煤矿的安全生产，为煤矿安全而稳定的发展形势做出你们新的贡献。

第四，你们以后有着充足的时间，所以你们要多参加一些有益于身心健康活动，这样不仅能够陶冶大家的情操，而且还能让自己拥有好的身体。在家里要教育好自己的子女，做到尊老爱幼，搞好邻里关系，在社会上要乐于助人，提倡文明新风，树立社会主义的新风尚，促进我们煤矿的文明建设的快速发展。

第五，你们已经进入了老年，所以身体锻炼必须加强，这样才能够保证自己有一个健康的身体，使自己能够安度晚年。我们人生最大的幸福就是有一个健康的身体。在这里我衷心地祝愿在座的每一位退休的老同志都能够健康长寿，晚年幸福！

我想在座的退休老同志都非常清楚，退休对于我们的人生来说是一个重大的转折，同时也是一种自然规律，我们不能抗拒。同时，我们大家都辛辛苦苦地工作了几十年，也应该给自己放假好好地休息一下了。这样我们就可以腾出更多的时间来照顾自己的家庭，锻炼身体，享受生活中的一切美好。

在这里我希望在座的退休同志们都能够尽快地调整好自己的心态，放下思想包袱，让自己进入一种新的生活状态。老同志们，"莫道桑榆晚，为霞尚满天"，我们的煤矿有着大好的形势，需要你们能够为煤矿奉献你们的余热。

在这里我代表全体职工祝愿在座的退休同志们能够身体健康，快乐幸福地渡过自己的晚年生活。谢谢大家！

范文四：××校长在老教师的退休欢送会上的致辞

致辞人：××校长

致辞场合：××学校老老师退休欢送会现场

在场人物：××学校全体师生

各位老师、同学：

大家好！

今天我们欢聚在这里，是为了欢送我们的××老师、××老师、××老师，因为明天就是他们退休的日子。他们三位为了我们学校的发展，为了全校学生的成才贡献了自己毕生的精力，奉献了他们的大好青春年华。今天，我们××学校特在这里为他们三位举办这场欢送会。

正是因为你们一直以来对学校的默默奉献，才使得学校渐渐地成长，使得学生一批又一批地成人成才。你们有着丰富的教学经验，你们的敬业爱岗和无私奉献的精神是学校最为宝贵的财富；你们的勤奋敬业令我们感到骄傲；你们为学校做出的贡献，学校和学生们是不会忘记的。

我们的学校因为有了你们而精彩，我们的××老师曾经也是我的老师。我永远都忘不了××老师对我的无私关怀，我还记得在我读初一的时候，是一个阴雨绵绵的清晨，××老师他将一盏台灯轻轻地放在了我的课桌上，这是因为我的视力一直不是很好，××老师是为了能够让我无负担地学习，但是因为我不想搞特殊，最后还是把那个台灯送还给××老师。尽管这样，××老师对我的关心就如同清泉一般，滋润着我幼小的心田。当时我就立下志愿，要像××老师一样做一名人民教师。在我从教以来，我曾有幸与××老师在一起工作。在这段时间中，××老师对我的工作一直都非常的支持。总会在关键时刻，给我以正确的指引，因为××老师他总是直言直语，让我说出工作中遇到的问题；当我的工作遇到困难时，××老师总是挺身而出为我排忧解难；在我们学校，无论领导、老师、还是学生都对××老师的工作能力和性格都有着很高的评价。××老师更是一个多才的老师，他对于语文、数学、英语、音乐、体育、书画等课程样样在行。现在我作为××老师的学生，同时也作为一校之长，在这里我要真诚地对××老师说一声：××老师，谢谢您一直以来对我的教诲。在我心目中，您永远是最棒的！

我们的××老师在从教的几十年中，对待工作一直都是兢兢业业，勤勤恳恳的态度。他总坚持以校为家，把重担留给自己，经常是不论正课还是副课，也无论是哪个班的哪门课程，只要学校需要他代课，××老师总会欣然接受。××老师的爱岗敬业精神是我们都看在眼里，他总是不计报酬，把自己的一切奉献给我们广大的学生。他的精神值得我们在座的中青年教师学习。××老师还是一个非常喜欢艺术的人，他酷爱书法和剪纸艺术，不辞辛苦地为我们的学校培养出了不少艺术人才。在这里我代表学校衷心地感谢××老师对学校做出的无私奉献。

××老师同样也是一名爱岗敬业的好老师。在××老师临近退休的时候，他依然能够担起学校委以的重任。去年夏天，学校安排××老师代一门主课还兼班主任，但××老师无怨无悔地接受了这个任务。××老师在教学工作上一直都是勤勤恳恳，对于所在班级的管理也是非常的认真负责，总能够很好地完成学校所交给他的任务。在这里我由衷地向××老师说一声："××老师，谢谢您这么多年来对学校工作的支持与理解！"

时间过得真快，弹指一挥间几十年就过去了。您们三位现在虽然都光荣退休了，但是你们仍旧是我们学校不可缺少的一个组成部分，我相信你们在今后的日子里会继续地帮助我们这个大家庭，支持我们的学校，关爱我们的学校。××小学永远都是你们的家，希望您们能够在有时间的时候，常回来看看！

最后在这里，我衷心地感谢您们三位教师对于我们的教育事业做出的贡献，感谢大家一直以来对我校工作的大力支持！

我代表全校师生祝愿三位老师身体健康，晚年幸福，家庭美满，夕阳更美丽。谢谢大家！

范文五：××校长在老教师的退休欢送会上的致辞
致辞人：××校长
致辞场合：××学校老老师退休欢送会现场

在场人物：××学校全体师生

各位老师、同学：

大家好！

今天我们在这里特为××老师您举行退休欢送会。我们总是感叹岁月的流逝，但它却承载着我们的历史。一年一年的过去，现在又是一季桃李芬芳。我们的××老师他在教育的第一线兢兢业业、勤勤恳恳地工作了近××年，现在他马上就要离开学校，开始他退休后的生活了。对于我们尊敬的××老师来说，我们对他永远都是怀着无限崇敬的心情，感谢他在这几十年里无私地付出。

××老师，您总能够把知识化作心灵的甘霖来滋润着学生的心田，您用自己青春的汗水传递着人类的无限文明，您更是用着无悔的青春演绎着几十年的教育生涯。您的这××年的教育生涯是淡泊名利，是用平凡创造伟大，是用您的笑容来为温暖学生。

这××年中，您一直默默无闻，无私地奉献着自己的青春；××年中，您总是能够克服困难，挑起工作中的重担；××年来，您总是坚持教主要的课程，而且还有很长的一段时间兼职学校的其他工作。对于你来说，无论是您在教学工作中，还是在其他工作中，您总是怀揣着崇高的使命感，用高度的责任心去对待这些工作。对于学校给您所分的任务，您总能一丝不苟地完成。您总是担任着学校的主课，不管是教语文，还是教数学，每年在全市统考的时候班里的成绩都能够稳居中上游，一直以来为学校增添了很多荣誉。在您临近退休的时候，仍然教着主课，同时还担任班主任，您的班级学生将近70人。您一直以来都是不管分内还是分外的事情，都能够认真负责，并且从来都不计较报酬。去年，您白天要上课，到了晚上他还要负责学校留校学生的就寝。在您管理留校学生时也非常认真细心，不厌其烦地帮学生解决生活中的问题。在您管理这一年多以来，您受累了，费心了，但是您却依然无怨无悔地工作着。您对留校学生的管理上，立下了汗马功劳，但是您从来没有邀功请赏过，这就是我们最敬爱的××老师。

尊敬的××老师，您一直都是最出色的教师，您是全市评选出来的模范班主任，您更是一位不怕辛苦的学生管理员。但是今天您就要离开这个曾经站立过几十载的讲台了，无尽的不舍尽在不言中。在这里我用千言万语都无法表达我们对您的无限眷恋之情。

但是我们相信，虽然您要离开这个讲台，但是您仍然会心系我们校园，关注学校的教育事业。我们真诚地邀请您在退休以后能够经常光临学校，给

我们学校提出一些合理化建议。让我们一起为学校的发展出份力。

在此，我代表全校师生，向您表示最真挚的祝愿！祝愿您能够身体健康，在退休生活中能够多姿多彩，全家和谐幸福！谢谢大家！

4. 领导欢送离职员工致辞范文

现在的人才市场流动性很大，有很多员工在本单位工作一段时间后会选择离职。单位领导会在欢送员工的致辞中也肯定他的决定，并对他在公司工作期间的状态予以总结，最后祝愿他有着美好的未来。

范文一：××公司领导在××离职欢送会上的致辞

致辞人：××公司领导

致辞场合：××公司领导××离职欢送会现场

在场人物：××公司全体员工

各位同事：

大家好！

今天在这里告诉大家一个好消息，公司通过协商、研究，正式批准××的离职申请。对于××来说，这是一个好消息，因为从今天起××就能够自由地飞向更高的枝头，有机会去创造崭新的未来！我们在这里为他举办这个欢送会，愿他越飞越高，奔向自己大好的前程！

我们都知道，××在公司里面虽然学历是最低的，但是他会经常学习新知识，不断地提高自己的工作能力，这使得他的工作能力高于学历高过他的人。在公司的这几年中，他的工作能力是大家有目共睹的，大家对他也是称赞不断。

现在我还记得他刚进公司的样子，那时的他看上去还很稚嫩，手里拿着自己的简历和制作的动画光盘。当时我看到他的作品，第一感觉就是作品非常幼稚，是那种二维动画，色彩总是以蓝色为基调。但是，虽然他的动画做得不够成熟，却充满了灵气。当时，我抱着试试看的态度留下了他！最后他的表现并没有让我失望，而且还很欣喜。

在工作中我发现他有很多优点，有些是同龄人所没有的。××非常爱学习新东西，当他学习的时候很有劲头，精力非常集中。并不像同龄人那样漫不经心，一心二用。如果别人有什么问题问他，他无法解答的时候，他会去找到这个问题的答案，再来告诉你。他一直都是把别人的问题当成自己的问题，因为他觉得在寻找答案的时候也是一个学习的过程。我们公司一直都有着一句名言，那就是只有不断学习才能成就自己。

现在的年轻人都非常爱玩，但是××从来都不贪玩，而是通过网络给自己充电，学习更多的知识。当今的网络对于年轻人来说有着众多的陷阱。但是网络对××来说就是他学习的天堂。大多数的年轻人都会非常贪玩，但是他却非常有自制力。网络为他插上了学习的翅膀。为了使年轻人能够认真工作，我对年轻人限制网络，但是对他从来都没有限制过，因为我不想阻碍他学习！××总能知道自己应该学习什么。他学习有一个特点，那就是用到什么就学习什么，这样急用现学的效果非常好。

对于××公司来说，我一直希望它能够成为在座员工的学校，使你们能够在这里成长，学习到新知识，对你们有所提高，让你们在学习中工作，在工作中学习，到最后收获成功。现在××离开了，我就把他当作毕业的学生，而且××还是一个非常优秀的学生，因为他在××公司学到了很多有利于他今后发展的知识。这样也证明我们××公司的教育质量还是不错的。

我曾经多次地强调，作为你们的领导、一位老同志。现在与你们握手，是为了明天与你们分手。在××公司是为了让你们能够在这里大放异彩，但是不能阻碍你们前行。希望××公司成为你们人生中的一个跳板，通过它能够让自己离成功更近。

我比起你们有更多的人生阅历，所以我更懂得人生的可贵，时间的可贵，生命的可贵。我在这里与你们握手，对你们而言只是一种缘分，但对于我来说，更是一种责任。虽然我出生在这个城市，而且在这里成长、生活，但我一直都认为我是一个农民的孩子，在我对父亲一生的了解中，我知道他的努力，改变了我们一家人的命运。所以我希望你们也能够通过自己的努力来改变自己今后的人生，改变家人的命运！在座各位有许多是来自农村，现在我虽然不能够帮助你们成功，但是我更不能耽误你们向人生更高处迈进。我希望通过我的努力，能够给你们提供更好的工作平台。

现在××决定离开，我觉得这是因为他对自己、公司和社会有着全新的认识才做出这个决定。而且我觉得这个认识，主要是因为你认识到自己有更好的发展，才会选择新的岗位。对于我们来说，这是一种社会现象，人往高

处走，水往低处流！

在这里我祝愿××在今后的日子里有更好的发展！同时也祝愿在座的朋友们能够在今后的工作中再创佳绩！谢谢大家！

5. 领导欢送外出学习进修员工致辞范文

现在企业之间的竞争是人才的竞争，要想立足于本行业，就要有着过硬的工作团队。所以现在有许多企业、单位派自己的员工外出学习进修，使他们能够学成归来，为企业、单位的发展起到推动作用。在对外出学习进修员工的致辞中，要对外出学习人员的工作能力予以肯定，并向他说明外出学习的任务。

范文一：××公司领导在××外出学习欢送会上的致辞

致辞人：××公司领导

致辞场合：××公司领导××外出学习欢送会现场

在场人物：××公司全体员工

亲爱的友人们：

大家上午好！

今天是一个值得高兴且具有纪念意义的日子，因为经过公司多方协调，决定让××同志外出学习。我们为××同志能够把握这个机遇而感到高兴。

××对于公司有着重大的贡献，在公司的这么多年中，他一直都待人真诚、作风正直、工作兢兢业业、遵循公司的各项规章制度，他遵从公司的安排、不挑肥拣瘦、而且与同志的关系也非常融洽。我们经常说没有谁是不可替代的，这事在正常情况下是对的。但是对于我们公司来说，××的位置却是不能替代。我们会在这里等待他能学成归来，为我们公司创造更辉煌的价值。

我在这里代表公司的各位领导及全体人员向××送上我们的祝福。希望他能够顺利地完成学习内容。同时希望在座的员工们，能够向××同志学习，学习他的敬业精神，为自己的工作努力进取。我们共同开创公司新的篇章！

谢谢大家!

6. 领导欢送外出务工人员致辞范文

中国现在有大量的劳动力需要外出务工,以推动当地经济的发展并提高家庭收入。现在地方政府对于外出务工方面非常重视,因为劳务输出现在已经变成一些地区的经济支柱。领导在欢送外出务工人员时,要在致辞中鼓励务工人员珍惜工作机会,在工作、生活中要自立、自强。

范文一:××县领导在外出务工人员欢送会上的致辞
致辞人:××县领导
致辞场合:××县外出务工人员欢送会现场
在场人物:××全体外出务工人员及家属
亲爱的青年朋友们:
在这个万物复苏的季节,在这个阳光明媚的日子里,你们就要告别自己的父母、离开家乡,背起行囊去长江三角洲、珠江三角洲等经济发达的地区工作、学习。在此,我代表××县委及县政府衷心地祝愿你们能够马到成功,一路顺风,事事如意!

县委、县政府一直都把增加我县农民的年收入、解决好农村的剩余劳动力的就业问题作为农村工作的重点。而做好劳务的输出工作,一直都是提高我县农民素质,增加农民年收入,促进人力资源向人力资本转变的最为有效的手段和方法。对于我县来说,根据劳务输出的这十多年的实践,结论是最好的证明。因为农村的剩余劳动力离开了家乡,进入了城镇寻找工作,这不仅增加了农民的收入,而且还使农民增长了见识,开阔了视野,使他们有了更新的观念,掌握了工作技能,同时还强化了他们的商品意识与市场意识。劳务输出对于输出地来说,输出的是劳动力,但是带回来的却是无限的生产力。

近年来,从中央到地方各级都非常重视农民的就业以及再就业问题,高度重视农村的剩余劳动力的就业问题。对于这些政策,在近几年里,特别是从去年开始,省委、省政府都先后出台了《关于做好劳务输出工作的若干意见》,文件的主旨就是号召全省城乡的剩余劳动力能够走出家门,到外面进行务工。为了能够更好地完成,县委及县政府都把劳务外出务工作为解决"三农"问题,能够提高农民收入最直接、最有效的一条路径,作为有序地转移剩余劳动力的利民产业,作为实践"三个代表"重要思想的富国、富民工程,进行了精心的组织,并认真予以实施。为此,我县成立了劳务输出的工作领导小组,建立健全的县、乡等劳务输出的信息服务总体管理网络,制定并出台了《关于进一步加强劳务输出工作的实施办法》。经县委及县政府共同决定,今后的每一年都要组织县、乡(镇)等主要负责领导前去集中有务工人员的地方,进行走访慰问。通过这样的走访来解决大家的一些实际问题,并在每年对外出劳务输出的先进集体及其先进个人予以表彰奖励。你们这次的集体外出,其实就是在县委及县政府的高度关注下,由县劳务输出领导小组发起的号召,各乡镇一起集中组织的大型、有组织、有计划地外出务工活动。

青年朋友们,我们常说"儿行千里母担忧",我在你们临行之际,代表县委、县政府及其你们的父老乡亲给你们说以下几点,希望能对你们以后的工作生活有帮助。

第一点,希望你们能够在外面认真学习,努力钻研业务知识。你们现在决定要去长江三角洲及珠江三角洲等地区务工,这对于你们来说会影响到你们的未来走向,是你们的一次重大决定。所以我希望你们能够很好地把握住这次机会,在你们不久的工作中能够努力学习新知识,刻苦钻研新业务,争取掌握一门好的技术,为你们的将来奠定良好的工作基础,也为你们日后的创业做好准备。

第二点,是希望你们能够做到敢于吃苦,踏实肯干。我们都知道在东南沿海的这些发达地区,他们的工作节奏是非常快的,要求是高付出取得高效率,特别是一些个别厂区每天都会有一些大负荷的工作量,而这都是你们以往都没有经历过的。我希望你们有一个心理准备,能够在工作中不怕出力,能够尽快地适应你们新的工作环境,进入良好的工作状态,以我们最好的品质来站稳脚跟;用你们的努力打造××人的良好务工形象,为你们的家乡父老乡亲争光彩。

第三点,是希望你们能够在外面工作时团结一致,相互协作。我们都常说:"在家靠父母,出门靠亲朋。"现在的你们出门在外,你们一定要相互团结,经常沟通,互相关心爱护,相互帮助鼓励。你们在外面,不求你们有多么的成功,只求你们能够工作好,生活好,把自己照顾好,这就是对关心支持你们的亲朋好友的最好报答。

第四点,是要你们要懂得自尊、自爱、自重、自信。现在的你们还过于年轻,涉世不深。当你们面对外面的新环境时,你们一定要让自己时刻保持头脑清醒,要多学习先进的科学文化,用知识来充实自己。让自己增强免疫力,自觉抵制那些腐朽思想对自己的侵害,踏踏实实地工作,堂堂正正做人,用自己最实际的行动去赢取别人对你的尊重和信任。

第五点,是你们一定要遵纪守法,依法办事。你们在工作的时候,要自觉遵守工厂的厂规厂纪,要严格地遵守国家的法律法规,违法的事坚决不做。同时也要学会用法律保护自己的合法权益,所以你们要学习法律,只有这样你们才能够懂法并会使用法律。无论在工作还是在生活中你们都要善于用法律武器来维护自己的合法权益。同时,你们在外面也要多与家里联系,当遇到工作或生活上的困难及问题时,要及时与劳务输出机构联系,争取得到各个方面对你们支持与配合,确保你们的个人的合法权益不受侵害。

青年朋友们,家乡的父老乡亲对你们寄予着厚望,盼望着你们能够在外面努力发展,事业有成,盼望着你们能够衣锦还乡,但更希望的是你们能够健康、平安、快乐、幸福。待你们回来的时候为××的经济发展做出贡献。

最后,再次预祝大家在新的环境里能够工作顺利,万事如意,身体健康,赚钱多多!谢谢大家!

7. 领导欢送外国友人交流合作致辞范文

随着现在中国在国际上的地位不断地提高,有很多外国友人来进行各方面的交流合作。对于这些,领导在欢送外国友人时,会向他们表达自己的谢意,并提出下次交流合作的意图。

范文一:××县领导在外国友人欢送会上的致辞
致辞人:××县领导
致辞场合:××县领导为外国友人举办的欢送会现场
在场人物:××县领导、有关部门代表及学校领导职工尊敬的外国友人、学校领导、老师们：

大家下午好！

今天在这里，我谨代表××县人民政府和××的全县人民，对你们到××学校进行的这次教学交流活动表示由衷的感谢。对这次的交流活动能够取得圆满成功，表示衷心的祝贺。

××学校地处于山区，交通不便。但是，这些都不能阻挡我们之间友好地交流。这里的青山向你们招手，绵延的河水向你们问好，在这个山水俊美的地方因为这次的交流合作变得更加秀丽。我们中国有句古诗是："海内存知己，天涯若比邻"。它的意思是说，虽然我们的距离非常远，但是这一切都不能阻止我们进行沟通，因为我们的心是相通的。通过这一次的文化交流活动，我们更加深入了解对方，这为我们今后进一步的合作铺平道路。

在这次的交流活动中，对我们××学校的教学起到了很大的推动作用，××的人民群众感谢你们。在此，我衷心地希望你们的交流活动，能够扩展到全县的其他领域上来，请你们能够认真地考虑我们的想法。

虽然你们此次来交流的时间很短，但是我们之间的友谊会因为此次的交流更加的深厚。在今天这个值得庆贺的时刻，我代表××县政府，同时也代表××中学的全校师生，向诸位××女士、先生表示我们由衷的感谢。

最后，我们祝愿您们在今后的生活和工作中能够身体健康，前程似锦，合家幸福！谢谢大家！

8. 领导欢送上司调职的致辞范文

针对上司调职的致辞，一定要把上司在职期间的工作业绩进行总结，同时还要向上司表达谢意，谢谢上司在工作上一直对自己的帮助，最后向上司送上自己的祝福。这样能够提升你在上司心目中的地位，有利于你未来的发展。

范文一：××县欢送上司调职欢送会上的致辞

致辞人：××县领导

致辞场合：上司调职欢送会现场

在场人物：××县委工作人员

同志们：

今天这个日子，我们大家都怀着两种不同的心情。因为我们的××书记即将调离××，这使得我们既高兴又难过。高兴的是因为曾经与我们一起并肩工作的××书记，因为组织对他有新的安排，让他赴任新的更加重要的领导工作岗位。上面组织安排，××同志到××工作，虽然工作不同，但是还在同一个系统，还能见面。我们有万般的不舍，因为他是非常优秀的领导干部，就这样与我们分开。在此，让我们用最热烈的掌声表示谢意！

××同志在××的工作时间不算长，但是他作为县委主要领导，与大家共同工作，他对××的经济社会发展做出了很大的贡献！就我个人来讲，××同志既是我最好的战友，又是我的兄长。与他在一起共事的一千多个日日夜夜里，大家一起同甘共苦、艰苦奋斗，建立起深厚的友谊。

俗话有云："有缘千里来相会。"因为我们能够在一起工作、共事这就是一种非常难得的缘分，同时也是我们彼此所修来的福分！我们这位战友是十分优秀且沉稳的领导，回顾与他相处的这几年，我深有体会。

第一，在这几年中，我们的领导班子内部非常的团结和谐，把人际关系都处理得非常好。这几年××县委、县人大、县政府、县政协这四个工作班子在一起，团结一致，始终坚持着民主集中制原则和方针，坚持集体领导和分工负责相结合。××同志始终是把政治、大局、原则放在首位，并且能够自觉坚持与贯彻民主集中制原则，自觉地维护好领导班子内部的团结，自觉主动地维护县委的政治权威和县委常委领导班子的团结，并自觉接受各界人士的监督。在这个团体中，大家都相互进行沟通，没有猜疑，没有隔阂，同事与同事之间充满了信任，正是因为这些我们形成了一个共谋发展的强大合力，为全县做出了榜样。

第二，在这几年中，无论有何种工作我们都能够合作得非常愉快，工作的动力非常足。在改革开放的这些年中，我们县与全国其他地方一样，都处在各项发展的关键期、改革的关键期、各类矛盾的凸显期，这使得改革、发展的任务变得异常的繁重。而××同志与常委班子的全体成员都非常的努力，共同面对这一系列复杂的局面，克服了许多我们意想不到的困难，解决了县里面的各类难题。我们在工作中相互支持，相互理解，相互尊重，相处得非常融洽。

第三，经过××同志在××年中的努力工作，使得我们县的事业欣欣向荣，工作也有着坚实的基础。在××同志的领导下，××县的工作有了明显的进步，经济也获得了有效发展，各方面获得了不朽成绩。

××同志作为县委领导班子中的主要领导，他总能够自觉地把自己担负的工作置于县委集体的领导下，可以说，在这几年里××县的经济发展一直都保持着一个健康、快速的发展势头，这一切都与××同志的努力工作是分不开的，××的发展凝聚着大家的汗水与智慧。对此，我们永远都不会忘记，××人民会永远记得你。

在这里，我代表到场的全体同志及其全县的各级各部门和全县××万人民群众，对××同志几年来所付出的汗水、做出的贡献表示由衷的感谢！

同时我也希望××同志在到别处工作以后，还能够对××县进行关注，待有时间和机会的时候能够回到××县指导工作，这里永远欢迎你！

最后，在这里我衷心地祝愿我们的领导能够在新的工作岗位上，干出新的成绩！在日后的工作生活中身心健康，前程似锦！谢谢！

范文二：××县委副书记、××同志调职欢送会上的致辞

致辞人：××县领导

致辞场合：××县委副书记、××同志欢送会现场

在场人物：××县委工作人员

同志们：

依照上级组织的安排，县委××书记因为在××县任职的期限已满，所以他要回到原来的单位继续任职。今天，省中医学院的××院长也不辞辛劳，来到我们县里迎接××书记，市委组织部××副部长也特意赶来为××书记送行。和我们在座的县级干部，还有各部门的负责人一起欢聚在这里，为××书记举行一个非常隆重的欢送会。

在此，我代表我们县委、县人大、县政府、县政协以及全县人民群众向迎接××书记的××院长、××部长、××处长一行表示最为热烈的欢迎，同时更对××书记在我县工作的这段时间表示由衷的感谢！

××书记在××年来到我县担任县委副书记，他主要的分管工作是文体卫生、商贸流通、旅游、科技、工商、技监、药监、残联等一系列的工作。在××的这段工作中，××书记总是以怀着强烈的事业心及责任感把工作做到最好，他这种务实的工作作风一直以来都是全县各级干部学习的榜样，他的工作成绩也得到全县广大群众的认可。

在工作中，××书记总能够非常负责，有着过硬的办事能力。对于工作时，他的思路非常的清晰、而且很有魄力，他特别是能够无论在做任何决定

时，都会坚持从全县大局和人民群众的根本利益出发，用新的方式来开展工作，表现出很强的组织领导能力及工作水平。××书记他在生活方面，也总是严于律己，关心下属，在他的身上可以看到良好的思想政治素质和作为党员干部的品质。

在××的工作期间，××书记一直都是按照县委的总体安排，经常深入基层工作，亲自去掌握基本情况，研究各项工作问题，并听取各方面所提出的意见及建议，帮助和调解基层的各种困难与问题，能够把分管的各项工作都放在全县的发展大局出发，进行谋划、与思考。××书记在工作中一直都是忠于职守，严谨工作，对工作尽心尽力，他所分管的各项工作都取得了很好的成绩，而且在他的领导下，有很多工作都是走在全市的前列，并受到了上级组织的好评。

××书记在××县去年创建全国的中医先进县的验收工作及全国免疫工作的抽查中，他充分地发挥了自己的专业知识水平的优势，与相关部门的同志一起反复地调查研究，并积极地组织各项协调工作，正是因为他做了大量而艰苦的基础工作，使得我县非常顺利地通过了国家中医药管理局对于"全国农村中医工作先进县"的最后验收，同时也通过了全国的免疫计划工作的抽样调查，还受到了各界专家组的一致好评。

××书记的功绩还有许多，例如，他与有关部门一起积极地向上级领导争取医疗资金，用这笔资金先后筹建了县医院的传染病隔离区、××卫生院的门诊大楼、××县的疾控中心的实验楼、××卫生院门诊楼等项目，现在这些项目都已经建成并投入使用。××书记还积极地向省、市为我县争取，让我县多所乡镇卫生院被省发改委列入了中央预算的专项资金投资建设项目，预计今年年底就可以进行开工建设了。他还一直深入企业内部，调查于研究，全面且稳妥地完成了我县商贸系统的企业改制问题。

我县为了能够发展劳务产业，提高农民群众的年收入，××书记不仅带领相关部门走入农村实地的进行考察学习劳务输转工作的先进经验，并组织制定了《关于加强劳务输出工作的实施意见》和《××县关于劳务输出的工作规划》。为此我县开办了有关农民工培训，让农民工学习工作技能，并创建了劳务基地、有组织地输出劳务，并维护农民工在务工时的合法权益等方面都做了很多细化的工作。为此××书记他还带领相关部门去了需要大量务工人员的城市，有上海、北京、银川、深圳、新疆等地，并在那里创设了劳务联络处，同时还申请了相关的劳务商标。就在××年的秋天，××书记就亲自带领着近三千人去新疆摘棉花。正是他的这一壮举，打开了全县有组织、有规模的劳务输出的先河。现在我们全县的劳务输出的规模不仅大，而且已经造成了一个产业，同时还为我县提高了农民的收入。为此市领导还来我县进行工作调研，并召开了有关劳务工作的现场会议，这一切都充分地肯定了××县在劳务工作上的成绩，大会最后还总结并推广了××县的工作经验。××书记经过充分的调研及反复论证，主持编制了有关我县文化医疗体育等事业的重点项目规划，这是一个总投资达××千万元的××个大项目与××个小项目，这有望被国家发改委等批准立项。

我县有着良好的旅游资源，××书记为了能够全力提升我县的旅游品牌，主持完成了《关于××县旅游产业开发的总体规划》和××、××、××等三个旅游规划。××书记所分管的其他方面的工作，都在原有的基础上，得到了快速的发展，并受到了上级组织的一致好评。他在党员的先进性教育活动中，××书记他又作为派驻到村的指导员，负责了驻村的指导性教育工作，在这段工作中他总会深入到村社、农家，为群众解决他们在生产生活中所遇到了实际问题。他深入了解村子的内部情况，根据情况进行全新的规划，正是因为他的工作态度，所以××村的先进性教育活动搞得有声有色，他也被评为全省驻村干部的先进个人，并受到了省委的表彰。

总之，××书记在××工作的××年中，一直都兢兢业业，把自己全部的精力都投入在工作上面，也正是因为××书记的这种工作态度，使得我们县的各项工作都有条不紊地进行，他为我县的经济发展和社会进步做出了重大的贡献。××书记为××县的经济社会发展付出了他全部的精力，××县的各级领导班子和广大人民群众对他的工作都非常的满意，对于他的业绩更是铭记在心。在此，我代表全县各级领导和全县人民群众向我们敬爱的××书记表示我们由衷的感谢！

××书记虽然要离开我们到××去任职。但是××书记与我县的情谊是永远都存在的。我们希望××书记能够在以后的工作中一如既往地关注和支持××县各项事业的发展，为××的改革及发展提供宝贵意见。

最后，我衷心地祝愿××书记能够在以后的工作和生活中，事事顺利，身体健康！在新的工作岗位上再创辉煌！

第十章　其他致辞，临场发挥有诀窍

　　领导致辞其实包括很多方面，除了前面提到的欢迎辞、慰问辞、祝贺辞、答谢词、表彰辞之外，还有很多在专门的场合或仪式需要进行特别的致辞。例如本章中所要提到的就职、竞聘、离职、悼念等场合，都需要专门的语言艺术。相比于之前的致辞种类，这些致辞都有别于一般的语言艺术和惯例，不仅需要严谨的措辞，还需要配合当时的氛围。领导者在这些活动中，也要特别注意自己的言辞。

1. 领导在公益活动中的号召性致辞范文

自古以来，中国人骨子里就流淌着慈悲、救世的血液，经过几千年地继承和发扬，这种精神更是得到了进一步的升华。随着社会的不断发展和进步，率先成为精英人士和成功者的人，尤其是那些拥有自己事业基础的优秀企业家，凭借强烈的社会责任感和公益道德心，自觉自愿参与到救世济民的社会公益活动中去，用自己的实际行动去复兴和深化我国的公益传统，为更多的人带去希望。在他们看来，公益是每一个企业家应尽的责任和义务，更是每一个成功人士应有的良知。在这样做的同时，热衷公益的人发现，在帮助弱势群体的过程中，他们收获了很多，包括经济上的效益和来自四面八方的美誉，这是一个良性互动的过程，这种互动也号召了更多的人参与到公益活动中来。当然，随着公益活动的越来越频繁，社会各界对公益活动的重视程度也越来越显著。公益活动中的领导致辞环节就充分反映了政府机构对公益事业的大力支持和褒扬。下面我们就来列举一些领导在公益活动上的致辞，供各级领导参考学习。

范文一：××县领导在××公司爱心助学公益活动上的致辞

致辞人：××县领导

致辞场合：××露天广场

在场人物：××公司领导和职工代表、县教育界热心人士

××公司的领导、教育界团体、各位来宾：

大家好！今天，××公司在这里开展爱心助学公益活动，我代表县领导班子、代表被救助的失学儿童向××公司全体领导和职工关心教育、帮助失学儿童重返校园的爱心行动表示衷心的感谢和诚挚的敬意！少年强则国家强，教育是民族的根本，国家的未来，本县一直对教育事业重视有加，希望每一个适龄儿童都能够尽可能地接受最基本的教育。相信有了贵公司的倾力相助和无私奉献，我县的教育事业一定能够更上一个台阶！

任何付出都是渴望回报的，我相信，××公司之所以会将救助失学儿童的大爱精神付诸行动，也是希望能够有回报的。不同的是，他们不需要被救

助的对象将来会反馈给他们多少物质和金钱，而是希望他们能够重返校园之后，立志成才，将来为社会、为国家做出应有的贡献。在这里，我对被救助的失学儿童提出几点希望。

第一，希望你们树立远大的理想，为自己的梦想努力迈进，将来无论从事什么行业，都可以实现自己的人生价值。理想是人生的太阳，更是催人奋进的动力，青少年有了志向，国家就会有希望。当你们在理想的指引下找到人生的正确方向，成就自己的一番事业的时候，现在帮助你们的人才会感到欣慰，而这也会成为你们对社会各界关心和爱护你们的人的最好的回报！

第二，优良的品德是做人的基础和根本。青少年只有从小养成良好的品行，才能走上正确的人生道路。"不以恶小而为之，不以善小而不为。"今天，××公司的救助行为是"不以善小而不为"，目的就是想要你们将来能够"不以恶小而为之"，继承和发扬中华民族的传统美德，从一言一行、一点一滴做起，让自己成为一个品德高尚、有益于社会、有益于人民的人。

第三，重入校园是一个来之不易的机会，希望你们能够把握机会，珍惜时间，早日掌握一门过硬的生存本领和技术能力。在社会发展日益激烈的几天，一个人如果没有一技之长，是很难在社会中生存下去的。只有珍惜在学校的一分一秒，刻苦学习，积极参加各种课内外活动，开阔自己的眼界，增长自己的见识，提高自己的实践能力，让自己时刻保持一颗上进心，早日成为自强自立的人上人。

××公司今天在这里举行爱心助学公益活动，充分体现了社会各界对教育事业的关注和支持，希望越来越多的企业和个人能够加入到这样的行列当中，为我县的教育事业贡献一己之力！谢谢大家！

范文二：××领导在全市第二十个"全国助残日"公益活动上的致辞
致辞人：市领导代表
致辞场合：第二十个"全国助残日"公益活动现场
在场人物：各级政府代表、残疾人保障协会、志愿者、为残疾人事业提供赞助的企业和个人、全市残疾人代表团体
各位领导、各位来宾、所有到场的残疾人朋友们：
很高兴大家能够在百忙之中抽空参加本市第二十个"全国助残日"公益活动，我代表市政府对所有到场的来宾表示热烈的欢迎，向全市的残疾朋友们表示深切的问候，向广大残疾人志愿者致以诚挚的敬意，向长期关心和支持残疾人事业发展的社会同仁表示最衷心的感谢！

今天不仅是全国助残日，还是我们建市50周年的纪念日，在这个具有双

重意义的时刻，我们在这里隆重集会，以实际行动扶残、助残，更加体现了我市良好的民风和光辉的形象。

残疾人事业是建设文明和谐新社会的重要组成部分，更是人本理念和人文关怀这一政策的具体实践。胡锦涛总书记曾明确指出："残疾人事业是一项崇高的事业，是中国特色社会主义事业的重要组成部分。"我市为了响应胡总书记的这一号召，对残疾人事业更加关注，并高度重视和发展残疾人事业。近年来，通过制定优惠政策、加大资金投入、重点项目优先支持、广泛动员社会力量扶残、助残等举措，我市的残疾人事业已经有了长足的发展。相比过去，残疾人参与社会生活的环境和条件有了明显的改善，生活水平和质量也得到了不断地提高。这些成就是瞩目的，也是鼓舞人心的，但同时我们也要清醒地认识到，我市残疾人事业的现状还存在很多问题，对社会和经济事业的发展产生了严重阻碍。残疾人事业的基础相对还是比较薄弱，残疾人社会保障和服务体系还不够完善，总体生活状况与社会平均水平相比还存在一定差距，一些残疾人还存在着康复难、就学难、就业难、就医难等问题……这些都是摆在眼前的现实问题，不容任何人忽视，更需要全社会共同参与，努力解决这些问题，同时我们也应该意识到，我市的残疾人事业还有一段漫长而艰难的路要走，但无论路有多长，过程有多么艰辛，我们都要一步一个脚印地走下去！

今年是第二十个全国助残日，"加大扶持与救助力度，帮扶农村贫困残疾人"这个主题也更加鲜明。希望全市各级党委、政府紧紧围绕这个主题，把解决农村残疾人的困难摆到更加突出的位置，按照推进社会主义新农村建设的各项部署，以统筹城乡试点工作为契机，紧扣残疾人的多样化需求，以特殊的感情、特别的付出，关爱和帮助农村残疾人，让他们早日摆脱困难，过上健康美好的新生活。特别要强调的是，对农村贫困残疾人家庭的危房改造计划和城市廉租房等项目，一定要加快实施步伐，让他们早日有一个良好的住宿条件。同时，还要积极开展农村残疾人社区康复试点，帮助他们早日康复，切实改善残疾人的生活状态。各社区、单位要大力弘扬人道主义精神，积极开展精神文明活动，动员和号召全社会为残疾人献爱心、办实事，为形成人人理解、尊重、关心、帮助残疾人的良好社会风尚而努力。各级残联要认真履行"代表、服务、管理"职能，模范践行"人道、廉洁、服务、奉献"的职业道德，真心与残疾人交朋友，全力为残疾人服务，真情为残疾人解难题，以实际行动赢得残疾人群众的认可。全市各级党委、政府和广大干部群众一定要从解决事关残疾人切身利益的问题入手，以强烈的事业心和责任感，投身实践、共同参与，加快建立残疾人科学发展的长效机制，努力实现好、维护好、发展好残疾人的根本利益,使残疾人事业在新的起点上加快发展。

在这里,需要指出的是,希望广大残疾朋友们热爱生活,积极进取,自强自立,勇于在逆境中奋起,善于在奋斗中成才,努力开拓多姿多彩的人生之路,只有这样,才能在广大热心人士的帮助下走上更加美好的人生道路!

发展残疾人事业,任务艰巨,使命崇高。就让我们携起手来,进一步提高认识,强化措施,狠抓落实,为推动残疾人事业更好更快发展努力奋斗!谢谢大家!

范文三:中国红十字基金会最高代表××在"红十字书库"公益项目启动仪式上的致辞

致辞人:中国红十字基金会最高代表××
致辞场合:在"红十字书库"公益项目启动仪式上
在场人物:红十字基金会代表、热衷公益事业的各界人士等

尊敬的领导、各位来宾、朋友们:

大家上午好,欢迎大家能够参加"红十字书库"公益项目启动仪式,感谢大家的热心参与!

去年,中国红基会在教育和医疗两大领域,先后推出了"红十字××计划"和"××助学计划"两大骨干公益项目。其中,"红十字××计划"在短短一年的时间内,就相继接受了总计5000多万元的社会捐赠,援建了40所××卫生站点,免费培训了100多名乡村医生,在30多个"新农合"试点县资助建立了大病医疗救助基金,为上千名重症患者提供了医疗上的救助和生活上的支援,很多贫困家庭得到了免费赠送的医疗药品和保健品,在社会各界得到了广泛的认可。与此同时,我们的"××助学计划"也取得了相当显著的成效,不仅在贫困地区援建了25所××小学,还为民族教育项目和职业技术教育项目定向资助了3000多万元,这些成就是显著的,也是可喜的。但公益事业是永远不会止步的,为了进一步拓展和深化"××助学计划",我们特意在今天启动"红十字书库"公益项目,作为"××助学计划"的一个重要组成部分,"红十字书库"工程更加具有文化扶贫的深远意义。

"红十字书库"中所选的书目都是经过红十字书库指导委员会审定的,其中包括思想教育、文学名著、科学普及、卫生健康、红十字知识五大类别,是具有微型图书馆性质的综合书库。可喜的是,这个项目得到了多位国家领导人的赞赏和支持,他们不但对"红十字书库"的实施提出了许多指导性的

意见，并欣然在"红十字书库"担任职务。在此，我谨代表中国红基会和即将受惠于"红十字书库"的农村孩子们，向他们致以最真诚的感谢和最崇高的敬意，同时，也希望在各位领导的榜样下，有更多的热心单位和个人能够参与到这一公益项目中，你们的每一笔捐赠都可以给更多的孩子带去希望！

温家宝总理在一次采访中说道："我最大的爱好就是读书。读书伴随着我的整个生活。"有一句名言也说道："书籍是人类进步的阶梯。"但在很多贫困的乡村，还有很多孩子上不起学，读不起书；更有山区的孩子，他们对书籍和知识的渴望是那么强烈，却没有任何课外读物，甚至他们的课本都是几个人合用一本……这些现象在中西部的一些偏远地区都是真实存在的，很多学校连教学的粉笔和纸张都很难供应到位，怎么会有能力给学生提供课外读物呢？所谓一本好书可以影响人的一生，相比于一件新衣，一盒从没有吃过的巧克力来说，一本好书或许更能满足他们对文化的需求。

当城里的孩子正在为多如牛毛的课外读物不堪重负的时候，有没有想过，很多同龄的孩子抱着唯一的一本《安徒生童话》反反复复读了上百遍？我们不难在各种报纸、杂志中看到这样的报道："有很多乡村学校没有图书馆，即便个别设有图书馆的学校，大多也只是摆设，因为里面根本就没有书……"一位作家曾这样说过："不管未来的技术多么强大，我们还是要依赖文字和思想的力量，那些掌握了文字和思想的人将有能力影响整个世界，那些无法掌握文字和思想的人将发觉自己不仅排除在工作和机会以外，而且也被排除在所有让我们对生活产生意义的思考之外。"由此可见，图书对一个人的成长和发展有着多么重要和深远的意义。城里人都懂得这样的常识，图书是孩子健康成长必不可少、不可或缺的伙伴！孩子通过课堂教学只能获得最基础的知识和最基本的技能；而大量的课外阅读，不仅能够陶冶孩子的情操，提高他们的素养，还能增长他们的见闻，让他们对这个世界有更加全面和客观的认知和了解。

在这种教育现状严重不平等，城乡教育严重失衡的背景下，中国红十字基金会经过慎重考虑，最终决定启动"红十字书库"公益项目。目的就是想要发动社会各界力量，募集到更多的资金，为××小学、农村中小学、农村文化站、社区图书室以及乡村××卫生院（站）捐建他们需要却很难得到的图书，以解决贫困乡村图书资源匮乏的难题，丰富贫困山区孩子的精神生活，为农村精神文明建设贡献力量。

最后，我要特别感谢那些热衷于公益事业的单位和个人。其中有一位热心的书商，他为了支持"红十字书库"的实施，毫不犹豫地捐赠了50万元人民币，这相当于100套"红十字书库"，他的这笔捐赠，也将首批赠送给全国

100多所××小学和卫生站点!"红十字书库"活动得到了社会各界的大力支持,除了这位书商,还有两位公益明星也参与到这一活动中来,用他们的实际行动投身到社会公益事业。我相信,在他们的积极带领下,"红十字书库"项目一定能够感召更多人士的关注,为孩子们的健康成长贡献更大的力量。

美国物理学家凯勒有句名言:"一本书是一条船,带领我们从狭隘的地方驶向无限广阔的生活海洋。"在此,我代表中国红十字基金会呼吁社会上富有爱心的人们,伸出你们爱的双手,赶快行动起来,让贫困地区的孩子们都能够拥有一条承载着知识的"船"吧,让我们唤醒内心的善良,共同为贫困的孩子托起明天的太阳!谢谢大家!

范文四:《广而告之》董事局主席、首席执行官在广而告之"文明只差一点点"公益项目启动仪式上的致辞

致辞人:《广而告之》董事局主席、首席执行官

致辞场合:在广而告之"文明只差一点点"公益项目启动仪式上

在场人物:新闻界的朋友、公益团体代表、企业家等

尊敬的领导、各位来宾、朋友们:

欢迎大家参加广而告之"文明只差一点点"公益项目启动仪式,本人谨代表《广而告之》对各位的光临致以诚挚的感谢!

我们一直在说"公益",可是却很少有人能够说出什么才叫"公益"?在多数人看来,强者救济弱者就叫公益,帮助别人脱离困境也叫公益……其实,这些只能叫作慈善,而慈善只是公益的一部分。所谓公益,是一个比慈善更宏大、更宽泛的概念。例如环境保护是公益,扶危济困是公益,抗险救灾是公益,医疗教育是公益,兼济天下是公益,独善其身是公益,甚至我们最常说的交通文明、尊老爱幼、和谐家庭、尊师重教……这些都是公益。其实,公益不仅仅是一种救济,它要求大家能从身边的一点一滴做起,从内心深处觉悟,从做一些身体力行的小事开始,只要是对人类有意义的事情,就都是公益。我国自古就有"日行一善""不以善小而不为"的智慧箴言,其实,这更是中国最古老的公益理念。春秋时期"富而行其德"的陶朱公就是中国古代公益事业的代表人物。中国的公益理念,绝大部分都是继承和发扬了中国传统文化中的大公益思想。

《广而告之》是1986年10月份在中央电视台第一套节目中开播的,并成为中国公益广告史上第一个电视公益广告栏目。关注广而告之的朋友都会发现,许多在早期播出的公益短片到现在都不过时,虽然当时的设备和条件都不够先进,拍摄起来也会受到各方面的限制,但正因为如此,那时播出的短

片都十分的真实自然，有些甚至可以直接拿出来重播。自《广而告之》开播以来，赢得了广大观众的喜爱和社会各界人士的好评。《广而告之》的收视率也曾高居中央电视台栏目收视率第三位，并曾两次荣获中央电视台优秀栏目一等奖。《广而告之》的问世不仅为中国公益事业的发展奠定了坚实的基础，也带动中国大众传媒和广告业积极投身到公益事业中来。随着时代的变迁，公益事业的主题也在不断发生着变化，今天启动的"文明只差一点点"活动，正是顺应时代变迁而创意策划的。

早期的《广而告之》大多是通过讲故事的方式来宣扬人与人、人与社会、人与自然之间的和谐关系，同时提醒、规劝或批评人们，以达到传播公益理念的目的。《广而告之》所涉及的内容范围很广泛，包括环境保护、文明礼貌、交通文明、疾病预防、教育等所有涉及公共利益的种类，电视广告不能像现场演说那样，采用生硬的说教方式来传播思想，而要通过循循善诱的规劝、友好善意的讽刺等手段，巧妙地把所倡导的公益思想融汇在短小的故事情节中，由于广告的时间非常有限，这样的故事不仅要求高度浓缩，还要保证故事的完整性和创意性。这对从事广告公益的工作者来说，是非常具有挑战性的。但他们不负众望，用自己智慧的头脑为广大民众创造出了无数的公益奇葩。纵观当前公益广告的环境，虽然有关部门对公益广告的播出重视有加，但媒体既要完成公益广告的播出任务，还要肩负创收重任，在利益与责任的现实矛盾面前，难免会出现缩减公益栏目播出时长的结果。

《广而告之》作为公益节目，二十多年如一日，在央视固定时间、固定栏目持续播出，让观众形成了收视习惯，取得了非常显著的社会效益，而这成就的取得，央视是功不可没的。多年来，《广而告之》投入了大量人力、物力、精力，把公益理念与影像传播完美结合在一起，并竭尽所能地"广而告之"，让大众普及了正确的公益观和道德观。一直以来，广而告之都致力于公益理念的传播，并逐步建立了完善的公益传播体系。除了之前所涉及的公益领域，近年来，《广而告之》还在抢险救灾、教育扶贫、社会救助等领域发挥能量。2006年公益中国网的开通把中国公益事业的传播途径延伸到了网络，并以独到客观的视角一直对公益事业十分关注，大力传播公益理念。可以说，只要是有需要的地方，就会有《广而告之》！

中国自古就是一个礼仪之邦，我们今天的主题就是"文明只差一点点"，在实际生活中，很多不良习惯导致人们的行为规范离文明只差一点点。其实，文明礼仪不仅存在我们的日常生活中，公益事业也是要讲礼仪、讲文明的。例如，我们在进行公益捐赠的时候，有没有去顾及被捐赠者的尊严？有没有设身处地地考虑到受捐人的心理？怎样才能做到正确行善？这些问题在一定程度上让人们明白了一个道理，公益事业是一门艺术，公益行为体现了捐赠者的修养和品位，更体现了他们在履行社会责任时是否真正用心了。公益事业任重而道远，实施起来更是举步维艰，然而，现在很多企业家和明星还要拿公益来作秀，这种做法离文明还差多远呢？

值得欣慰的是，国内的公益发展水平虽然还远远落后于发达国家，公益领域也存在一些不尽如人意的地方，但经过社会各界的共同努力，中国的公益事业已经有了健康、快速的发展趋势，相信在不久的将来，我们一定能够创造出令世界瞩目的公益业绩！传承民族文化，注重文明礼仪。这不仅仅是一句口号，更要求人们从自身做起，从身边的小事做起，逐渐缩小理想与现实之间的一点点差距，力争让每个人在文明这张答卷得满分。"一人一小步，社会一大步。"《广而告之》号召全社会传承中华民族的传统美德，人人争做讲文明、讲礼仪的中国人，同时，也欢迎在座的领导和嘉宾为此次活动提出珍贵的意见和建议。

最后，衷心地祝愿大家工作顺利，幸福安康！谢谢大家！

2. 领导在相关奠基仪式上的致辞范文

奠基仪式通常指的是一些重要的建筑物在动工修建以前所举行的正式的庆贺性活动，例如某大厦奠基仪式、××园林奠基仪式、××纪念碑奠基仪式……一般来说，奠基仪式都要在动工修建的建筑物的施工现场举行，而用来奠基的奠基石也是非常讲究的，必须是一块完整无缺、外观精美的长方形石料，在奠基石的下方或者一侧，还应该放一只封闭的铁盒，里面要装上建筑所用的各种材料和奠基人的姓名，然后同奠基石一起被掩埋到地下，以示纪念。奠基石是企业发展的基石，更有着非常深刻的意义和内涵，因此，奠基仪式是非常受重视的一项活动。领导致辞在奠基仪式上是一个不可或缺的环节，下面我们就来看一些领导在奠基仪式上的致辞范文。

范文一：××县领导在××集团××大楼奠基仪式上的致辞
致辞人：××县领导
致辞场合：在××集团××大楼奠基仪式上

在场人物：××县领导、××集团全体员工、商界朋友们

各位领导、各位来宾、朋友们：

今天，××集团在此举行隆重的××大楼奠基仪式，我代表××县委、××县政府，对××集团及全体员工表示热烈的祝贺，向关心和支持该项目规划建设的市领导、市直部门及社会各界朋友表示衷心的感谢！

××集团是我县一家以生产××为主业的大型企业，其生产规模在全国同行业中位居前列，在省同行业中位居第一，在全国民营企业中位居第一。××大楼的奠基标志着××集团进入了一个崭新的发展阶段，希望××集团以新厂建设为契机，进一步提升集团的规模档次、增强市场竞争力，结合优势产品的壮大和产出、更新装备、开发新的产品、延伸配套设施，进一步加大技能改革和项目建设的投资力度，让产品的科技含量更高，提高规模产出效益，积极推动企业做大、做强、做优，为我县乃至全国经济社会快速、健康发展做出新的、更大的贡献！

最后，衷心祝愿××集团新厂项目开工大吉，希望××集团在以后的发展道路上财源滚滚！同时也祝各位领导、各位来宾身体健康，万事如意！谢谢大家！

范文二：××集团董事长在××集团××项目工程建设奠基仪式上的致辞

致辞人：××集团董事长

致辞场合：在××集团××项目工程建设奠基仪式上

在场人物：政府领导、商界同行、合作伙伴、集团员工等

各位朋友、全体员工：

大家好！今天大家齐聚在这里，为我集团××项目工程建设举行隆重的奠基仪式，这标志着该项目建设正式开工了！首先，我代表××集团对市委、市政府领导的光临表示热烈的欢迎，对为仪式的顺利举办连夜加班的工作者表示衷心地感谢！对远道而来盛情参加我们奠基仪式的××合作伙伴表示崇高的敬意！

××项目建设总投资高达8000多万元，其主要建筑内容包括新的操作车间、办公大楼、住宅楼和配套用房。该项目一直是我集团的一件大事，过去想建，却因种种不利因素，包括资金上的困难，搁置到现在。可喜的是，经过近几年的努力和奋斗，集团上下齐心协力，精心合作，终于让集团有了一个跨越性的发展。今天，我们已经有足够的实力和雄厚的资金后盾，来完成集团多年来的心愿。这是一件大事，也是一件好事，希望我们能够在施工的

过程中精心组织，保证质量，如期完成施工任务！

××项目建设的顺利实施，将预示着集团进入一个高速发展的阶段，相信在全体员工的努力和支持下，我们一定能够坚定必胜的信念，克服发展道路上的重重困难，进一步加强与友好伙伴之间的合作，成为××市的经济发展支柱！在此，××集团全体员工会用实效、业绩、形象和强大的战斗力来赢得政府和相关部门的认可，赢得同行客商的信任与支持，赢得社会各界人士的肯定与赞扬！

需要强调的是，××集团如今形势大好，但也不能忽视客观问题。毕竟我们还处在集团发展的初级阶段，无论是在硬件设备，还是在企业精神文化层面，都存在很多不足，集团领导在决策方面也难免会有不成熟的想法和举措，希望全体员工能够在以后的工作中，边学习，边实践，边总结，一步一个脚印，带领集团走向辉煌的明天！

最后，在奠基仪式结束之前，我要强调一点，施工队伍在工程进展过程中，一定要坚守"安全第一，质量第一，预防为主，小心谨慎"的方针政策，建立健全的安全生产和工程质量责任制，切实把工程安全、质量、进度、成本落实到位，以一流的管理、一流的技术、一流的责任建造出一流的工程！谢谢大家！

范文三：××县领导在××幼儿园艺术楼奠基仪式上的致辞

致辞人：××县领导

致辞场合：在××幼儿园艺术楼奠基仪式上

在场人物：政府领导、××幼儿园老师和小朋友、教育界代表

各位领导，各位来宾，老师们，小朋友们：

大家好！在这阳光明媚、草长莺飞、春意盎然的美好时节，我们在这里隆重举行××幼儿园艺术楼开工奠基仪式。在此，我谨代表××县委、××县政府，对光临奠基仪式的各位领导、各位来宾和关心支持我县幼儿教育事业发展的社会各界人士表示热烈的欢迎和衷心的感谢！对××幼儿园艺术楼的顺利开工表示热烈的祝贺！

孩子是家庭的希望，祖国的花朵，民族的未来，一直以来，我县都十分重视幼教事业的发展，努力为促进幼儿的健康成长创造优越的条件，营造良好的环境。经过多年的努力，我们在幼儿教育方面已经取得了较为显著的成效，我县也在去年荣升为全省幼儿教育先进工作县。这是对我们工作的肯定，同时也是一种鞭策！

××幼儿园作为我县规模最大、幼儿教育最先进的一所市级公办示范幼

儿园，在全县幼教工作中发挥着领头羊的作用。××幼儿园艺术楼的开工建设，是县委、县政府深入贯彻落实十七大精神，注重以人为本、优先发展教育事业的具体举措，是一项利教利民、造福下一代的民心工程。随着××幼儿园的不断发展，越来越赢得家长朋友们的信任与好评，入园小朋友的人数越来越多，原来的旧园舍已经不能满足需求，为了解决××幼儿园园舍紧张的难题，进一步扩大××幼儿园的办园规模，提升公办幼儿园的档次和水平，更好地满足家长朋友对幼儿接受更好教育的强烈需求，推进我县幼儿教育事业健康、持续、稳步发展，增强××幼儿园在全市中的竞争力和影响力，县政府特意投入资金，对××幼儿园实施扩建计划，此次建设不仅增加了××幼儿园以前没有的艺术楼，还会对幼儿教学楼进行扩建，让更多的小朋友能够在××幼儿园得到更好的教育和发展。

十年树木，百年树人。教育是民之根本，幼儿教育更是国家的根基所在，任何一项校园建设，都要牢牢记住以质量为根本！希望有关单位和部门加强沟通和协调，积极配合，全力支持，为工程建设创造一个宽松、和谐的施工环境。项目监管单位要保持对人民群众、对社会、对子孙后代高度负责的态度，认真履行职责，规范施工行为，确保施工质量和施工安全！同时，希望施工单位树立"校园建设，质量第一"的意识，科学管理，精心施工，把××幼儿园艺术楼项目建成优质工程、精品工程！

最后强调一点，在项目施工期间，××幼儿园的园领导和全体教职员工一定要加强对孩子们的安全教育，不要让孩子随意靠近施工现场，做好每一个孩子在施工期间的安全工作，尽量保持安静有序的教学环境，努力做到施工、教学两不误，全力将××幼儿园打造成一所质量优良、规模合理、环境优美、特色鲜明的一流公办幼儿园。

最后，预祝××幼儿园艺术楼早日竣工并投入使用，祝愿我县幼儿教育事业蓬勃发展！祝小朋友们茁壮成长，健康快乐！谢谢大家！

范文四：××市长在××新区综合发展项目奠基仪式上的致辞

致辞人：××市长

致辞场合：在××新区综合发展项目奠基仪式上

在场人物：政府领导、国内外来宾、商界成功人士等

各位领导、各位来宾，女士们、先生们：

大家上午好！今天，我们在这里隆重举行××新区综合发展项目奠基仪式，这是我市经济一体化继××新区工业园建设全面启动之后新上的一个大项目，是××新区发展中的一件大事。在此，我谨代表××党委向项目的开

工建设表示热烈的祝贺!向百忙之中前来参加××新区综合发展项目奠基仪式的各位领导、国内外来宾、企业家表示热烈的欢迎和衷心的感谢!

××新区拥有优厚的地理优势和工业基础,是全国十大工业核心园区之一,在发展现代化工业管理和产品制造方面具有得天独厚的条件,未来的发展潜力难以估量。自××政府提出要坚持把现代化工业发展作为我市工业结构调整的突破口,真正把××产业发展成为我市的一个支柱型大产业,××党委就开始认真贯彻落实这一具有战略性意义的决策,大力引导国内外企业对××新区进行投资建设,××新区综合发展项目正式这一举措的具体实施。他依托本市在国际商贸流通中的核心辐射作用,借××新区的政策优势,立志"做大、做强、做优"××产业,投资兴建了这个集多元化为一体的大型现代化工业群,既符合本市传统工业向现代工业转变的重要发展战略,又将极大地提升××地区的工业化水平,对于全市的经济发展具有十分重要的带动作用。

我们期望××产业在满足本市乃至国内市场产品供应需求的同时,还能够积极拓展海外市场,扩大××产业在国际市场中的占有率,为我市现代工业的进一步发展奠定坚实的基础。

××新区综合发展项目的建设和发展需要各方的关心和支持,我们衷心地希望××政府能够一如既往地大力支持这个项目的建设;希望××党工委、管委会竭尽全力提高全方位的优良服务,为××新区的工业发展创造优良的环境,使这个项目成为××新区建设的突破点和增长点。同时,也希望项目的投资方、建设方与合作单位共同努力,抓紧实施,努力把项目建设成为新的工业基地,建设成为新产品、新技术引进、开发和推广的基地,在经营中形成互惠互利、共担风险、共同发展的良好局面!

我相信,在××党委、××政府的关心和支持下,××新区一定能够借政策的东风有一个大的发展势头,把××产业做大、做强、做优,成为××产业的龙头企业,为××地区乃至全国的经济发展做出积极的贡献。

最后,衷心祝愿××新区综合发展项目建设进展顺利!也祝愿各位领导、各位来宾身体健康,工作顺利!谢谢大家!

范文五:××县委书记在××学校食堂、宿舍楼奠基仪式上的致辞
致辞人:××县委书记
致辞场合:在××学校食堂、宿舍楼奠基仪式上
在场人物:教育局领导、县委、县政府领导、××集团代表、××学校老师和同学们

尊敬的来宾、朋友们：

大家上午好！在这五谷飘香的金秋时节，我们怀着无比激动的心情，在这里举行由××集团捐资援建的××学校食堂、宿舍楼奠基仪式，充分体现了××集团对我县教育事业的关心和厚爱。在此，我谨代表××县委、县政府，向长期以来关心、支持和帮助我县教育事业发展的各级领导和社会各界人士表示衷心的感谢，并对××集团的捐资援建义举致以崇高的敬意！

××学校是一所历史悠久，深受好评的学校，它始建于1908年，一百多年来，××学校从无到有，由弱变强，经历了岁月的沧桑巨变，依然挺立到现在。在新时期教育政策的扶持下，××学校近几年陆续有三座教学楼拔地而起，可谓发生了翻天覆地的变化。然而，××学校的食堂和宿舍等配套工程却因资金有限一直未能建成，××集团知道此事后，毫不犹豫地伸出了援助之手，对××学校捐资100万元，用以援建××学校的食堂和宿舍建设，这一善举和义举让全县人民感到温暖，让××学校的孩子们欢欣鼓舞。我相信，××集团的这一举措必将给××学校注入新的生机与活力，给孩子们的健康成长带来希望，而××学校的全体师生也必定不会辜负××集团和社会各界的厚望，一定会在今后的教学工作中更加卖力，以更加优异的教学成绩回报社会！

学校建设是教育界的重点项目，更是一项功在当代、利在千秋的社会公益事业。××学校的食堂和宿舍建设必将极大地改善该校教职员工和学生的学习环境，也毕竟促进我县教育事业的发展，这是一项意义重大，影响深远的工程。在此，我希望××政府、××教育局能够进一步统一思想，提高认识，为学校建设创造良好的外部环境，在工程质量上严格把关，将××学校的食堂、宿舍楼建设成为放心工程、满意工程！同时也希望全校师生团结拼搏，争创一流，以优异的成绩回报各级领导和社会各界对教育事业的关怀与支持的人士！我们真诚地期待，能有越来越多的企业能够像××集团一样，情系××县的教育事业，用奉献和爱心为孩子们创造更好的发展天地！

最后，再次感谢××市委，感谢××集团，感谢参加此次奠基仪式的各位领导，预祝××学校的食堂、宿舍大楼圆满竣工，预祝我县教育事业蓬勃发展！谢谢大家！

3. 领导在悼念会上的致辞范文

悼念致辞一般包括悼念烈士、名人。在灾难、疾病中逝去的人们。悼念致辞主要是缅怀死者，激励后人，首次要对缅怀之人表示深切的哀悼，然后详述逝者的身份、职务、逝世时间、原因、为人、贡献、荣誉等，对逝者进行称颂，用词要有深度和感染力，并给予中肯的评价。最后表达对逝者的沉痛哀悼，号召大家化悲痛为力量，学习逝者的高贵品德和精神，让逝者精神永存。悼念致辞要饱含深情，用词准确恰当，让人感受到真实的情谊。

范文一：××医院领导在资深医生××追悼会上的致辞

致辞人：××医院领导

致辞场合：在资深医生××追悼会上

在场人物：家属、家属朋友、乡亲们

各位来宾、父老乡亲：

今天，我们怀着无比沉痛的心情，在这里为资深外科主治医生××同志举行悼念仪式。

××同志生于××年××月××日，祖籍××省××市××镇××村，于××年××月××日××时××分永远停止了呼吸，离开了这个他曾经无限眷恋的世界，享年××岁。

××同志从小在农村长大，艰苦的生活环境没有磨去他从医的志向，经过十几年地潜心钻研，终于在医学界站稳了脚跟，并在××医院救死扶伤，为无数患者带去了健康与希望。早年××同志曾亲历广大民众在缺医少药条件下所承受的无限痛苦，他在有生之年刻苦钻研医学理论，立志投身医疗事业，帮助人们摆脱病痛的折磨，成为一名受人爱戴和尊敬的医生。为此，他发愤图强，勇于实践，不断探索，掌握了许多疑难病症的治疗方法，为无数的患者和家庭带去了福音。

××同志为人谦虚、厚道，医德高尚。他时刻谨记"救死扶伤"的神圣职责，不图名利，不畏辛劳，始终把解除患者的痛苦当成自己的最高追求。行医几十年来，无论是春夏秋冬，还是白天黑夜，只要患者需要，××同志都力争做到随叫随到,有求必应。在医疗纠纷不断升级的今天,××同志凭借自己优良的医术和丰富的经验,以及对患者高度负责的医疗精神,让无数患者重拾健康,从来没有发生过一次医疗纠纷。××同志不仅对患者耐心亲切,对待同事也是和蔼可亲,乐善好施,深受同科室甚至全院医生护士的爱戴!××同志十分注重医学研究,潜心钻研各种医学理论,对多种疑难杂症都有自己独到的学术见解,其高尚的医德和精良的医术赢得了我县广大民众的赞誉,并成为我县屈指可数的名医代表。

××同志退休以后,仍然坚持进行医学探索,并多次在我县进行免费义诊,把自己总结的健康守则印成小册子在民众中免费发放,让人们在平时的衣食住行中与健康携手同行!每当有患者登门求助,××同志无论多忙、多累,都会给予最热情地接待,用他精湛的医术和良好的医德给无数患者和家庭带来了欢乐和幸福。

作为一名享有盛誉的医生,××医生从不居功,从不骄傲,时刻不忘自己的使命。××同志生前常说:"治病救人是我感觉最幸福的一件事!它能够让我感觉到自己的价值!"正是这样的信念促使他全心全意为人民服务,始终把医疗事业放在首位,尽心尽职,毫不懈怠!

××同志的逝世,不仅是我院的一大损失,也是我县医疗事业的重大损失。他虽然离开了我们,但他高尚的品质和崇高的思想将永远活在我们每个人的心中。我们一定要化悲痛为力量,学习他公而忘私,救死扶伤的医者精神,学习他对事业执著追求,勇往直前的执着精神,学习他视病人如亲人、献身医疗事业的大爱精神,努力拼搏,积极完成各项工作,为我县卫生事业的发展而努力奋斗。

××同志精神常在,永垂不朽!

范文二:××学校领导在悼念革命烈士活动中的致辞

致辞人:××学校领导

致辞场合:在悼念革命烈士活动中

在场人物:各学校和单位代表团体、老师、同学、社会各界人士

老师们、同学们:

今天我们在××市革命烈士陵园隆重聚会,悼念为新中国成立抛头颅、洒热血的革命先烈!此时此刻,站在革命烈士纪念碑前,让我们悼念,让我们品读,让我们铭记……我们悼念那些为了中华民族解放斗争英勇捐躯的英雄战士;我们品读用鲜血捍卫的共产主义信仰,我们铭记中华民族坚贞不屈、崇高不朽的民族精神!下面,请全体师生起立,闭上眼睛,用我们最真诚的

心为革命先烈默哀……

时间从未停止流逝，信念丝毫未曾更改！多少年来，革命先烈的英雄故事和丰功伟绩一直被人们广为传颂。不管时代如何变迁，社会如何发展，革命先烈们舍生忘死，前赴后继，为社会主义新中国谋幸福的高尚品德不应该，也永远不会被遗忘，他们的大无畏奉献精神将万古长青，与世长存！

同学们，今天幸福美好的生活来之不易，没有前人的牺牲，哪来现在的和平与安宁；没有先烈的奉献；更不会有今天的繁荣与昌盛！你们成长在幸福的时代，面对这林林而立的纪念碑，你们可曾想过，这是先烈们最希望看到的和平局面，是他们的牺牲换来了今天的一切！所以，我们没有资格挥霍和浪费我们的生命，只有珍惜生活中一切美好的东西，努力为他人带来快乐，努力实现自身的价值，让这个社会变得更加美好，这才是我们学习英雄精神，缅怀革命先烈的真谛所在！

要想提高中华民族的整体素质，就必须增进青少年的爱国情怀，帮助青少年树立起伟大的民族精神，确立远大的理想和志向，树立坚定的信念，从平时的行为规范开始做起，让每个人都养成良好的道德品质和文明行为。只有从根本上提高青少年的基本素质，促进青少年自身的全面发展，充分汲取革命先烈可亲、可敬、可信的生动事迹，才能让青少年在自己的成长过程中自觉养成良好的道德修养和高尚的思想品德，成为未来合格的建设者和接班人。希望每一位同学都能够端正态度，积极为自己的幸福人生做好准备，勇敢地承担起建设未来、服务社会、奉献社会的重任，把爱国爱民的高尚情操融入到爱校爱家的具体行动中去！革命先烈的英雄故事会洗礼你们的心灵，也会见证新时期祖国未来的成长！

今天，我们缅怀了革命先烈的丰功伟绩，感知了今天的幸福生活来之不易。相信同学们一定不会辜负烈士们的遗愿，努力学习，奋发向上，将来为国家和社会贡献自己的力量！

范文三：××领导在离休老干部××追悼会上的致辞

致辞人：××领导

致辞场合：在离休老干部××追悼会上

在场人物：家属、家属亲朋好友

各位领导、家属、乡亲们：

今天，我们怀着无比沉痛的心情，来参加××同志的悼念仪式。××同志生于××年××月××日，××省××市××乡××村人，生前是中国共产党党员、××单位离休老干部。××同志因病不幸于××年××月××日逝世，享年××岁，从此，我们失去了一位好党员，失去了一位革命老同志，我们为此感到无限悲痛！

××同志自从××年参加工作以来，曾在国家最困难的时期投身于革命事业，在长期的革命战斗中，一直坚守原则、大公无私、热爱集体、关爱同志、工作积极、业绩突出，真正做到了一身正气，两袖清风，是我们党公认的好党员，好干部，更是人民公认的好公仆！

××同志的一生经历了数次风起云涌的政治斗争，每次他都能够坚定立场，恪守党的总之，坚定党的路线、方针和政策，从来没有违背过人民的意愿，是一名意志坚定，经得起考验的优秀党员！在××同志任职的××年时间里，他始终和人民群众站在同一战线，视党和人民的利益高于一切，尤其是在新时期加快经济建设时期内，××同志依然能够将共产党人艰苦朴素的优良品德发扬光大，不贪恋钱财，不争夺权势，全心全意投身到忘我的工作当中，以推进××地区经济发展为己任，为××地区的经济社会发展做出了突出的贡献！

离休后，××同志仍然严格要求自己，以一名老党员、老干部的政治热情，积极参与到各项工作中去，为党和政府的各项工作提出了很多具有建设性意义的建议。生活中，××同志不骄不躁，从不脱离人民群众，依然保持艰苦朴素的生活作风，为广大人民群众树立了很好的榜样。

××同志的一生是革命的一生，是艰苦奋斗的一生，是勇于奉献的一生！虽然××同志已经永远离开了我们，但我们要学习他坚守原则、坚定信念、勤劳朴实的革命精神和优秀品德，让××同志的精神永垂不朽！

秋风落叶更增添了我们的沉重与悲痛，但我们还是要向××同志的家属表示最诚挚的慰问，望你们节哀！

××同志，安息吧！

范文四：××部门领导在××总经理追悼会上的致辞

致辞人：××部门领导

致辞场合：在××总经理追悼会上

在场人物：公司代表、部门同事、××总经理家属朋友们

来宾们、家属们、各位亲朋好友们：

我代表××公司××部门全体员工，向××总经理的辞世表示深切的哀悼！

今天，我们的心情无比悲痛，××总经理在公司兢兢业业十几年，一直

勤勤恳恳、兢兢业业，对下属更是无微不至、团结和睦，想起在一起朝夕相处的点点滴滴，一切都宛如昨日，我们将永远铭记××总经理对我们的深切勉励，更不会忘记××总经理对我们的谆谆教导！

××总经理是一位具有超前意识和敏锐洞察力的优秀领导人，他在职期间，带领全体员工披荆斩棘，锐意进取，为公司发展立下了一次又一次辉煌战绩。还记得，在公司一次危机公关中，××总经理克服重重困难，消除一切障碍与阻力，以自己聪明的才智和高超的外交手腕平息了危机，取得了完全的胜利，赢得了全体员工的尊重与爱戴！

××总经理对当今市场经济的发展规律有着深刻而又独到的见解，他总能在激烈的竞争中发现新的需求增长点，并大胆利用最新技术，努力研发最新产品，让公司在市场竞争中总能抢占先机，为公司发展做出了无可替代的贡献！虽然市场竞争日益激烈，但××总经理倡议研发的新产品在市场中都非常具有优势，不仅为公司创下了巨额利润，更使公司迈进了最具发展潜力企业的行列，受到了政府的大力表彰和支持，同时也为同行树立了很好的榜样！

××总经理一直把公司当作自己的孩子，他呕心沥血只为让公司得到茁壮的成长和发展，今天，××公司拥有了良好的发展势头，并创造了××行业一个崭新的起点。在企业蒸蒸日上的关键时刻，我们敬爱的××总经理却与世长辞，怎能让我们不悲痛，不叹息！从此，××公司失去了一个卓越的领导人，××行业失去了一位冲锋陷阵的开路人，企业界失去了一位德高望重的好伙伴！

惜别了，敬爱的××总经理，您的精神将永远鼓舞××公司全体员工奋发向上，力争为企业发展贡献自己的力量，以慰藉您对××公司的全心付出！

望××总经理的家属朋友节哀！望××总经理安息！

范文五：××公安局领导在殉职警员××悼念会上的致辞

致辞人：××公安局领导

致辞场合：在殉职警员××悼念会上

在场人物：××公安局全体成员、殉职警员家属和亲朋

同志们、朋友们：

今天，我们怀着极其沉痛的心情在这里深切悼念我们可亲、可敬、可爱的××战友。

××同志，××年××月××日出生，××省××县人，××族，××年参加到××公安局工作，××年××月××日在围堵缉捕犯罪分子时光荣

殉职,年仅××岁。

××同志是一位忠贞爱国的好战士,在工作中,他总是任劳任怨,兢兢业业,在分析案情的时候,他的思路总是那么清晰敏捷,在严密的犯罪也逃不出他缜密的分析,在从业的短短几年时间里,他就从一名青涩的武警院校的毕业生,成长为一名经验丰富,英勇善战的公安人员。××烈士从小就志愿当一名人民警察,上大学的时候,更是毫不犹豫地报考了武警院校,更以优异的成绩迈出了人生的第一步。毕业后,××同志以优异的表现和严密的逻辑思维能力受到××公安局的青睐,从此便在这里开始了自己短短××年的公安生涯。××同志虽然年轻,却爱岗敬业,勤奋踏实,以饱满的热情投入到工作中去,对待同事更是谦虚、尊敬,是××公安局年龄最小,却最受欢迎的成员。每次有了新的案情,他总能将自己所学的新思想融会贯通,一次又一次地在案情陷入瓶颈的时候给大家带来新的灵感和突破方向。××烈士对公安事业的热爱是发自内心的,也正是他对公安事业的赤胆忠诚写下了他短暂却光辉壮丽的人生篇章!

××年××月××日,为了打击犯罪,保护人民群众的生命财产安全,××同志在追捕中奋勇向前,在与犯罪分子的斗争中英勇牺牲,以身殉职!他是成千上万公安队伍中最优秀的一员,他是我们××地区人们的骄傲和自豪!××同志奋不顾身的奉献精神将成为公安干警打击犯罪,保护民众的动力和源泉!

××同志虽然已经离开了我们,但他的精神将被载入史册,他的无私、他的英勇、他的智慧、他的品格都将永远铭记在我们心中!作为××同志的领导和战友,我们会牢记××同志的光辉业绩,把有限的生命投入到无限的公安事业中去。

××公安局全体人员在这里向××同志致哀!××同志,我们永远怀念你!

4. 领导在纪念重要领导干部大会上的致辞范文

在纪念重要领导的会议上,领导致辞时要表达自己对重要领导的怀念之情,并向其家属进行慰问。在致辞中要客观、准确地评定重要人物的一生。

鼓励在场听众向重要人物学习，为社会主义建设贡献自己的力量。

范文一：××领导在纪念焦裕禄大会上的致辞

致辞人：××领导

致辞场合：××市纪念焦裕禄大会现场

在场人物：××市各级领导、机关干部、各界代表

同志们：

我们今天聚集在一起，是为了纪念焦裕禄同志逝世56周年。我这次来参加大会，是受党中央的委派，在此，我谨代表党中央对焦裕禄同志表示最深切的怀念，并向焦裕禄同志的家属表示我们最亲切的慰问！

焦裕禄同志作为一名中国共产党的优秀党员，他是人民群众的好公仆，是我们广大人民干部学习的榜样，他是我们永远怀念的战友，朋友！焦裕禄同志一直都在为党和人民奉献着自己毕生的精力，为了能使人民群众过上更好的生活，最后他倒在了自己的工作岗位上。在1962年12月，焦裕禄同志时任河南省兰考的县委书记。因为在兰考工作时，他为了能够在自己担任县委书记时，改变兰考贫困的现状，他发动全县人民一起同内涝、风沙等一系列的自然灾害做斗争，他们不怕艰难、不畏困苦、顽强拼搏。焦裕禄同志充分表现出自己大无畏的革命精神。他在工作和生活中一直都保持着人民公仆的无私奉献的精神，一直到生命的最后时刻，他还是心系兰考的人民群众是否幸福，他的精神充分地体现出身为一个共产党人心系百姓的精神面貌。焦裕禄同志于1964年5月14日，因肝病无法治愈，最后不幸逝世。现在焦裕禄同志已经离开我们56年了，但是他的精神一直都在我们身边，没有离开。他为了我们党的事业和人民群众的根本利益鞠躬尽瘁、死而后已。感人的事迹，一直都在教育着我们广大的共产党员干部，让我们都牢记"全心全意为人民服务"的宗旨，让我们能够无私地奉献于党的事业；让我们有无尽的动力带领着我们亿万的人民群众向新生活奋进。

现在，我们全党全国及各族人民都在深入地学习和贯彻党的第十七大和十七届六中全会的重要精神，同时高举邓小平理论及其"三个代表"重要思想的伟大旗帜，为了能够实现中国完成全面步入小康生活而艰苦奋进。对于我们来说，焦裕禄的精神给了我们很大的鼓舞，让我们向他学习不畏艰苦、执政为民的精神，激励着我们能够求真务实、开拓创新的宝贵精神财富。我们始终坚持以经济建设为中心，紧紧抓住执政兴国的第一要务，全面促进中国国民经济快速且持续协调发展和社会各方面能够共同进步，为社会主义现代化建设不断开创新的局面。

我们要学习和弘扬焦裕禄同志的工作精神，使人民群众的智慧和力量得到激发和聚集，与人民群众一起艰苦创业，开拓创新，大力开展各项工作，促进中国各方面能够协调地发展，这些都需要我们不断地学习他的伟大精神，为社会主义现代化培养出有用的人才。在工作和生活中与广大人民群众建立起密切的关系，为最广大人民的根本利益而不断努力。我们要学习和弘扬焦裕禄的精神，要努力为人民群众做好事、办实事，想人民群众所想，做人民群众的好公仆。我们要不断地推进党的建设，不断地提高党的领导水平和执政水平，同时还要提高党和政府的拒腐防变及抵御风险的各项能力，最后把具有中国特色的社会主义道路在党的领导下能够走向更好的明天。我们不断地在弘扬焦裕禄同志的精神，向他学习培养出了千千万万个焦裕禄式的人民公仆、人民的好领导。在现在这个社会中，我们要实践"三个代表"重要思想，把人民群众的肯定作为自己工作的目标。让我们一起共同努力，把焦裕禄的精神发扬光大，让焦裕禄的思想永驻人间！

我们可以在焦裕禄同志的身上看到共产党人最本质的物质，他爱民、亲民、为民，一切都为了人民群众。焦裕禄曾经说过："我们不是人民的上司，我们都是人民的勤务员。必须同人民群众同甘苦，共患难。"有一年，开封兰考遇到了一次特大雪灾，当时焦裕禄同志首先想到的就是人民群众。当时他这样说："共产党员要在群众最困难的时候，出现在群众面前，在群众最需要帮助的时候，去关心群众，帮助群众。"当时他冒着大雪，忍着肝病给他带来的疼痛，走进每一个农户的家里进行慰问，他切实为人民群众们排忧解难，把党对他们的关怀送到群众的心里。我们要想把焦裕禄无私奉献的精神发扬光大，那么就要坚持立党为公、执政为民，把最广大人民群众的根本利益放在首位，一切工作从人民群众的利益出发。在焦裕禄去世的56年，人民群众从未忘记过焦裕禄这个名字，一直都在心里怀念着焦裕禄，不断地学习焦裕禄无私的奉献精神。这一切都是因为焦裕禄总是"心里装着全体人民，唯独没有他自己"。

现在我们社会主义经济得到了迅速地发展，进入了一个新的历史时期，但是我们要继续弘扬焦裕禄的精神，从根本上要求自己，按照"三个代表"重要思想工作、学习、生活，要坚持立党为公、执政为民。无论你的职位高低、能力大小，都要向焦裕禄同志学习，始终把为党和人民群众作为自己艰苦奋斗的动力，把完成党和人民所委托的工作作为自己人生的最高目标，把全心全意为人民服务作为自己一生中最大的追求，把实现最广大人民群众根本利益作为一生工作的最高标准。在工作中，要真正做到权力为人民群众所用、心为人民群众所想、利益为人民群众所谋。始终要深怀一颗爱民之心，把人民群众拥护不拥护、赞成不赞成、高兴不高兴、答应不答应为作为自己工作的最终标准,要带着对人民群众的深厚感情来开展各项工作。我们要一切工作以人民群众为出发点,执行工作时要依靠人民群众的力量,一切工作成果为了人民群众,要带领着最广大的人民群众一起为创造美好幸福的生活而努力。在工作中,作为干部我们还要做出富民的政治决策,努力地解决好在经济社会迅速发展中所产生的各类矛盾及问题,解决好改革开放稳定发展中的一些热点问题,这样才能够促使经济社会快速稳定地发展,为最广大的人民群众带来更大的利益。作为干部也要多做利民之事,要解决好人民群众最关心的问题,要深入到那些条件艰苦、有着突出矛盾且困难的地区,想人民群众之所想,急人民群众之所急,帮人民群众之所需,要把执政为民的本质落实到日常的工作中去,一个干部的工作做得好不好,就要看当地人民群众的物质文化生活和精神文化生活水平是否在不断地提高。

我们要把焦裕禄的精神发扬光大,就要牢固地树立起科学的发展观。必须要坚持党执政兴国,在焦裕禄同志的身上我们可以看到,他始终把人民群众的生活水平和兰考的各项发展放在工作的重要位置上,他曾经说过:"党把这个县36万群众交给我们,我们不能领导他们战胜灾荒,应该感到羞耻和痛心。""面对着我们当前严重的灾害,我们有革命的胆略,坚决领导全县人民苦战三五年,改变兰考的面貌,不达目的,我们死不瞑目。"在这期间,他带领着兰考人民一起改变兰考贫困的现状,为兰考以后的长远发展打下坚实的基础,在他工作的期间,他所做的一切都是为了党和人民群众。这些政绩,就是他一直以来全身心投入工作的最好见证。

我们要发扬焦裕禄的精神,就要大力弘扬求真务实的精神。因为焦裕禄同志当面对"三害"的治理问题时,他就是求真务实,低下身子,亲自走向田间地头,深入人民群众中去,听取人民群众的想法,关心人民群众的疾苦,为人民群众解决生活工作中的问题。他在兰考工作的日子里,一直都骑着一辆自行车,他对全县149个生产大队进行了走访、调研。他在工作中求真务实、脚踏实地的精神,值得我们广大领导干部认真学习。在全面建设小康社会的进程中,我们要大力弘扬求真务实的精神,脚踏实地地开展各项工作。各级的领导干部都要坚持深入基层、到人民群众中去,坚持一切工作从实际出发。

我们要把焦裕禄的精神发扬光大,那就要坚持解放思想、与时俱进,始终都保持着良好的精神状态。焦裕禄同志担任兰考县委书记时,自然灾害发生频繁,人民群众的生活非常的困难,而且当时的工作条件也非常的艰苦。但是焦裕禄面对这一切的时候,他提出了要在困难的面前寻找新的出路。他有着奋力进取的精神，在困难面前不退缩。在这期间他带领全县的人民群众开展各项治理工作，并且在治理灾害的工作中做出了很大的成绩。现在对于我们各级领导干部来说，首要任务就是要带领人民群众全力建设小康社会，在我们日后的工作中，任务非常的艰巨，也会遇到很多的困难和挑战。所以我们就必须向焦裕禄同志学习，不断开拓进取、自强不息，始终保持良好的精神状态。要紧跟着时代的步伐，立足于时代的最前端，在全面建设小康社会的伟大事业中贡献自己毕生的精力。

同志们，要成就大事业需要有崇高的精神。今天，我们认真地学习焦裕禄的奉献精神，这是时代对我们的要求，是为了推动社会主义经济持续、快速、协调地发展，为全面建设小康社会而不断奋斗！

焦裕禄同志的精神永远活在我们心中，他就如一盏明灯照亮我们的内心！谢谢大家！

范文二：××市领导在纪念孔繁森大会致辞

致辞人：××市领导

致辞场合：××市领导在纪念孔繁森大会现场

在场人物：××市各级领导、机关干部、各界代表

同志们：

今天，我们聚集在一起，怀着无比崇敬的心情纪念孔繁森同志，缅怀他的光辉事迹，向孔繁森同志学习。孔繁森同志的精神充分体现了共产党的宗旨，体现了马克思主义世界观、人生观、价值观。孔繁森同志用自己的血肉之躯，干出了让所有人称赞的事迹。在他的事迹中不乏一些轰轰烈烈的故事，这些事迹充分展现了孔繁森作为一名普通党员，始终把党和人民群众的利益放在首位。我们向孔繁森学习，做一个品德高尚的人，做一个有爱心、乐于助人的人。

孔繁森也有着最简单的情感世界，他对他的母亲怀有孝心，对他的妻子充满疼惜之情，对他的子女充满着片片慈心，但是对祖国及人民群众则是赤子忠心。他曾经说过："一个人爱的最高境界是爱别人，一个共产党员爱的最高境界是爱人民。"因为他深知在这个世界上很难做到忠孝两全。要做到牺牲小爱成全大爱，一切的情感都应当服从于民族之爱，祖国之爱。在他的心里，有着家庭与国家，个人与人民。把这两种关系很好地排序，他把爱的范围扩展到关于民族的爱，祖国的爱。所以，孔繁森为了使西藏同胞能够过上更好的生活，努力工作，最后倒在了自己的工作岗位上。

我们学习孔繁森的思想，就是在学习如何做一位模范的共产党员。因为

第十章 其他致辞，临场发挥有诀窍

合格的共产党员都有着无私奉献的精神。孔繁森同志在工作中表达着对党的忠诚，他经常对自己说："咱是党的人""咱是公家人。"用这些话来提醒自己、鼓励自己、约束自己。孔繁森的一生非常的朴素，在生活工作中都非常节约。他为了别人的幸福，但是自己却要节衣缩食，挨饿受冻，这些正是因为他继承了党艰苦奋斗的优良传统。孔繁森在工作中一直都鞠躬尽瘁，兢兢业业，不畏艰难，不怕困苦，充分表达了他大无畏的奉献精神。孔繁森同志在工作中，实事求是，脚踏实地，想群众之所想，为人民群众办实事、办好事。他总是在工作的最前沿，把自己的一切奉献给了西藏这一片热土。到最后他离开了我们，离开了这片他热爱的土地。他给人民群众留下了振兴阿里经济的十二条建议，但是给自己和亲人却只留下了8元6角。这样的领导干部，就是现在各级领导干部学习的楷模，因为孔繁森一直都把全心全意为人民服务作为自己的工作宗旨。

孔繁森同志有着自己的价值观，在他给自己女儿的信中有这样一段话："阿里地委书记……这个称谓不仅是一个职务，一份履历，更是一份责任，一副担子，我身负党的重任，不能顾小家，舍大家，我要用实际行动证明党的干部是真正为人民服务的。"孔繁森他是这样写的，更是这样做的。因为自己头顶着"为人民服务"的光圈，为了能够实现这五个字，他无私地奉献着自己的青春，从来没有一丝抱怨。他作为一名领导干部，有着正确的价值观、人生观、利益观。因为他不为名利，曾两次援藏，三次前往边疆，在雪域高原上工作了十余年，他把党的光辉形象带到了中国最高的地方，照亮那些藏民的内心！

在我们心中，孔繁森是一位有着高尚情操的人。他的事迹和精神深深地打动着我们每一个人，我们向他致敬，向他学习。对于我们来说，他更像是一面旗帜，像一面镜子，是我们每个人学习的榜样，面对着他，鞭策自己。向孔繁森学习，做一位优秀的共产党员，做一位人民群众的好公仆。

我们作为一名政治机关的领导干部，应该经常地反思自己，向孔繁森同志学习，看我们身上的不足及距离。我们从现在开始学习，从现在开始做起。发扬孔繁森的精神，让自己成为一名有着良好思想觉悟，以人民群众的利益作为自己工作的出发点。用自己毕生的精力来全面建设小康社会伟大事业，让我们国家的经济能够飞速地发展！

孔繁森同志，你的精神与我们同在！谢谢大家！

5. 领导在工程竣工大会上的致辞范文

工程竣工致辞是指领导在某项工程完工后举行的庆贺仪式上的致辞。这里的工程可以是一个学校、一个大楼、一个新厂房、体育馆、博物馆、艺术中心……工程顺利完工是一件值得庆贺的事情，竣工仪式和之前写到的奠基仪式是相对应的。以下是领导在竣工仪式上的致辞范文，仅供各位领导鉴赏学习。

范文一：××市领导在××卫生院竣工大会上的致辞
致辞人：××市领导
致辞场合：在××卫生院竣工大会上
在场人物：政府领导、商界成功人士、医院领导和全体职工、受邀嘉宾
各位领导、各位来宾、企业家们：
大家好！在这收获希望的金秋时节，我很高兴，也很荣幸能够和××企业家们一起来到这里，参加××卫生院的竣工典礼。首先，我谨代表××市委、市政府向慷慨解囊援助××县发展卫生事业的××企业家们表示崇高的敬意！向××县的干部和群众致以亲切的问候！

为了缓解和消除贫富差距，让贫困地区的人民能够尽快赶上富裕地区，国家立足农村地区发展极不平衡的现状，特意开展定点扶贫工作，目的就是想让贫困地区能够早日脱贫致富，让各地区经济协调发展，最终实现全面小康。××年，国家将××县确定为定点扶贫县，要求各级领导和部门认真贯彻落实有关指示和精神，切实把帮助××县脱贫致富作为落实"三个代表"重要思想的具体实践。只有充分发挥××资源优势，动员所属各部门积极参与，从教育、卫生、人才培训等方面着手，才能让××县的社会经济尽快有一个健康持续的发展，让××县人民群众的生活质量尽快得到改善。在这个过程中，××县得到了广大华人、华侨、港澳同胞等企业家的热情支持和无私捐助。他们满怀赤子之情为××县奉献爱心，办了许多实实在在的好事和善事。××卫生院就是在××年组织的"××企业扶贫"活动中，由××、××、××等3位××企业家和××侨商会所捐赠××万元修建而成的。

××卫生院的落成对于××县所有群众来说，无疑是一件值得庆贺的大善事，同时也是××企业关怀贫困地区的见证。××卫生院的建成，必将大大改善××县群众的就医条件，同时，对加快××县卫生事业的发展也会起到积极的作用。在这里，我谨代表××县广大人民群众向各位奉献爱心的××企业家们表示衷心的感谢！同时，希望××县干部群众，特别是医务工作者，永记各位企业家的无私捐助，努力做好本职工作，以优良的作风和高超的技术回报他们的赤子之情。

我相信，在以后的道路上，一定会有更多的企业家一如既往地帮助和支持××县各方面的发展，我们将与勤劳勇敢的××县人民同心同德，携手并进，共同把××县建设得更加美好！

最后，祝××县经济、社会各项事业蒸蒸日上！祝"××卫生院"越办越好！祝××县父老乡亲的日子越过越红火！谢谢大家！

范文二：××小学校长在××小学教学楼竣工仪式上的致辞

致辞人：××小学校长

致辞场合：在××小学教学楼竣工仪式上

在场人物：政府领导、教育局领导、兄弟学校代表、××小学老师和同学们

各位领导，各位来宾，××小学的老师和同学们：

大家上午好！有一位诗人写道："冬天来了，春天还会远吗？"今天，冬阳普照，喜气空灵，不是春光，却胜似春光。在这美好的日子里，我们集聚在这里，为××小学教学大楼举行竣工仪式。

××小学教学楼的顺利竣工充分体现了各级政府和村委会对教育事业的关怀和重视，更体现了他们对祖国下一代成长的关心和高度负责。××小学教学楼的落成，对于全村的父老乡亲和孩子们来说，是一件实实在在的大好事，从此，孩子们不用在残垣断壁、门窗破败的教室里学习了，不用再忍受冬日的寒风和夏日的酷暑。新的教学楼不仅宽敞明亮，还有崭新的课桌椅，给老师和同学们提供了更好的学习空间。我相信，××小学新教学楼的竣工对××小学的全体老师来说，必将极大地鼓舞他们从事乡村教育事业的信心和决心；对孩子们来说，他们也必将在新教室里更加努力地汲取科学知识，用更加优异的成绩回报社会各界人士的关心和厚爱！

孩子是初升的太阳，是祖国的花朵，是××村的希望和未来，更是祖国建设的接班人和后备军。社会各界集资对××小学教学楼的援建，必将推动和促进××村教育事业的发展。但教育是百年大计，还有很长的路要走，在

这里，我希望政府和社会各界人士能够一如既往地弘扬尊师重教的传统美德，认真履行教育的责任和义务，克服一切困难，采取积极的措施和方法，让××小学真正成为人才的摇篮。

最后，衷心感谢各级政府和社会各界人士对××村教育事业的关心和支持，并对竣工仪式的圆满成功表示祝贺，祝愿到场的各位来宾和乡亲们身体健康，万事如意！谢谢大家！

范文三：××集团领导在××集团新厂房竣工典礼上的致辞

致辞人：××集团领导

致辞场合：在××集团新厂房竣工典礼上

在场人物：政府领导、受邀来宾、企业界同仁、××集团全体职工

尊敬的各位领导，各位来宾，女士们，先生们：

首先，感谢大家在百忙之中前来参加××集团新厂房竣工仪式。

身为××集团的领导，我在××集团××年的发展历程中，曾参加了无数次国内和海外公司的典礼活动，也曾在很多庆典活动中致辞，但只有在准备今天××集团新厂房竣工典礼的致辞让我思绪万千，十分感慨！为什么？从××集团创办的那天起，我就在，××多年后的今天，我还在，不同的是，我也从当初的一名普通员工成长为××集团的高层领导。可以说，我是和××集团一同成长和发展的。我们共同经历了艰难坎坷的发展历程，这些美好而又真实的岁月将被我深深铭记！透过新厂房宽敞明亮的玻璃幕墙，我们可以清晰地看到不远处气势如虹的生产线，预示着如火如荼的××集团拉开了发展路上的新篇章、新纪元！

几年前，××集团高层经过详细的考察和慎重的考虑，最终决定在××投资创立工厂，当时是出于对全球电子制造行业新趋势的考虑，以及对××投资环境的认可才下的决心。几年来，我常常会到各地奔波，也不止一次地来到我们新的投资地，每次到××这个地方，我都能深刻感受到××市发生的巨大变化，每一次都更加繁荣，××开发区的变化更是日新月异，一日千里，各种产业配套和生活配套设施的发展速度让我无不感到惊叹！另外，××市的投资软环境也非常优越，政府更是高效务实。所有这些，都让我对××一直保持着很好的印象，而我也经常和一些企业界的朋友分享我的这些感受。××集团在××地区发展这几年，取得的成绩是显著的，也是有目共睹的，这些成绩的取得得益于××市政府各级领导的关怀和大力支持，在此，我谨代表××集团对他们表示衷心的感谢！

随着××集团在××地区的发展越来越好，集团决定顺应公司的战略规

划，结合××地区的发展状况，在××地区进一步扩建厂房。很幸运的是，××集团的这一举措得到了××银行和××市政府的大力支持，经过一年多的努力，一排排崭新宏伟的新厂房就呈现在我们面前，这让××集团每个人都感到由衷的欣慰！

××集团从开办至今，我们数十年如一日，精心打造我们的专属品牌，从来不敢有丝毫懈怠！如今，××集团已经在世界××产品界打下专业、高端、信誉、保障的烙印，不仅在同行业领域牢牢占据着一席之地，还成为该领域的领军企业。我们的产品不仅深受很多明星和高端人士的喜爱，还在众多国际重要场合广泛使用，特别值得一提的是：我们的××产品还作为指定品牌在连续四届奥运会和两届冬奥会中广泛使用，能够在这样重要的场合受到认可，是我们××集团全体员工的荣耀和骄傲。当然，客户的信赖是对我们最大的支持和鼓励，为了取得这些成绩，××集团全体员工执着拼搏，从每一个细节做起，从来没有放弃过！事实上，当××集团在业内小有名气之后，我们也曾面临产品多元化和企业规模化的诱惑，但最终我们还是坚持选择专业化高端路线，追求产品的专业性，同时更加重视在技术和服务上的精益求精。

今天，××集团已经逐步确立了自身的品牌优势，完成了在全球的战略布局，随着全球经济一体化的日益加深，很多成功的海外企业都热衷于把自己的业务委托给××集团进行加工。后来，随着该行业更加专业，原来的一些知名公司纷纷因技术不达标关门大吉，而××集团却反其道而行之，不断建立新的厂房和加工点，逐步扩大集团规模，在××产业迎来冬天的时候逆风而上，并发展到更加辉煌的今天！××集团既然定位为专业高端的××产品制造商，除了在研发环节拥有高技术含量之外，在长期的经验实践中，我们也积累了很多核心的制造技术，进一步确保了制造技术的优势不外流，最重要的是，我们的品质意识能够很好地被我们的员工深入理解和贯彻执行。这两点是其他公司和个人无法比拟的核心竞争优势。我们也定当在以后的发展中扮演更加重要的角色，为××产品在国际市场上的进一步推广再建新功！

希望××集团全体员工能够继续秉承我们的传统和专业精神，不断提升管理水平和技术能力，为全球市场贡献一流的产品。在自身不断发展壮大的过程中，更要力争成为一家有社会责任感的企业，成为一家受社会广泛尊敬的企业！

再次感谢各位的光临，借此机会，我得以和许多新老朋友欢聚一堂。中国有句话叫"众人拾柴火焰高"，××集团希望能够得到大家一如既往地关心和帮助，相信在大家的爱护和大力支持下，××集团一定会更加努力发展事

业,也定将为××地区的经济发展做出应有的贡献!谢谢大家!

范文四:××政府领导在××老年人体育馆竣工典礼上的致辞

致辞人:××政府领导

致辞场合:在××老年人体育馆竣工典礼上

在场人物:政府领导、商界代表、老年人协会、老年朋友

尊敬的各位领导、各位来宾,老年朋友们:

大家好!今天,我们迎着初春的朝阳,在这里隆重举行××老年人体育馆的竣工典礼。××老年人体育馆的建成标志着××乡老年人的健身环境得到了进一步地改善,也标志着全××乡老年体育事业步入了一个新的发展阶段。在此,我代表××乡各大领导班子向××老年人体育馆的竣工表示热烈的祝贺!向前来参加这次庆典仪式的各位领导和来宾表示热烈的欢迎!同时,我代表××乡所有老年朋友们向关心和支持××乡老年人体育事业的各部门领导和援助体育馆施工建设的××企业表示崇高的敬意和深深的感谢!

老年人体育事业是全民健身体系的一个重要组成部分,更是一项深得民心的敬老工程。在政府各部门的协调努力和社会各界的支持帮助下,××乡老年人体育馆于去年××月开始施工建造,经过半年多的时间,××乡老年人体育馆就顺利竣工并投入使用,其总建筑面积为××平方米。有专门的乒乓球室,有老年体协办公室、篮球室、羽毛球室、台球室、健身中心……为一体的多功能体育场馆,可同时容纳300多名××乡老年体育爱好者在这里进行健身运动。优雅的环境和健身项目极大地丰富了老年朋友的业余文体生活,给他们的晚年生活增添了更多乐趣。

几年来,××乡政府通过与老年体育协会领导班子之间的团结协作,不断创新,扎实工作,终于摸索出了一条适合××乡老年体育事业发展的新路子,为今后××乡老年体育事业的发展奠定了坚实的基础。以后,××乡政府一定会一如既往地关心和支持老年体育事业,为更多的老年朋友提供有益身心健康的健身条件,让广大老年朋友老有所乐,同时也会努力把老年体育事业融入到社会各项活动中去,把××乡老年体育事业推上一个更高的台阶。

最后,祝贺老年人体育馆顺利竣工,祝各位老年朋友身体健康、生活愉快!谢谢大家!

范文五:××县政府领导在××希望小学竣工仪式上的致辞

致辞人:××县政府领导

致辞场合:在××希望小学竣工仪式上

在场人物：政府领导、教育界同仁、××小学老师和同学们

尊敬的各位来宾、朋友们，老师们、同学们：

大家好！今天，我们迎来了××希望小学竣工的喜庆日子。我代表××县委、县政府在这里对大力支持和关心家乡教育事业的单位和个人表示衷心的感谢，同时对到场的所有来宾表示热烈欢迎！

在经济发展日益加速的今天，任何竞争归根到底都是人才的竞争，是劳动者素质的竞争，而人才竞争的关键在教育。一直以来，××县政府都把教育作为全县的重点工作，并把教育事业摆在全县发展的优先战略地位，即使在县政府财政紧张的情况下，××县政府依然把财政倾斜在教育方面，并逐年加大对教育的投入力度。经过不断地努力，近年来，××县的中小学教育呈现出了良好的发展势头，教育质量也有了稳步提升。为了进一步深化教育改革，全面推进素质教育，××县政府把教育事业摆在更加突出的位置，并想方设法从多种渠道筹措教育经费，合理调整学校布局，提高办学规模。除此之外，××县政府还鼓励社会力量投资办学，既要正确贯彻教育方针，又要全面提高教育水平。只有调动一切能够调动的有利因素，才能为国家培养更多的优秀人才，同时也为××县的经济发展和社会进步做出贡献。

××希望小学就是××县政府号召民间力量，在××集团的全力赞助下援建的希望小学。这所学校总投资××万元，包括两栋教学楼、一栋办公楼、一栋艺术楼，同时还配套有宿舍、餐厅、图书馆，是一所功能齐全，设施完备的小学。这所希望小学的兴建是由××公司××董事长投资兴建的，这不仅表达了××董事长对家乡教育事业的关心和支持，更体现了××董事长对家乡的一片赤子之情。我相信，孩子们在高大漂亮、宽敞明亮的教学楼里，会更加勤奋学习，以优异的成绩回报社会，以更高的素质迎接未来的挑战；我也相信，全体教职员工在环境优越的××希望小学任职，一定会在自己平凡的岗位上贡献力量，为××县的教育事业而奋斗终生！

最后，让我们以热烈的掌声对××董事长的倾情奉献表示衷心的感谢，对××希望小学的顺利竣工表示衷心的祝贺！祝愿××董事长财源广进，事业长虹，祝愿到场的所有宾客身体健康，万事如意，祝愿小朋友们健康成长，学习更上一层楼！谢谢大家！

6. 领导在代表团招待会上的致辞范文

招待会是一种表示正式欢迎或隆重接待的社交活动，在招待会上，东道主要发表致辞，以表达对代表团的欢迎，让来访者得到热情、周到的服务，同时可以告知来访者受访期间的活动安排，让他们可以有一个简单的准备。最后领导者还要表达合作交流，互惠互通，相互学习的意愿和态度，这是对来访者的一种友好和尊重。具体领导者在招待会上应该如何应对，我们还是来看一些具体的致辞范文。

范文一：××县长在××代表团招待会上的致辞

致辞人：××县长

致辞场合：在××代表团招待会上

在场人物：政府领导、代表团、成功人士、各界代表

尊敬的来宾、朋友们：

大家好！孔子说过："有朋自远方来，不亦乐乎？"今天，我们就迎来了一批尊贵的客人，他们代表全国各地人民来到××县，参加××县第××届经贸洽谈会。我代表××县政府对各代表团表示热烈的欢迎。

××县在586年设县，明清时期被称为××县，直到新中国成立前，又恢复旧称××县。本县位于××省最北部，不仅地理位置优越，交通更是四通八达，十分便利。××县一直被称为"××省文明之区"，历史上更是涌现出了许多历史名人。例如，后唐宰相××，宋代词人××，明朝尚书××，清代历史学家××，当代国画大师××，著名设计师××……他们都是出身××县的著名历史人物，由此可见，江山代有人才出，这些历史名人无论是在政治经济方面、文学造诣方面、艺术探索方面、还是在社会科学方面，都各有千秋，有所建树。而××县著名的××遗址更加为××县增添了浓厚的历史文化底蕴，××县就像一座历史的丰碑，沉淀着历史过往中的点点滴滴！

××县的××产业在全国范围内都是独树一帜的，是中国最具发展潜力的县市之一。我县生产的××产品是享誉海内外的。近年来，××县为了巩固××经济强县的地位，在××主导产业的带动下，又迅猛发展了很多副产

业，这些项目很快就成了××县经济的脊柱产业。我县××企业是目前世界上最大的××产品开发商、制造商，更是全国最大的××产品生产基地，曾多次被命名为"国家生态工业示范园区""国家环境友好企业"……××集团及多位化为一体的绿色生态产业链更是被科学界誉为中国绿色产业的典范。

沃土富海冠神州，天高潮涌任风流。借××县第××届经贸洽谈会的契机，我们一定要以最好的精神状态，和与会代表们进行良好的沟通和协商，带领他们全面考察××县的××产业生产链。以科学发展总揽全局，抓合作、抓投资、抓招商，共奏经济大发展的乐章，让××县的经济发展能够实现跨越式发展。

××县委、县政府和全县××万人民热烈欢迎各界代表团和有识之士前来参观考察，投资观光，同时也希望你们在××县能够开心、顺心、称心！

范文二：××大学校长在外教、留学生新年招待会上的致辞

致辞人：××大学校长

致辞场合：在外教、留学生新年招待会上

在场人物：外籍教职员工、留学生、××大学老师、兄弟学校受邀代表

尊敬的各位来宾，外籍教职员工、留学生们：

大家晚上好！今天是中国的传统新年，预示着上一年工作和学习生活告一段落，准备迎接下一年的挑战。在此，我们隆重欢迎××年的到来，同时也对在××大学留教的外籍教师和留学生致以节日的问候！感谢你们选择××大学，感谢你们对××大学所做出的贡献！

中国高等教育的发展正在逐步趋向于国际化，快速的发展势头也极大地促进了中国高等教育和科研成功的稳步提升。在这种大背景下，××大学也顺应全球一体化的趋势，逐渐开展了一些与国际院校交流合作的项目，并取得了丰硕的成果。为了将这种友好的交流进行下去，越来越多的国外知名学者和外籍教师来到××学校担任外教，还有更多的留学生纷纷报名来××大学接受汉语培训和中国教育，这些都极大地提升了××大学的社会美誉度和国际影响力。

只有开放的国家才能真正显示它的活力与实力，而一个学校也是如此，如果没有开放和包容的气度，没有兼济天下的胸怀，这个大学也必将缺乏朝气与希望。××大学一直坚持"特色办校"，并努力向国际上有影响力的高水平大学迈进。

今年的新年招待会主题就是"建立国际间的友谊需要不同国家之间的文化交流"，人类文明是由不同国家的文化汇聚而成的，只有促进国际间的文化

交流,才能让人类文明汇入同一条河流,得到共同的发展。我相信,这个招待会主题是××大学真实意愿的体现,同时对××大学的发展也是具有非常重要的意义的。

最后,我代表××大学对举办此次招待会付出辛勤劳动的工作人员表示衷心的感谢,同时也祝各位来宾、外国朋友们新年快乐!谢谢大家!

范文三:驻××国大使在第××批援××国医疗队招待会上的致辞

致辞人:驻××国大使

致辞场合:在第××批援××国医疗队招待会上

在场人物:援××医疗队、××国政府代表

同志们:

今晚,我们在这里隆重招待第××批援××国医疗队成员。我代表驻××国大使馆向你们表示热烈的欢迎,感谢你们不远万里来到××国进行医疗援助的大爱精神表示崇高的敬意!预祝你们能够圆满完成援助任务!

在此之前,××国已经先后来过××支医疗援建队伍,他们分别在××国的数个医疗点进行热情无私的奉献,医治和救助了大量的病人,为××国的医疗卫生事业做出了突出的贡献,也为发展两国之间的友好关系打下了坚实的基础。今天,你们作为第××支援××国的医疗队伍,我相信你们一定会做得更好。当然,初来此地,需要你们以坚强的意志来克服种种困难,尽快适应当地艰苦的生活环境,与当地人民友好相处。随着工作的逐渐深入和开展,你们会发现,所有受到你们帮助的××国人民都会深深地记住你们,而你们也和这里结下深厚的感情。

你们是在重要时刻,肩负着重要的使命来到这里的。为了更好地发挥援外医疗作用,也为了改善医疗队的生活和工作条件,中国政府将援××国的医疗点进行了合并,你们很幸运地成为第一批直接进驻中方援建的新医院工作。这意味着你们的工作条件比过去大有改善,同时你们的职责和任务也会随之加重,因为××国人口众多,医疗设施并不是很完善,再加上生活环境和生活习惯的影响,这里的民众看病的需求比任何国家都要强烈,同时,他们在医疗各方面对你们的期望值也会更高。这将是你们未来两年在这里接受的挑战,这就要求你们要以高度的责任心、过硬的业务本领和良好的服务意识来完成新的工作。我相信,经过你们的努力,加上国内和大使馆的支持,你们一定会像每一批援××国医疗队一样,出色地完成祖国交给你们的光荣任务。

虽然你们进驻的新医院命名为"××医院",但医院的核心成员是你们,医院里的设备和提供的药品也都是中国的，因此，你们在"××医院"工作，代表的是中国的形象，更是维护两国友好的媒介和象征。

最后，我要特别感谢××卫生厅，一直以来，他们都十分重视卫生援外工作。这次更是从省级医院和省内重点医院选派业务骨干组成了第××批医疗队，并任命管理协调能力强、经验丰富的××同志任医疗队总队长，省卫生厅的××处长还专程来到××国协调医疗队的交接工作。所以说，医疗队取得的成绩是与××省的大力关心和支持分不开的。在这里，我要对派出医疗队员的××省的各家医院表示诚挚的感谢！谢谢大家！

范文四：××市政府领导在外籍在京人士招待会上的致辞
致辞人：××市政府领导
致辞场合：在外籍在京人士招待会上
在场人物：××市外籍在京人士
各位乡友，女士们、先生们：

大家好！今天，我们在这里举办外籍在京人士招待会，非常荣幸能够代表××市政府在这次招待会上致辞。这是一个激动人心的时刻，让我能够与阔别家乡、在京工作的各位同乡、朋友们欢聚一堂，同叙乡情。在此，我谨代表××市委、市政府和××万家乡父老，对出席今天招待会的各位老乡表示热烈的欢迎和亲切的慰问！并对你们长期以来关心、支持和帮助家乡社会经济发展的赤子之心表示衷心的感谢！

俗话说："老乡见老乡，两眼泪汪汪！"这句话非常能够表达我此刻的心情！我们的家乡××是一个山清水秀、美丽迷人、人杰地灵的地方。改革开放以来，××各族儿女在党的领导下，聚精会神搞建设，一心一意谋发展，艰苦创业，奋发有为，在社会各个领域都取得了显著的成就。随着全市经济持续、快速、健康、协调地发展，我市各项社会事业正以突飞猛进的速度全面进步，人民生活水平也在不断改善，城乡建设更是日新月异。这些成绩的取得，是党的正确领导的结果，是全市干部群众艰苦奋斗的结果，更加凝聚着你们的辛勤劳动和无私付出！家乡的父老乡亲时刻谨记你们立下的汗马功劳。如今，有越来越多的家乡人走出去，开始闯荡自己的人生，希望你们在外能够奋发图强，用自己的实际行动给家乡建设交出一份满意的答卷！

虽然身处异乡，但你们心系故里，从来都没有舍弃过浓浓的家乡情，更是不遗余力地关心和支持着家乡的建设，没有人能够否定你们为家乡经济发展和社会进步做出的积极贡献。你们立足实际，发挥优势，在全国各个领域和地区大力宣传自己的家乡，积极推动××的对外开放，是××对外经济文化交流的桥梁和纽带。虽然你们是你个体的形式在外奋斗，但你们深深地懂得同乡人民牢牢抱团，无论各行各业，你们都能够相互扶持，相互救助，这正是我们××人能够享誉全国的秘密所在！你们是××人民的好儿女，是××人民的骄傲，家乡人民为你们感到自豪！希望你们在今后的工作中，能够继续发挥各自优势，一如既往地关心支持家乡的发展，为全面建设小康社会，加快××发展新跨越做出新的、更大的贡献。我们也将进一步解放思想，转变观念，抢抓机遇，加快发展，努力把××建设成为经济强市和国际旅游城市，把我们的家乡建设得更加美丽富饶！我坚信，这是我们共同的愿望，也是每一个××人肩负的责任和义务，相信在你们的共同关系和支持下，××一定能够旧貌换新颜，成为全国经济发展的领先城市！

拳拳游子心，浓浓家乡情。老乡和老乡之间总有聊不完的话题，我相信，这次招待会不仅是一次简单的相聚，更是给家乡人提供了一次合作发展，互助共赢的契机，希望在座的企业家和各界成功人士互相交流，大胆沟通，加深彼此之间的感情，为以后的发展奠定基础。再过10多天就是一年一度的中秋佳节和国庆节了，所谓"每逢佳节倍思亲"，借此机会，我真诚地对所有身在外地的××老乡道声：你们辛苦了，家乡的父老乡亲牵挂你们，希望你们常回家看看！家乡人民时刻都在欢迎你们回家！谢谢大家！

7. 领导在就职大会上的致辞范文

就职代表正式任职，领导的就职讲话首先应该对上级领导的培养和提拔表示感谢。其次是表态，既上任之后以什么样的决心做好本职工作，或是对自己提出的一些要求。最后，请大家监督自己的工作，并希望大家能够对自己的工作提出好的建议和想法。新人就职最先做的就是要做好沟通工作，在民众中建立起信任机制，否则，对自己以后的工作开展是十分不利的。以下是几篇领导就职范文，希望能够给各位领导一些借鉴。

范文一：××乡长在就职大会上的致辞
致辞人：××乡长
致辞场合：在就职大会上

第十章 其他致辞，临场发挥有诀窍

在场人物：××乡各单位代表、群众代表

各位领导、乡亲们：

大家好！在××县委、县人大的关怀下，在××党委和大会主席团的领导下，在全体代表的共同努力下，××乡第××届乡长选举大会顺利完成了。非常感谢大家能把最珍贵的选票投给我，也非常幸运能够就任这一届的乡长之职。在此，我要对一直关心、支持和鼓励我的领导表示深深的谢意，感谢你们多年来对我无微不至的关爱，让我在基层工作中逐渐积累经验，懂得了为民办事的技巧和方法！感谢父老乡亲能够把选票投给我，你们的支持就是对我最大的信任，我不会辜负上级领导对我的重托，更不会辜负父老乡亲对我的期望，我一定会竭尽全力做好自己的本职工作，站在为人民服务的立场上，为大家做实事，进一步提高民众的生活水平和生活质量。

××是我土生土长的地方，这里有我的父母同胞，更有关心和支持我的乡亲们，我对××的感情是深厚的。这次当选××乡长一职，我深知肩上担负的是××万父老乡亲对我的殷切期望，这个担子有多沉重，任务有多艰巨，我都心知肚明。从一名企业干部转任行政干部，这个角色的转变意味着我将面临新形势、新任务的挑战，虽然不能肯定自己做得有多好，但我必须埋头苦干，带领班子成员积极进取，求真务实，树立廉洁高效、开拓进取、务实有为的政府形象，建设勤政为民的××县政府。在此，我坚决做到以下几点。

第一，作为全乡工作的领导者，一定要全面贯彻和落实"三个代表"重要思想，贯彻落实党在农村的基本政策，全力做好农民增收工作，坚持"多予、少取、放活"的方针，减轻农民负担，规范农村各项收费，全面贯彻为政清廉的方针，廉洁奉公、率先垂范、实事求是、勤于政务、扎扎实实做好各项工作，让××乡群众早日走上小康之路。

第二，只有深入基层，求策于民，问计于众，才能更好地了解群众的现状和需求，××乡领导班子务必形成求真务实、苦干、实干的工作作风，集中精力为群众解决困难。时刻把群众的需求摆在首位，凡事不能只喊口号不重落实。××乡是一个农业大乡，"建设现代农业，发展农村经济，增加农民收入，是全面建设小康社会的重大任务"，如何谋求我乡农业快速发展是当前压倒一切的重头戏。乡政府一定要立足××乡情，培育经济新亮点，走出一条具有××乡特色的致富路子。新的领导班子将以调整优化农村经济结构为重点，大力推进农业产业化，紧紧围绕市场需求，稳定种植业、发展养殖业、提升加工业，积极发展农业产业化经营，努力形成生产、加工、销售有机结合和相互促进的机制，促进资源转化，把××乡的资源优势转化为经济优势，不断提高农业生产的综合效益，增加农民收入。这是上任之后的工作重点，希望能够得到全乡群众的支持。当然，在实施过程中，我们会进一步和群众进行详细的沟通，力争在最短的时间内将我乡的农业产业化变成现实。

第三，人民是国家的主人，新的领导班子一定要牢固树立为人民服务的思想，密切联系群众，自觉接受群众监督，想民所想，急民所急，多为群众办实事，时刻绷紧"当官为什么，在职干什么，身后留什么"这根弦，决不辜负党和人民赋予我们的使命。

我是农民的儿子，没有显赫的身世和背景，也没有丰富的工作经验。但既然站在了这个位置上，我就一定会尽力做到最好。在此，我向全体代表和全乡人民进行庄严的承诺：我会把担任乡长职务当成我的二次创业，竭尽全力为家乡建设奉献我的赤子之心。堂堂正正做人、清清白白从政、扎扎实实办事，以最诚挚的心与全乡××万父老乡亲携手，群策群力谋发展，同心同德建家园，力争为实现家乡的再次辉煌而奋斗！我们真诚地接受全乡每一个群众的监督，更欢迎大家能够对我们的工作提出批评和指正，让我们共同为××乡的发展而努力！谢谢大家！

范文二：××公司经理在就职大会上的致辞

致辞人：××公司经理

致辞场合：在就职大会上

在场人物：××公司全体员工

尊敬的各位领导，全体员工：

大家好！感谢××公司多年来对我的信任和鼓励，感谢董事长、副董事长以及前三任执行总经理对我工作能力的培养，今天，面对××公司全体领导和总部全体员工，我很激动、很兴奋、也很紧张。作为公司新一届的执行经理，在今后的工作中，我有信心带领公司新领导班子成员和全体员工，继续发扬××公司企业文化精神和"团结奋进、顽强拼搏"的优良作风，共同把公司管理好，把公司推进一个更高的发展平台。

之所以选择我做公司新一届的执行经理，代表着公司领导对我的期望和信任，我将在自己任职期内，勤勤恳恳、兢兢业业做好自己本职工作，努力发挥执行经理的核心作用，使得整个领导团队发挥出更加团结、高效的作用。

在未来的一段时间内，公司的工作重点将放在市场开发方面，我们会继续以市场为导向，进一步拓展市场开发渠道，为公司拿回更多的订单。在生产经营方面，我们将以公司今年最新的工作精神为指导，坚持以项目为中心，以质量和成本为主线，加强项目成本管理力度，从最大程度上降低公司的经营风险。在今后的管理中，我们要进一步加快人力资源的开发和培训，加大对人才的引进力度，不断优化公司的人才结构，使公司人力资源部真正成为公司的优势资源。新的一年里，我们还要在抓日常工作的同时，加大力度推进公司企业文化的渲染力度，强化团队执行力，提升项目形象力，使公司整体能力和素质得到进一步改善，提升公司品牌影响力和市场竞争力。总体来说，在未来的一年里，公司一定要把每一件事情落实到工作当中，从一点一滴做起，为企业更快、更好地发展添砖加瓦。

目前，我们公司相比于同行业的龙头企业来说，还存在一定的差距，公司的各项管理之间也需要进一步地磨合。要想实现有效扩张，公司必须整合各方面的优势，不断总结和积累经验，让公司的一些运转更加成熟，更加规范，只有这样，××公司才能得到更加长足地发展。在当前日益激烈的竞争环境中，我们必须时刻保持清醒的头脑和意识，每个人都应该有居安思危，如履薄冰的风险意识，否则，我们只能被公司良好的发展势头冲昏头脑，迷失方向，渐渐失去竞争的能力。"没有最好，只有更好"是××公司的企业精神内涵，这就告诉我们，成绩永远属于过去，挑战永远都在前方等着我们！让我们以十二分的精神和姿态，投入到新的工作和挑战中去！

我承诺，我有决心，也有信心带领××公司新的领导班子和全体员工，稳步提升公司的竞争力，逐步把公司做强、做大，让××公司成为同行业的领军企业、龙头企业！谢谢大家！

范文三：××市新任教育局局长在就职大会上的致辞

致辞人：××市新任教育局局长
致辞场合：在就职大会上
在场人物：政府领导、教育界同仁
各位领导、同志们：

在××市委、市政府的关心和支持下，我被提名担任××市教育局局长一职，这是××市委、市政府领导对我的极大信任，我一定不会辜负各位领导的期望和重托，在其位，谋其政，自觉接受××市委、市政府的领导，贯彻落实科学发展观，认真履行职责，自觉接受广大市民的监督，努力抓好××市的教育事业，让我市的教育事业更上一个新台阶。

"树立人才是第一资源的理念，建立健全人才工作体系，构建人才高地"是××市政府在工作报告中提出的工作要求，我们必将认真学习和落实这一会议精神，以服务高等教育，发展职业教育，办好基础教育为工作思路，积极满足经济与社会发展对新型人才的强烈需求，为国家和社会造就更多的高等教育人才资源。同时，我们会深入研究社会对人才的细致化需求，合理调整和设置专业教育，为新型社会的发展提供后备人才。

近几年，××市的各类教育都进入了一个新的发展时期，随着各类教育的入学率有了大幅度的提升，教育的主要矛盾已经转移到了民众对优质教育资源的强烈需求方面。为了全面提高教育质量，丰富优质教育资源，减小不同地区不同学校之间的资源差距，推进教育事业的均衡发展，维护教育的公平性，××市教育局必将在未来的工作中着力解决这些深层矛盾，认真调整教育结构，改善弱势群体的教学环境等问题，让民众对教育的满意度有一个理想的提升。

现阶段，××市教育工作的重点还是要进一步完善农村九年义务教育的保障机制，改善农村薄弱地区的办学条件，发展农村职业技能学校的教育规模，加强农村幼儿教育的实施力度，优先解决农村地区师资力量，向广大农村地区输送更多优秀的、具有先进教学理念的年轻教师，加强师资队伍建设，提高农村教师的专业化水平和师德水平。

新课程改革在××市的进一步推广工作还要继续，大力倡导启发性教学，鼓励学生独立思考，培养学生的创新精神，让学生逐渐脱离死记硬背的"书呆子"教育体制。在办学方面，依法推进规范办学行为，进一步加强教育体统领导班子的道德品质，严格执行教育部门的各项规章制度，加大对违法、违规行为的查处力度，做到让民众对教育事业更加放心、安心！

再次感谢各级领导对我的信任和培养，我将以自己的实际行动和工作成绩来回报你们对我多年来的栽培。站在新的工作岗位为上，我定将不负众望，兢兢业业做好本职工作，为我市教育事业的发展贡献绵薄之力！谢谢大家！

范文四：××公司总经理在就职大会上的致辞
致辞人：××公司总经理
致辞场合：在就职大会上
在场人物：××公司全体员工
各位领导，各位员工：

大家好！从今天起，我将担任××公司总经理一职，感谢董事会对我的栽培和信任，感谢公司给了我一个施展才能的平台，我定将不负众望，发挥好总经理的管理职能，让公司有一片更加广阔的发展天地！

一直以来，××公司都是同行模仿的对象，但任何模仿都不能超越原创！我们不喜欢去模仿别人，因为我们立志要做别人的典范。在市场竞争中，人才是关键，任何一个企业，只要能让员工甘愿为其奉献自己的才智，这个企业就必将拥有势不可当的发展潜能。我们不会阻止任何人为公司谋发展，为了进一步充实××公司的人力资源，我将提供多种选择的余地供大家充分发挥自己的才能。我并不是一个依赖规章制度的人，反而是一个极为依赖员工对公司的热爱精神。看到员工能为公司舍弃自身利益，我就会不断要求自己要做得更好一些，走得更快更稳一些。只有时刻与员工站在同一个战壕里，才能在面临各种不同的危机和困难时，快速建立起防御机制，这时候，公司里的每一个员工都是冲锋陷阵的捍卫者。每个人都喜欢安逸的生活多过苦难的生活，但勇气往往能够激发人们更强的斗志，或许正是这种天生的素质让人们有了面对各种挑战的能力。在这个过程中，很多人会发现，挑战的人生比安逸的享受更加美妙！

在公司新的领导班子成立之际，我们所面临的挑战就是让所有正在经营的项目能够迅速有效地开展起来，让公司在最短的时间内完成一次资金的积累，让公司能够尽快进入下一个更好的发展目标。对于过去每一个对公司发展有过帮助的企业和个人，都要继续保持与他们的密切联系，维持企业间良好的合作关系，在重视公司产品质量的同时，还要注重维护公司在外界的信誉，不管在什么情况下都应该记住"顾客永远是对的"这个信条。除此之外，公司在扩大经营范围、提高市场占有率的同时，要继续保持传统产品在市场上的生命力与竞争力。从下半年开始，公司还将从事以前尚未涉及的领域，在选择新的经营项目时，一定要对市场有一个科学的调查，确定该领域在未来有足够的内在增长潜力，以确保公司以后的发展方向是正确的。市场是企业生存的条件，也是企业的展示舞台，要想赢得顾客的信赖，并取得市场经营的诀窍，就必须建立客户服务平台，希望大家以极大的热情投入到公司新的发展中。

除了热血、实干和信念，我能奉献给公司的还有一颗赤诚之心！在未来漫长而又艰苦的道路上，我必将尽我所能，带领大家披荆斩棘，不懈奋斗，将公司未来的发展重任肩负起来！在此，我承诺，无论未来的道路有多难走，我都决不退缩，也决不放弃，相信最终的胜利一定会属于坚持到底的人！我希望，公司全体人员能够以大局为重，团结一致，同甘共苦，为了公司发展的共同愿望，聚沙成塔，不达目的誓不罢休！

过去已成历史，明天还是幻想，让我们着眼今天，珍惜当下，努力做好手中的工作，为公司的明天一起奋斗！谢谢大家！

8. 领导在竞职大会上的致辞范文

随着竞争机制的不断完善和加强,竞职致辞这种文体正在越来越广泛地被人应用,也必将越来越受到领导者的重视。公开竞选、择优选聘这种制度和改革措施已经成为一种十分重要的形式被广泛采用。在公开招聘领导干部的过程中,竞聘演讲成了最为关键的环节。竞争者要想让自己脱颖而出,就要在竞职致辞中做好自我营销,让参与选择的民众对你的基本情况有一个全面的了解。一般来说,竞职致辞包括以下几个方面:第一,开门见山讲明自己参加竞职的优势和缘由;第二,清楚而又简洁地介绍自己的基本情况和竞职条件;第三,亮出自己的竞争优势和决心,让人们对你所具备的能力和优势产生信任;第四,假设自己竞职成功,会有哪些建设性的举措;第五,表明自己的决心和请求,希望获得大家的支持和认可。下面,我们列举了几个竞职范文,希望对有心学习的人有所指点和帮助。

范文一:××在××村党支书竞职大会上的致辞
致辞人:××
致辞场合:在××村党支书竞职大会上
在场人物:××村全体村民
尊敬的各位领导,父老乡亲:

大家好!首先,我要感谢上级领导和组织给我提供了一次难得的学习机会和自我提高机会。在本次××村党支书竞选活动中,我是年纪最轻、资历最浅的一个,与其他几位竞选者相比,我显然缺乏足够的办事经验,也缺乏和群众的交流沟通。我曾经有过顾虑、有过想法,与其在众人面前献丑,不如退而藏拙。但是,几位领导出于对我的关爱和栽培,特意推举我参加这次竞选。都说年轻就是最大的资本,既然领导给了我这次机会,我就要珍惜它,也算是对自己的一次挑战。每个人都需要成长,这或许就是我人生中一次重要的成长仪式吧!

此时此刻,站在这个机遇与挑战并存,成功与失败并存的舞台上,我内心无比平静,因为我已经做好了万全的准备,无论结果如何,我都会欣然接受。自从××年××月来到××村委会，我就被村干部团结、奋进、精干、实干的工作作风所感动。在这一年多的时间里，在××村委、村党委的正确领导下，在各位党员同志的帮助下，我从一名刚刚毕业的实习村官，成长为一名成熟的农村工作者，无论是工作能力，还是办事方法等各方面都得到了极大的提高。在这里，我要对××村各位领导和党员表示诚挚的感谢，同时也谢谢村民们对我的包容和支持。

作为一名青年党员，我在政治上还有待提高，对于党的方针政策都需要有进一步地理解；在工作上，我还要努力学习专业知识，认真做好自己的分内工作。由于自己在工作方法和沟通技巧上存在诸多的不足，也没有和村民打交道的经验，这一年多来，除了本职工作，还没能为××村的发展做出什么突出贡献，对此我表示惭愧！但我保证，在未来的工作和学习中，我一定尽心尽力做好工作，加强和群众之间的沟通和交流，力争让自己对村里的基本情况了然于心，希望大家在以后的工作中一如既往地支持和鼓励我，我会和大家一起把××村建设得更加美好！

今天，是我们××村领导换届选举之日，对于我竞选的××村党支书一职，我深知自己资历尚浅，但年轻也是我唯一的优势，结果对于我来说并不重要，重要的是我参与了这个过程，这是对我最好地锻炼，更是对我的一次实战考验，一次经验的积累。无论最后能否胜出，我都会做好自己的本职工作，办好领导交予我的各项任务。只有这样，才能让自己在平时的工作中积累更多的经验，为××村群众提供更好的服务。

最后，衷心祝愿××村能选出一支精干的领导团队，希望××村未来的发展更加繁荣。谢谢大家！

范文二：××在××学校校长竞职大会上的致辞

致辞人：××

致辞场合：在××学校校长竞职大会上

在场人物：××学校全体教职员工

尊敬的各位领导、各位老师：

大家好！我叫××，××岁，祖籍××，中共党员。××年从师范专科汉语言专业毕业；××年完成了在哈师大本科的进修学习。薪火相传，国家和社会培养了我，我就有责任为教育的发展贡献我的青春和力量。××年—××年期间，我一直在××学校从事教育教学工作。××年—××年期间，我被调至××教育局担任××一职，××年—××年一直担任××教育局主任。××年以来，我无论在哪里就职，担任什么样的职位，从来没有离开过教育行业。

　　教育事业已经融入我的生命，××年来，我无论是在教育一线工作、还是在教育局任职，我都没有后悔过自己的选择，今天能有一个机会让我重返教育一线，我非常激动，也十分珍惜。教育是我的最爱，能够经常和孩子们待在一起，是我感觉最快乐的事情。他们的天真、朝气、甚至是叛逆，都能让我有一种回归的感觉！我努力工作，不断学习，本色做人，始终享受着教育工作带给我的快乐。我的人生也随着社会的发展和时代的进步在成长，不断收获着自己的人生果实。在××学校担任教师和班主任期间，我全身心投入到教育、教学工作中，曾多次被评为"优秀教师"和"优秀班主任"；在教育局工作期间，我深入学习，开阔视野，从宏观上对教育有了更深刻的认识，撰写的文章也多次在《××教育》等期刊上发表，多次被市政府记功奖励，并被评为"优秀党员"。工作期间，我能够与最基层的学校、教师、学生打交道，是我人生中最充实、最幸福、收获最多的时光。从小在淳朴的农村生活，是农村的风土人情和朴实善良教会了我生命中最本质的东西，这些东西对我以后的工作和生活产生了深刻的影响。我本该属于农村，本该属于教育！

　　在我人生道路上，我庆幸自己选对了职业，更庆幸自己能够在教育事业走过了这么多年，这是我回报国家和社会的责任。作为一名教育工作者，我希望自己能够像孔圣人一样活着，传道授业解惑将是我毕生的追求。假如我有幸能够任职××校长的岗位，我将努力做到以下几点。

　　第一，教育是为社会服务的，教育事业要走在时代发展的前列，根据社会对人才成长的需要，不断深化教育改革，办出学校特色，避免出现千校一面和人才培养雷同化的现象。在教学方式上，要紧跟新课程改革的步伐，让课堂更加灵活多样、丰富多彩，促进学生的个性化发展。

　　第二，教学质量是每一个学校的生命线。学校一定要将教育教学作为工作重心，教师要将主要精力和时间放在提高教学质量上，打造高效课堂，向课堂45分钟要质量。课堂教学要注重师生之间的情感呼应和学习效率，让学生在愉快、专注和高效的氛围中学习。学生学习习惯和学习方法的培养尤为重要，尤其要让学生养成良好的自学习惯，引导他们自觉积极地学习科学文化知识。

　　第三，教育要跟上时代潮流，适时转变传统的教育观念，调整教育取向，初等教育不能简单地追求"高分数"，只有转变教育思维，改变教师的行为定式，才能从根本上实现教育的改革。很多学校认为改革要新，就要舍弃中国民族的传统精华，我认为，中华民族的传统美德对孩子的成长和未来是非常有帮助的。例如,《弟子规》、毛笔字、画画等文化都是可以实际应用到教学中的,让孩子们在常年的积累和学习中受到国学素养的潜移默化,不再为了单纯的分数而进教室。这不仅能够培养师生高雅的情趣,还能在加强传承知识的同时,强化文化滋养和民族印记。对于农村学校来说,缺少的不是知识,而是文化。我将努力把××学校创建成为一所具有特色的农村学校,逐步在校园中开设国学、书法、艺术特长教育等科目,让学生在学习之余,能够有更多的课外选择,增强学校师生的文化底蕴。我相信,这些想法一旦付诸行动,一定能够受到老师和学生的热烈欢迎。

第四,教师虽然不是社会中的强者,却是国家教育事业的中流砥柱。为了充分保障教师的利益,我将尽最大努力为教师提供更好的工作环境,充分调动广大教师的工作积极性,认真积极地解决广大教师生活和工作中出现的实际困难。同时为了提高学校教师的素质和教学水平,我会在教师中开展竞赛活动,倡导教师多学习、多读书、读好书,并在阅读的过程中体验心得,不断提升自己的思想品德和文化素养。俗话说:"读书的厚度决定人生的高度。"我相信,我们的教师队伍潜藏着很大的提升空间,只要做,就没有什么不可能。

第五,身体是革命的本钱,无论是教师,还是学生,都要首先保证有一个强壮的身体。我本人是倡导老师和学生一起锻炼的,无论是体育课,还是课间休息,老师和学生之间是可以完全融为一体的,玩的过程是增进老师和学生之间感情的最好途径。因此,我会大力倡导师生之间共同参与的活动和游戏,既锻炼身体,又增进感情,可以大大减少教育中的阻力和隔阂。

有一位教育界的专家说过这样一句话:"教育没什么大事,我只是把大家想到的小事,踏踏实实地做了出来。"的确,教育工作就是要解决一件又一件烦琐的小事,我也一定会在今后的工作中认认真真、踏踏实实地把每一件小事做好。希望大家能够信任我、支持我,如果我有幸能够担任××学校的校长,我一定不会辜负大家对我的期望,公平、公正、公开地处理好学校发展过程中出现的问题,尽自己最大的努力为××地区的教育事业贡献力量!当然,如果我无缘担任此职,不能和大家一起为教育事业献力,我也会在自己的岗位上兢兢业业,对于我来说,只要是和教育有关的工作,在哪里工作都一样!谢谢大家!

范文三:××在××企业企划部部长竞职大会上的致辞
致辞人:××
致辞场合:在××企业企划部部长竞职大会上

在场人物：××企业全体职工

各位领导，同事们：

大家好！我叫××，自从来到××企业工作，至今已经有近十年的时间。××年，企划部人员紧缺，我被临时调到企划部做一些应急工作，没想到，从此便在企划部扎根。可以说，我和企划部是有很深厚的感情的，我喜欢企划部充满激情和挑战的工作，更喜欢企划部团结和睦的团队氛围。今天，我站在这里，是来竞选××企业企划部部长这个职位的。希望能够得到大家的支持！

在企划部工作的××年时间里，每一个活动和方案的制定和成功实施，都让我学会了如何发挥团队中每一个人的强项，也让我学会了如何周密地考虑各种未知的突发状况，以便冷静果断地应付！在我们部门和谐的相处下，我更学会了如何与上级相处，如何与同事交流沟通，也学会了如何打造一个团结合作，配合默契的团队！在原企划部部长××的培养下，我还充分认识到，一个部门的负责人，不仅要熟悉部门的全部工作，还要具备能为上级献计献策的能力；在企划部，管理者不仅是能够推进活动进程的组织者，还必须是积极投入实际工作的参与者；一方面要明确职责，协调好各方面的工作关系，当好团队的总参谋，另一方面还要通过沟通和调节，处理好本部门与其他部门和同事的关系，促进工作的顺利展开！可以说，企划部最重要的工作就是要为每一个方案的顺利实施搭建一座桥梁和纽带！

过去在工作中积累的经验和能力让我觉得，我有能力肩负企划部部长这一重任，我也很期待自己永远都是企划部的一分子，只要能够和大家一起努力，把企划部推向更好的发展平台，我愿意接受上级领导和所有同事的考验，也做好了迎接挑战的准备！如果大家相信我，信任我，就请大家支持我！

"没有最好，只有更好！"这是我最信奉的一句准则，无论是在生活中，还是在工作中，我都把这句话当成座右铭。如果我能够在这次竞职中胜出，我一定会尽我所能协助企业将企划部的工作推向一个更加美好的未来，让企划部真正成为一个更团结、更和谐、更温暖的团队！同时，我也会做一名称职的部长，把我在企业积累的工作经验毫无保留地传授给我的同事和部门里的每一个人，给部门和企业培养出更好的中层管理者！机遇和挑战并存，如果竞选失败，我不会为自己参加竞职的选择感到后悔，更不会因此影响到我的日常工作，我会虚心向优胜者学习，让自己变得更加优秀，为自己以后的成长积累经验。

最后我真诚地感谢各位领导给了我一次提高和锻炼的机会，特别要感谢的是企划部××部长在近两年的时间里，对我的精心培养和无怨无悔地教导！

今天这次竞职是对我人生的一次洗礼，我承诺，无论竞选的结果如何，我都会更加努力地为企划部贡献自己的力量，和企划部的每一位成功同舟共济，开创更加灿烂的明天！谢谢大家！

9. 领导在离职告别大会上的致辞范文

所谓离职，顾名思义就是离开现有的工作职位。离职的原因有很多种，可以是自动离职，也可以是服从上级安排调离原职位，担任新的工作职位，还有就是因为疾病或其他原因而被停职、免职、退休或辞职等。如果有需要，离职人员会有一个简单的离职仪式，通常称为告别会。离职讲话的一般内容首先是服从安排，感谢原工作单位的培养；其次是总结自己在工作期间的表现，对自己有过帮助和支持的人表示感谢；最后表达自己的依依惜别之情。下面的范文会让大家更加深入地了解离职致辞的具体措辞和把握。

范文一：××在离职告别大会上的致辞
致辞人：××
致辞场合：在离职告别大会上
在场人物：电业局全体职工
各位领导、同志们：

刚刚，省局××副局长对××市电业局领导班子的变动情况进行了公布，并做出了重要讲话，对新的领导班子提出了殷切的期望。我绝对服从省局的一切安排，并衷心地祝贺××同志的任职。

××年，我来到××电业局，至今已经有××年的时光了。今天，我就要告别这个曾经付出心血和汗水的地方，踏上人生新的征程。此时此刻，我的心情很不平静，这里有我太多的留恋和感慨。回顾往昔，我辗转难眠，这里有我朝夕相处的同事，有给予我无私帮助的朋友，有关怀爱护我的各级领导，有以大局为重支持理解我的同志们……可以说，我人生很长的一段路都是在他们的陪伴下走过的，风雨同舟，患难与共的日子我不会忘记，借此机会，我要向你们致以诚挚的谢意！感谢你们多年来对我的无私帮助，感谢你们成为我辉煌人生中永不磨灭的记忆！

"人非草木，孰能无情"，离别的时候更能体会珍惜的含义，在即将告别的时候，我突然对来去匆匆有了无比深刻的体会。××年对于很多人来说，或许只是一个时间符号；对于正在成长的年轻人来说，也不过是漫漫人生旅途中的弹指一挥间；但对于我来说，××年是我人生辉煌的见证，更是我人生价值的集中体现！很庆幸能够在××市这片热土上，度过了值得我终生铭记的无悔岁月。××电业局是一个团结、和睦、激情、奉献的单位，良好的环境，朴实的局风，真挚的情感，热情的同事……这里一切的一切都将成为我永生的怀念，如今将要离去，真可谓"别有一番滋味在心头"！但是无论以后我走到哪里，××市都将成为我魂牵梦绕的地方，我将时常想起它，想起在这里工作和学习的点点滴滴。

××年的时间转瞬即逝，令人欣慰的是，我也为××市电业局的发展贡献了一份微薄之力，并与同志们一起见证了××市电业局的发展壮大。在过去的工作中，作为××电业局的一把手，在班子成员的支持下，我尽自己最大的努力，做了一些有利于全局、有利于同志们的事情，其中有些还在实施之中，有些因为种种原因没能够实现！"人非圣贤，孰能无过？"在工作中，我也肯定会有一些事情难以做到恰到好处，我是一个讲原则重感情的人，但身为领导人，就要在工作中把握大局，对下级的要求也未免有些过严、过急，如果因此伤害到某些同志的情感和尊严，我在此对你们表示深深的歉意，同时，也恳请你们能够谅解我的苦衷！我相信，只要站在工作的角度想一想，同志们是能够对我个人和工作表示理解的，谢谢你们长期以来对我的支持！每每想起同志们对我工作的大力支持和个人的鼎力相助，我就深受感动，这段难忘的人生历程必将成为我们共同的记忆！

人生自古伤离别，如果可以，我宁愿将自己毕生的精力都奉献给××市电业局，但在工作上，不能以个人意志为转移。省领导的安排也是为了以大局为重，我必须遵从。虽然要离开了，但我会一如既往地关心和支持××市电业局的发展，关注同志们的成长和进步。我相信，只要大家像过去一样携手共进，就一定能够在新的领导班子的带领下，开创××市电业局更加辉煌的明天！

最后，衷心地祝愿××同志在××市电业局工作顺利，祝所有同事身体健康，家庭和睦！谢谢大家！

范文二：××市委书记在离职大会上的致辞

致辞人：××市委书记

致辞场合：在离职大会上

在场人物：市委、市政府领导和各部门领导班子成员

各位领导、同志们：

省委组织部××同志在刚刚的讲话中宣布了对××市委主要领导的调整决定，在这里，我对新到任的××同志表示热烈的欢迎，相信在××同志的领导下，××市的明天一定会更加美好！××省委在会议上对我过去几年的工作给予了充分的肯定，这对我来说是一种极大的鼓舞和鞭策，我坚决拥护并服从省委、省领导的决定，一定在新的工作环境中再创佳绩！

我在××市委工作已经有××年的时间了，工作期间，我坚决执行省委、省政府的各项方针政策，在他们的英明领导下，对××市展开了"三个文明"建设，并团结和带领全市人民谋进步、促发展，让××市的工业连年来不断增加财政收入，××市的农业更是年年丰收，社会发展稳定和谐。为了加快××市发展这个共同目标，××市委风雨同舟、苦乐共享，一起担负责任、承受压力，一起分享喜悦、庆祝成功……可以说，××市委的领导队伍是一支能打硬仗的队伍，大家尽职尽责，勤奋工作，共同创造了政治清明、团结和谐的良好局面。这些成就的取得应归功于各级党组织和全市人民的积极配合和勤奋工作，还要归功于各级领导的关心和支持，希望这些成绩能够赢得省委、省政府和全市人民的好评和高度赞扬。

在××市委工作的时间虽然是短暂的，但对我个人来说，却是一段难得的人生阅历。回顾这段岁月，我认真履行自己职责所系的各项工作，为××市的发展倾注了自己的精力和心血，虽然过程坎坷曲折，但我从未有过懈怠和退却，临别前，面对××市全体市民，我认为自己做到了问心无愧！工作期间，我和机关的同事为了共同的事业和目标，一起解决问题，一起分享喜悦，已经成了非常要好的朋友，这种珍贵的情谊会成为我今后人生中的宝贵财富，无论何时何地，我都不会忘记你们对我的支持和帮助。

虽然在任期间对××市的发展起到了一定的积极作用，但由于个人能力和水平有限，工作中难免会有一些工作没有做完，甚至没有做好，这是我感到非常遗憾的地方。在以后的工作中，我一定会更加刻苦，让自己的决策水平和工作质量有一个更好的提升，以便能够让自己的工作更加深入和广泛，考虑问题更加全面。在此，我要向那些在工作中产生摩擦和矛盾的同事说声抱歉。

最后，和大家说声再见吧！××市将会成为我人生中非常重要的一战，无论走到哪里，我都会永远珍藏这一段美好的回忆。××市以后一点一滴的变化，都将牵动我的心，成为我心中无限的慰藉与快乐；同志们的每一次进步，都会让我感到无限的喜悦与鼓舞，我也将和同志们共同进步，预祝大家

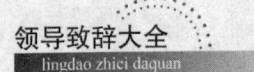

今后都有一个更加美好的明天！谢谢大家！

范文三：××县领导在离职大会上的致辞

致辞人：××县领导

致辞场合：在离职大会上

在场人物：××县领导和群众代表

各位领导、同志们：

过了今天，我就要到××地方上任了，离别之时，我想和××县的全体人民说一些心里话，以表达我对××县这片热土满怀的深情和眷恋，寄托我对××县未来发展的衷心祝愿，同时也对××县群众表示最诚挚的感谢！

组织要调我到××地方工作，我是没有丝毫准备的。但这次调动是组织对我的信任，也是对我工作的一种肯定，因此，我必须接下这样的重托。我走之后，将由××同志接任我的工作，××同志是一位思想水平高，工作能力强的好干部，组织安排××同志接替我的工作，充分体现了组织对××县的高度重视和大力支持，希望××同志在××县的工作能够顺利展开，也希望各部门能够全力配合××同志的工作！

我是××年××月来到××县工作的，转眼间，已经和同志们朝夕相处了××年的时光。如今到了离别的时刻，让我在毫无准备的情况下和朝夕相处的同事话别，与肝胆与共的朋友分离，与可敬可爱的××县父老乡亲分开，我的心情真是难以平静，留恋、不舍、感激……这些复杂的情绪夹杂在一起，就像一个还没长大的孩子就要离开母亲的温暖怀抱！

××年以来，××县的一草一木，一街一巷都被深深地印刻在我的脑海中，此刻，这些平时看起来无比平常的事物，都开始一遍遍地萦绕在我的心头，一幅幅画卷，一幕幕场景，是那么地清晰，那么地难忘，那么的令我难以割舍！

××年来，大家像朋友、亲人一样理解我、关心我、支持我，有困难，大家一起商量解决；有快乐，大家总是共同分享。可以说，在××县工作的这几年是我参加工作以来最顺利、最轻松、最愉快的几年，也是最有成就感，人生最有价值的几年！

近几年来，××县取得了翻天覆地的变化。全县人民以"奋战五年，打造××县新辉煌"为目标，发扬凝心聚力、众志成城的协作精神，顾全大局、同舟共济的协作精神，超越自我、挑战极限的创新精神，永不言败、敢打必胜的拼搏精神和不甘平凡、追求卓越的进取精神，共同铸就了××县日新月异的今天，在外界看来，××县一日千里的发展速度简直可以称得上是一个奇迹,××县人民了不起!当然,这些伟大成绩的取得,不能仅仅归功于某一个人,或者某一个集体,而应该归功于××县的每一位乡亲。没有大家的齐心协力,拼搏奋进,就没有××县生机盎然、欣欣向荣的今天!

成绩是最有说服力的证明。××县的领导干部是一支讲政治、讲大局、讲团结的队伍,是一支想干事、会干事、干成事、干大事的队伍,是一支无所畏惧、勇往直前、战无不胜的队伍,是一支超越自我、超越平凡、超越世俗的队伍……这支队伍是××县发展的脊梁,更是社会进步的支柱。几年来,××县每一项决策的形成,每一项工作的顺利推进,都体现着领导班子全体成员的团结协作精神,凝聚着广大干部的共同努力,承载着老领导、老同志经验的传授、政策上的帮助和个人魅力的带领。

在此,我要感谢××县,感谢各级领导,是他们培养了我、考验了我、锻炼了我,让我的人生有了最精彩的一页!我忘不了在××县和大家同甘共苦的日日夜夜,忘不了领导班子对我的关心和支持,忘不了乡亲们对我的深情厚爱!在短短几年的时间里,我与广大干部群众从相识到相知再到相勉,大家朝夕相处,同甘共苦,风雨同舟,为着××县的发展一起担负责任,承受压力;一起殚精竭虑,拼搏努力;一起加班熬夜,通宵达旦;一起分享喜悦,庆祝成功……共同的事业,共同的目标,共同的奋斗,让我们成为感情真挚的战友和朋友。这种志同道合的同志之情,比手足之情更珍贵,这种真诚质朴的同志之谊,比金鸾之意更高尚!在××县工作的这段美好时光将是我人生中最不能忘怀的记忆,我定会倍加珍惜并永远铭记这里的一草一木、一人一物,更不会舍弃与××县同事结下的深厚情谊!

××县是一个历史悠久,文化灿烂,风光秀美的好地方,××县的人民勤劳智慧,朴实善良,吃苦耐劳,没来过这里的人会充满向往,来过这里的人会倍加留恋!在这里工作的几年时间,已经让我深情地爱上了这片土地,爱上了××县的风土人情,我已经全身心地融入到了××县这个大家庭,并转变成了一名真正的××县人,我和××县人民已经紧紧地联系在了一起。

回首往事,不论是在平时的工作当中,还是在危难来临的关键时刻,无论是身处发展顺境,还是遭遇困难阻碍,广大××县人民始终以坚忍不拔的意志和精神攻克难关,取得最终的胜利,××县领导班子更是以勇于创新的品质开拓进取,始终以无私忘我的精神顾全大局。××县全体民众不仅用自己辛勤的汗水浇灌着这块土地,还在危难时刻舍小家为大家,这种凝聚在一起的向心力是值得所有人敬佩和称赞的。××县人民群众的高度觉悟深深地感染了我,熏陶了我,教育了我,让我有了不顾一切迎难而上的勇气,这是我人生中最珍贵的一段经历,也是××县人民留给我的无尽财富。

××年的时间，相对于历史长河来说，只是过眼云烟；相对于经济建设来说也是弹指一挥间；但对我个人来说，却是十分丰厚的人生履历和社会阅历。回首这段岁月，我充实并快乐着。在××县这块充满生机、活力和希望的土地上，倾注了我全部的追求和心血，融入了我所有的甘苦与忧乐，能够将自己人生中最重要是时光奉献在这里，我无怨无悔！××县人民的殷切深情已经完全融入我的血脉之中，我深知自己肩上所担负的责任和重托，这必将成为我今后工作的力量和源泉。我绝不辜负组织对我的培养和信任，也绝不辜负老同志和老领导的殷切期望，是他们甘为人梯，助我踏上了人生中的最高峰。

××年来，我时刻铭记组织的重托和人民的期盼，尽心、尽力、尽责，试图用自己的实际行动和成绩来证明自己。可人无完人，尽管我在主观上做出了很大的努力，但工作中还有很多事情都没有做对、做好，甚至还因为想法不同，和同事们产生了摩擦和矛盾，这些虽然都是不可避免的，但同志们却对我十分宽容和体谅，每每想到这些，我的内心都会感到极度地不安和内疚。虽然我不能让时间停留，却可以借鉴人生中的一些经验和教训，让自己以后的工作可以做得更好！

今天我在这里和同志们深情告别，和××县人民深情道别，和××县这片热土深情道别。今后无论走到哪里，我都会深深怀念××县这块给我感动和真情的土地，我会永远回忆和珍藏在这里的一点一滴。虽然我就要离开××县了，但我会一如既往地关心和支持××县的发展，××县一点一滴的变化都会牵动我的心！我永远和××县人民在一起！

衷心感谢××县人民，真诚祝愿××县的明天更加美好！谢谢大家！

范文四：××公司部门领导在离职大会上的致辞

致辞人：××公司部门领导

致辞场合：在离职大会上

在场人物：××公司全体职工

各位领导、同志们：

刚才，××公司董事长宣布了新领导班子的变动情况。首先，我对××董事长的安排表示衷心的拥护，这是工作需要，也是为了大局考虑；同时，我也非常感谢××公司多年来对我的关爱和照顾。

从××年到××年期间，××公司经历了难得的发展机遇，并连续克服经济风暴的影响，在激烈的市场竞争中脱颖而出，××年以来，公司一年上一个新台阶，并于××年实现了零贷款，公司也逐渐步入良性循环的发展轨道。这期间，公司的工作得到了进一步务实，呈现出良好的发展态势；更加可喜的是，公司的精神文明建设也得到了全面发展，不仅被评为市级文明单位，还连续两年被××县委、县政府评为优秀企业。随着公司发展越来越好，公司的办公环境也得到了进一步改善，公司办公楼和大院进行了重新的装修和修缮，现已焕然一新，职工的生活配套设施也得到了进一步完善，职工的福利和待遇更是一年比一年好。

我在××公司工作了近20年，其中担任高层领导的时间也已经有6年的时间。在此期间，我和大家朝夕相处，一起生活和工作，早已和大家建立了深厚的友谊和真挚的感情。我们××领导班子，更是一个团结、务实、开拓、创新的队伍，是一个拥有顽强战斗力的堡垒，××公司的领导干部是一支素质较高，业务能力较强，步调一致，能打善战的队伍。多年来对上级交办和布置的各项工作任务，都能够按时、按要求、高标准、高质量地完成。通过公司全体上下多年的坚持和努力，重服务，善协调的××公司得到了广大商户和合作伙伴的高度赞扬，也得到了社会各界对我们的充分认可和肯定。以上这些成绩的取得，是××公司董事长和高层正确领导和支持的结果，是各职能部门配合帮助的结果，是全体员工集体努力的结果，是××公司全体干部、职工团结奋进，齐心协力，积极努力的结果。在此，我衷心地感谢各级领导和大家，谢谢你们多年来对我工作的支持和帮助，谢谢你们对我生活上的关爱和照顾。

离别之际，请允许我表达自己对××公司的一片深情。作为个人，我在××公司工作以来，得到了公司领导和同事们的关心和帮助、配合和支持，我深深感受到大家对我是信任的，对我的能力是认可的。在工作上，虽然我个人的能力并不是最强的，但我懂得依靠集体的智慧和力量。总地来讲，我们的班子还是能够总揽全局的，在决策议事上也没有大的失误，在协调内外关系上，我们××公司应该说已经打好了基础，和谐的氛围已经初步形成。再加上公司管理相对规范，××公司已经形成了良性的发展循环。××同志接任之后，可以顺利展开各项工作，预祝××公司在你的带领下，可以迈上一个更高的台阶。

在过去的工作中，作为××公司的高层领导，在班子成员的支持下，我尽最大的努力，做了一些有利于公司，有利于员工的事情。虽然有一些还在实施之中，还有一些没能够实现，对此，我倍感遗憾！"人非圣贤、谁能无过"，不可否认的是，我在平时的工作中难免会有差错或处理不当的地方，希望同志们能够站在公司的利益上体谅我的苦衷，同时也感谢大家平时对我的包容和理解！

最后，请允许我为大家鞠个躬，感谢××公司多年来对我的培养；感谢命运能够让我与大家相识、相知、相惜；感谢那些曾经默默支持和帮助我的好兄弟！虽然马上就要离开这里，但我绝对不会忘记大家，绝对不会忘记××公司！我会时刻关注这里的点点滴滴，并把它作为生命在这里的延续，也请大家不要忘记，远方还有一位和你们并肩作战的老同志！总是，千言万语汇成一句话，希望××公司发展如日中天，祝愿各位领导和同事工作顺利，万事如意！谢谢大家！

附录　风格迥异的名人演说致辞赏析

　　所谓"震天下者必震之于声，导人心者必导之于言。"领导干部在公共场合和社交仪式中，经常会遇到致辞这样的讲话方式，并借助这样的形式来表述自己的立场与态度，达到提升人气，调动气氛的目的。因此，任何一位领导者都应该具备在公众场合讲话的能力，这不仅仅是为了增加个人的魅力和亲和力，更能通过自己妙语连珠的口才，为自己的工作和事业打下良好的基础。现在我们不妨从古今中外那些著名的领导者身上学习一些致辞的艺术和技巧。

1. 杰出的领导都拥有超凡睿智的演说技能

曾经，有一位哲人说过这么一句话："世间有一种成就可以使人很快完成伟业，并获得世人的认可，那就是讲话令人喜悦的能力——口才。"许多成功的大师们也都一致认为：口才是知本的综合标志，是事业成功的阶梯，一个人口才水平的高低直接关系到事业的成败。有时候，一句得体的话可以令你马到成功，一场成功的演说，就可以"化腐朽为神奇"！

口才作为一门语言艺术，是用言语将自己的内心思想感情巧妙地表达给别人的一种形式。而其中，以演讲的方式来凸显口才则是最有效的一种技能。所以，演讲常常被一些成功人士或者杰出的领导者用作表达自己观点的最佳手段和方法。美国著名人类行为学家汤姆士这样说："好口才是成名的捷径。它能使人显赫，鹤立鸡群。能言善辩的人，往往使人尊敬，受人爱戴，得人拥护。它使一个人的才学充分拓展，熠熠生辉，事半功倍，业绩卓著。"他甚至断言："发生在成功人物身上的奇迹，一半是由口才创造的。"

不管是曾经的中国历史上，人才也许不是口才家，但有口才的人必定是人才。比如孔子曾运用口才术开展教育；晏子口才不凡；苏秦以雄辩之才挂起六国相印；张仪四处游说建功立业；范雎说秦王；触龙说赵太后；蔺相如"完璧归赵"；诸葛亮联吴抗曹，舌战群儒……还是曾经统一了美国联邦，被称为美国历史上"最伟大的总统"的林肯，或者第一位因为掌握了作为一个总统怎样和人民友好相处的艺术和高超的口才术的黑人总统奥巴马，无一不是能言善辩的口才大师和语言巨擘！

在当今这个社会中，人与人之间的交往比曾经的古人更为频繁。一个人不管是在工作中还是在生活中，每时每刻都需要说话。不管是工作中的交谈、商战领域的谈判、外交活动中的斡旋，还是学术园地里的争鸣、政治舞台上的辩论，哪一样离开了优秀的演说技能都可谓是寸步难行。之所以在竞争与合作日趋激烈的社会大环境中，有的人能够轻松地在竞争中取胜，而有些人在合作中却屡屡失败，也是因为口才的问题。

不管在任何时间或者任何场合，语言都是最能够征服人类心灵的。所以

附录　风格迥异的名人演说致辞赏析

很多时候，人与人之间的矛盾，并不是因为心意不同，而是言不达意。在如今这个飞速发展的商品社会中，为了达到自己的目的或者获得更大的成功，每个人都有必要炼就应付各种场合的演说技能，尽量使自己处于优势地位，使自己的魅力得到更好地展现，并更好地调整自己和周围人之间的关系。口才堪称是人们在奋斗过程中最好的伙伴，认识到"口才"二字的重要性之后，可能只需要带着一张嘴，就能够使你如愿以偿地跻身于成功人士的行列之中。

一个杰出的领导者，在对外交往的时候，有四种必须具备的基本技能——演讲、口才、公关、写作，而往往演讲会被视为是最重要的。因为一个领导者想要获得成功，首先就要善于把自己的思想观点通过恰当的方式表达出来。而演讲无疑是符合其需求的一种途径，并能使领导者在演讲中因为绝佳的口才而使其所要表达的思想和目标更具感染力、说服力、穿透力。思维敏捷、能言善辩不仅是口才好的表现，更是事业成功的保证。否则生意场上就不会有"金口玉言""利言攸先"之说；职场上也不会有"上司过问了""一言定升迁"之说；文化圈也许也不会有"点睛之笔""破题之语"，生活中可能也不会有"生死荣辱系于一言之"说了。人们经常说的"口才影响着一个人事业的成功和失败。"绝对不是空穴来风的。所以，演讲是每一个现代领导者都必须拥有的技能和基本素质。

在演说方面的技能比较突出的领导者，通常都是善于用口才准确、恰当、生动地表达自己思想感情的人，不仅在事业上能够获得更多的机会，还会更有利于实现自己的目标。反之，在演讲方面有所欠缺，不懂得利用语言的艺术来感染他人的领导人，则通常都会因为沟通不到位而陷入困境。

演讲是一种能够表达自己的思想、与他人沟通的有效工具，它不是勉强别人与自己有相同的观点，而是巧妙地用口才引导他人到自己的思想上来。所以，作为新时期的领导，在与人谈话或发表演讲时，一定要注意讲话的方法、说服的技巧、演讲的艺术。著名的演讲艺术家卡耐基曾说："不论是处在任何情况、任何状态之下，绝没有哪种动物是天生的大众演说家。"能否在发表演说时一举成功，并不在于演说的字句如何，而是完全取决于演说者的态度和他本身的个性。任何一个伟大的演说家在演说中获得成功，都是利用自己的姿势、举止和态度使他人感动，从而使他人与其产生共鸣。

在我们身边，不乏一些能言善辩、口若悬河、令人羡慕、使人崇拜的成功之士；却也有许多笨嘴拙腮、迟言讷语，只能眼巴巴地看着别人春风得意，暗自慨叹自己的失败者……其中成功者多是因为其掌握了精妙的演说技能和口才，才找到了成功的钥匙。正所谓"会做的不如会说的，出力的比不上要嘴皮子的"，所以，人生在世，要想少失败，就要学会鹦鹉的巧舌如簧，讨人欢心，万不可做那蛮驴，只顾低头拉磨，而不抬头看路。当你掌握了出类拔萃的演说技能，也就拥有了出人头地的成功资本！

归根结底，所有演说中需要注意的技巧，无非都是想要拉近演说者与听众之间的距离，让听众感觉到演说者是和他们站在一起的，从而对其表示认可。通过一定的联系与听众融为一体，不仅有助于讲演者尽快进入角色，而且可以缩短其与听众之间的距离。所以，演讲者最好在演讲一开始，便指出自己与听众之间有着某种切不断的关系。如果觉得很荣幸能应邀发表演说，那么也不妨照实表达，可能会在第一时刻就拉近自己与听众的距离！

英国首相哈罗德·麦克阿兰在向印第安纳州的德堡大学的毕业班发表演说时取得了圆满的成功，而他的成功其实就归结为成功拉近了自己和听众的距离。

当时，哈罗德·麦克阿兰发表演说的第一句话就是："我很感激各位的热烈欢迎，身为英国的首相，应邀前来德堡大学，实非寻常之事。不过我认为，各位盛邀本人的主因，恐怕不是我当前的政府职位。"然后，他又随意地提及自己的母亲出生于美国的印第安纳州，而父亲则是德堡大学的首届毕业生之一。并以十分骄傲的口气向台下的毕业生说道："我可以向各位保证，我以与德堡大学有关联为荣，并以重温故乡的传统为傲！"

通常来说，一个出色的演说家，总能够在开篇时便一鸣惊人，立即抓住所有听众的心。然而对于大多数人来说，都很难克服拘谨局促这个演说中最大绊脚石。你必须从登上讲台的那一刻起就吸引听众的注意力。否则的话，你将不能顺利传递你的信息，无法保持听众对你演讲话题的兴趣，最终丧失你在讲话中的主导地位——这一切都是阻碍讲话成功的障碍。就像法国富熙元帅曾说："概念极为简单，不幸的是，执行起来却很复杂、很困难。"即便是一个特别出色的演讲者，在最初登上演讲台的那一刻，也会不时感到紧张。唯一不同的是他们没有被心中的不安吓倒，而是学会了如何将这种紧张的能量，转化为一次有力的演讲。因此，演讲时，尽量做到轻松、热烈，你的演讲就成功了一半。

想成功吸引听众的注意，也可以在演讲的题材里面，插入一些能够帮助听众解决问题的内容，达到他们的目标，对你的演讲自然也会起到很好的效果。有很多人无法成为善谈者，主要的原因是他们只会讲些他们自己感兴趣的事情，从而忽略了这些事情并不是其他人感兴趣的。所以，根据听众的兴趣来讲演也可以起到有效地吸引听众，或者使自己尽早进入演讲角色的作用。

哈罗德·麦克阿兰在演说中不仅没有特意提及自己，反而是提到德堡学校，以及他母亲和身为先驱的父亲所知悉的美国式生活，不仅迅速拉近了与听众沟通的距离，而且也替自己赢得了台下听众的友谊，所以才得以进入了演讲角色。

另外，在演说中使用听众中的人名，也可以轻松地打开和听众之间的沟通之门。如果你在演说之前就对一些听众进行了解，并能够在演说中轻易指出某个穿西装或者带帽子的人的名字。那么不管你是真的认识那个人或者是方才刚刚得知他名字，那个被提到名字的人一定都会觉得很开心，而这个简单的技巧就轻易地为讲演者赢得了听众的友谊，并在一片掌声中迅速进入角色。

霍巴德曾经说过："演讲中能获得听众信任的因素，是演讲的态度，而不是演讲稿的词句。"对于演说者来说，一个好的演讲不仅需要选择合适的演讲方式，而且还必须具备合适的演讲心态。只要拥有良好的心态，就相当于拥有了打开成功的钥匙。而且不管任何演讲方式的演说，都要求有好的演讲心态，甚至可以说演讲心态本身就是整个演讲方式的重点。

另外，演说时的姿势也很重要。有时候，尽管一个演说者的演说十分精彩，但是却会因为个人的性格与平日的习惯而带给听众某种好或者不好的印象。而对身体姿势影响最大的就是过度紧张，如果在演说中过度紧张，不但导致演说者的姿势笨拙、僵硬，甚至还会使演说者出现发音失误等糟糕的状况。一个人的肢体和语言都是影响他在听众心中的形象以及演说者是否能成功吸引并抓住听众兴趣的关键因素。所以你如果在演讲时不知道自己的手该怎样做，最好提前咨询一下他人。

除此之外，从赞赏听众入手也是一种比较有效的演说技巧。由于听众是由个体构成的，所以他们的反应也如个人一样。故而在演讲中，要热情地给予听众诚实和衷心的赞赏，对听众做过的应称赞的事表示赞扬，你就赢得了通入他们心灵的护照。这有助于快速抓住听众的情绪，使演说者尽快进入角色。但值得提醒的是，演讲中若对听众进行赞赏，那就一定要有100%的真诚。演说者的赞扬也不能过分使用夸张、肉麻的词句，一定要得体，因为没有诚意的话语，或许偶尔会骗过一个人，却骗不了一大帮的听众。在赞扬时如果表达不出真诚的赞赏，一旦被识破，听众可能会认为演说者是一个谄媚之人而对其感到憎恶，那样就适得其反了。

一个善于演说的领导者，在演讲的过程中，除了要掌握一定的技巧，能够用流畅的语言表达自己的目的之外。还需要具有敏锐的观察力，能深刻地认识事物，那样说出话来才能一针见血，准确地反映事物的本质。而且想要让演说获得观众的认可，还必须有严密的思维能力，懂得怎样分析、判断和推理，才能把话说得滴水不漏、生动通顺、有条有理。所以，很多演讲者还会因为演讲而迫使自己习惯性地对思维进行整理，从而对相关问题有更加深刻的认识！

2. 看周恩来如何运用语言艺术

众所周知，周恩来总理是新中国乃至全世界都少有的杰出外交家。他曾经任国务院总理兼外交部长一职，长期负责中国的各种外交工作。他在任期间，不仅多次会见各国领导人并与之会谈，还曾在日内瓦会议、万隆会议上发表过重要的讲话，甚至还率团访问了亚非十四国。周恩来总理参加了诸多的外事活动，其中他在应对各种场合的语言危机时的精彩回答，是不得不说的。周总理不管是在与外宾会谈还是回答记者提问时，或谈笑风生，妙语连珠；或难题巧答，妙语解颐，使对方心服口服，心悦诚服。不仅有效地增进了中国与世界各国人民之间的相互了解与信任，很大程度上提高了中国在国际上的地位与声誉，为新中国的外交事业谱写了异常辉煌的一页；而且也为我们后世之人留下了许多的说话艺术和智慧！

大家都知道的原因

1972年2月21日至28日，美国总统尼克松应邀访华。2月21日，周总理在欢迎尼克松的宴会上祝酒时说："美国人民是伟大的人民，中国人民是伟大的人民。我们两国人民一向是友好的。由于大家都知道的原因，两国人民之间的来往中断了二十多年。现在，经过双方的共同努力，友好往来的大门终于打开了……"

周总理这段致辞乍一看似乎没有什么深意，但若细细品来，却是包罗万象。通常，外交场合是需要用外交辞令的，但是由于欢迎宴会和工作会谈场合有一定的差异，所以用词的时候自然要尽量以缓和为佳。然而，对于代表国家出席的周总理来说，曾经的历史却不能不回顾，原则也不能不坚持，中美断交的原因更不能丝毫不提。所以周总理在祝酒词中用一句"大家都知道的原因",虽然意思有些模糊,但却明确地讲出了美国在过去的20多年中对中国不友好的历史这个事实,既说到而又没有直接点破,这种含而不露的语言表达方式其实不仅十分得体,非常适合宴会的环境、场合、气氛,而且也是有颇深的技巧成分在其中的。

会掌舵的人引导航船迎着浪头上

2月22日,周恩来总理就中美关系正常化及双方关心的其他问题在北京人民大会堂同尼克松总统举行了会谈和讨论。

在中美建交的谈判中,周恩来总理明确表示:台湾问题是阻碍两国关系正常化的关键。而美方的代表尼克松总统曾一度表示不能一下迈出很大的步子,且不能放弃台湾的"老朋友"。针对这种棘手的状况,周总理在谈判中不慌不忙地指出:"既然中美要进入一个新时代,必然要改变一些关系。中国有句俗话:'会掌舵的人引导航船迎着浪头上,不然将会被浪潮淹没。'如果所有的老关系一无更改,一切照旧,那怎么能迎接新时代呢?总之,时代在前进,懂得时代精神的人,会促使世界情况的改进,否则就要被时代的潮流淹没!"

周总理引用了一句中国的俗语来表明中国收复失地台湾的立场和决心,不仅深富哲理,而且话语中的规劝和敦促之意也不言而喻,所以堪称是一句极有说服力的话。而美国总统尼克松在听完周恩来总理的回答之后,也大为叹服,并立即表示:"正如总理所说,舵手一定要顺应潮流,世界变了,美中关系也必须改变。"而最终,美国也终于承认世界上只有一个中国,而台湾也应该是中国的一部分。俗话说:"一语破的。"周总理用这么一句形象的中国俗语,就使美国的领导人迅速领悟到了改变中美关系的紧迫性和重要性,堪称是语言艺术家中少有的高手。

西方的"13"就像中国的"鬼"

2月27日,受邀访华的尼克松总统一行人到达上海,下榻于锦江饭店。尼克松夫妇被安排住在饭店的第15层,基辛格住在14层,而其他随着尼克松总统前来的罗杰斯、格林等国务院官员被安排住在了第13层。

而不巧的是,"13"这个数字在西方人眼中是十分不吉利的。所以,当周恩来总理率人前去看望罗杰斯以及其助手的时候,那些官员都因为楼层的事情耿耿于怀，笑得有些不自然。周总理见状后，便说："有个很抱歉的事，我们疏忽了，没有想到西方风俗对'13'的避讳。"说完之后又转而风趣地说："在我们中国有个寓言，一个人怕鬼的时候，越想越可怕；等他心里不怕鬼了，到处上门找鬼。鬼也就不见了……你们西方的'13'其实就像中国的'鬼'。"这样一席风趣的言论不仅令众人开怀大笑。而且在周总理走后，那些对"13"颇为忌讳的客人们也很快便消了气。

美国客人何以如此之快地转怒为喜呢？很明显，是由于周总理妙语解颐。总理首先向客人致歉，并解释原因：是疏忽而非故意，态度诚恳，语言真挚，客人不愉快的心情得以缓解。继而总理又以中国寓言作比，风趣幽默地消除了客人由于风俗影响而造成的心理负担，话虽不多，但说到了客人们的心坎上，使得客人们对总理的妙语解颐十分佩服。

南京长江大桥每天有几人经过

一天，周总理陪同总统尼克松来华访问的外宾团参观南京长江大桥。当他们踏上引桥时，尼克松突然问周总理："总理阁下，请问南京长江大桥每天有多少人经过？"周总理立即回答道："南京长江大桥每天有五个人经过。"尼克松听后大为不解地问道："怎么会只有五个人经过呢？"周恩来微笑地解释道："每天经过南京长江大桥的人不外是工农商学兵，不正好是五个人吗？"

尼克松本想用"奇问"来难倒周恩来，而周总理却用"巧答"轻松地化解了难题，正是充分地显示了周总理的能言善辩和随机应变能力。

中国国家的名字叫"中华人民共和国"

1957年9月7日，美国青年代表团来华访问，周恩来总理自然肩负起了会见他们的重任。双方在进行交谈的过程中，代表团中有个成员突然向周恩来总理发问道："你是不是认为共产党中国在不久的将来会被吸收进入联合国……"周恩来答道："我希望把这个名字更正一下。中国国家的名字叫'中华人民共和国'，就好像美国叫'美利坚合众国'，我们不能把美国叫作艾森豪威尔美国，或者共和党美国。那样说是不那么恰当的。不错，艾森豪威尔领导美国，但只能说美国是在艾森豪威尔、共和党的领导之下，正像中国是在共产党的领导之下一样。国家是人民的，人民选举代表来领导这个国家。这个思想不仅中国人民有，美国的先哲林肯说得很好：国家应该是属于人民的……"

周总理在对方把中国称作"共产党中国"时，立刻声明中国的名字叫作中华人民共和国,并刻意强调"国家是人民的,人民选举代表来领导这个国家"。还特意引用美国前总统林肯曾说过的话"国家应该是属于人民的",从而使对方更易于理解并接受这个思想。因为林肯也是一个反对奴隶制的著名政治家,而且他也是美国人十分崇拜的一个领袖,所以,周总理的这句话虽然巧妙地否定了对方将中国称为共产党中国的说法,但是因为谈话双方有了"共同语言",所以不至于产生尴尬的气氛,同时还有助于美国青年代表团的成员同意周恩来总理的观点。该代表团的成员故意更改中国的国名,企图损害中国的国家形象。而周总理一句巧妙的引用,就轻松地为中国国名正名,既维护了中国的尊严,又无损两国的友谊,实乃是棋高一着!

我们大家一起来消灭法西斯

一次,一批东欧的外交使节来访,周恩来总理负责设宴招待他们。宴席上,有一道十分考究的汤,汤里的冬笋被特别雕刻成了"卍"字形,本义是寓意吉祥的。但是外宾看到这种图案之后,却大吃一惊地问道:"为什么这道菜里有法西斯标志?"周总理听后,马上向客人解释道:"这是我们中国的'万'字图案,象征'吉祥万德,福寿绵长',表示对客人们的良好祝愿。"接着,周总理又特意夹起一片冬笋,风趣地对外宾说:"就算是法西斯标志也没关系嘛,我们大家一起来消灭法西斯,把它吃掉!"客人们听后都被周总理的话逗得哈哈大笑,不仅宴会的气氛热烈、友好,那道加了特殊形状冬瓜片的菜也被吃得一干二净。

大部分的中国人都知道,"卍"是佛教的一种标志,象征着吉祥如意。虽然和德国纳粹党英文字母两个"S"缩写成的变形图案"卐"极为相似,但事实上"卍"与"卐"却是完全不同的两种符号。而东欧的外交官们因为不明就里,所以才会觉得疑惑。而周总理对"卍"形冬笋的解释,不仅打消了他们的疑惑,同时也表现了除了自己渊博的知识以及超强的即席应对能力。

精心选词无懈可击

1954年,周恩来总理代表中国参加了在瑞士日内瓦召开的一次国际会议,并在会上作了重要讲话。当谈到有关亚洲安全问题的时候,周总理说:"我们认为美国这些侵略行动应该被制止,亚洲的和平应该得到保证,亚洲各国的独立主权应该得到尊重,亚洲人民的民族权利和自由应该得到保障,对亚洲各国内政的干涉应该停止,在亚洲各国的外国军事基地应该撤除,驻在亚洲各国的外国军人应该撤退,日本军国主义复活应该防止,一切经济封锁和限制应该取消。"

在这段话中,周总理用了"制止""停止""防止"这一组同义词,对威胁亚洲和平的各种现象进行阐述。周总理用了"制止"来阐述性质最严重的"美国""侵略行动";而对比"侵略行动"稍轻一些的"对亚洲各国内政的干涉",则用了稍为缓和的"停止";至于用"防止"来形容有可能会出现的"日本军国主义复活",则表明了会预先设法制止的意思。

其次,在关于"亚洲的和平"与"亚洲人民的民族权利和自由"时,用"保证"和"保障"这一组近义词也是有颇深含义的。因为两者不仅都有"确保"的意思,但前者却更侧重于"担保",而后者仅仅侧重于"保护"。

在提及对亚洲和平造成严重威胁的"外国军事基地"、"驻在亚洲各国的外国军队"以及"一切经济封锁限制"时,周总理分别用了"撤除"、"撤退"和"取消"。这则是考虑到词语搭配的习惯用法。

在日内瓦国际会议上,周总理在发言中针对不同的情况选用最恰当的词语,表达严密的意思,堪称是无懈可击、无可挑剔。

中国的《罗密欧与朱丽叶》

日内瓦会议之后,周总理为了使外国人对新中国有一个更加正确的认识,还特意针对外国记者举行了一场电影招待会,选择放映的是彩色越剧故事片《梁山伯与祝英台》。放映之前,有关的工作人员特意准备了一份长达十几页的剧情说明书。周总理审阅后,严厉批评了他们,并指出这是"不看对象,对牛弹琴"。起草说明书的同志也十分委屈地说:"给洋人看这部电影,才是对牛弹琴呢!"周总理笑着反驳道:"要看你怎么个弹法。你要用十几页的说明书去弹,那是乱弹。我换个弹法,只要你在请柬上写句话:'请您欣赏一部彩色歌剧电影:中国的《罗密欧与朱丽叶》。'"

电影正式上映的那天,收到请柬的外国记者果然都来了,周总理只安排工作人员在放映前用英语做了三分钟说明。但令人意想不到的是,所有的观众都看得如醉如痴,全场都爆发出了热烈的掌声。有的记者甚至还惊讶地说,中国能够在朝鲜战争时期,拍出如此优秀的影片,说明中国现在已经十分稳定。

后来,这部电影又在更大的范围内重复放映了几次,而且令许多社会名流都赞不绝口。周总理用一句话的"电影说明书"代替十几页的电影剧情,却成功地吸引了观众们,妙就妙在他能够从电影观众的实际出发,用人们十分熟悉的事物来类比人们不熟悉的事物,既简明扼要,又能出奇制胜,所以才能收到以少胜多的说明效果！

为什么把人走的路叫马路呢

周总理经常忙于外交事业，一生中所接见的外国记者也是不计其数，而其中也不乏有一些刁钻的外国记者会提出些令人啼笑皆非、难以回答的问题。记得有一次，有一个不怀好意的美国记者向周恩来总理发问："总理阁下，你们中国人为什么把人走的路称作马路呢？"周总理机智地答道："我们中国走的是马克思主义的路，简称马路。"

这名美国记者听到周总理天衣无缝的回答后，依然贼心不死，又提出了一个难题："总理阁下，在我们美国，人们都是仰着头走路，而你们中国人为什么低着头走路呢？"这位美国记者的言外之意不外乎是说美国人昂首挺胸地走路是因为有一种民族自豪感，而中国人总是低头走路则无疑是因为自卑。周总理听后，既不恼怒也没有显出丝毫慌乱，而是笑着地答道："这不奇怪，问题很简单。你们美国走的是下坡路，所以美国人要仰着头走路；而我们中国人走的是上坡路，当然是低着头走路了。"周总理的妙答，不仅给挑衅的记者强有力的一记反击，更是在无形中长了中国人的志气。

为何要用"派克"钢笔

有一次，周总理刚刚批阅文件，就接受了一位美国记者的采访。这位美国记者看到周总理的桌上放着一支美国产的"派克"钢笔，于是他颇有深意地问道："请问总理阁下，你们堂堂的中国人，为什么还要用我们美国生产的'派克'钢笔呢？"周总理听后不仅没有觉得用派克笔难为情，反而笑着说道："提起这支笔，那可说来话长了。这是一位朝鲜朋友在抗美战争中的战利品，作为礼物送给我的。无功不受禄，我本想谢绝，但那位朋友一再说，作个纪念，我也觉得有意义，就收下了这支贵国生产的钢笔。"

这位美国的记者本想用"派克"钢笔做文章，来奚落中国生产落后，产品质量低下，使周总理难堪。不料周总理却用"战利品""作一个纪念""觉得有意义"等意味深长的词语，暗示了一个结论：说明自己用这支派克钢笔，并不是因为中国落后、贫困，没有能力去生产出像派克笔那样的钢笔，相反，这支派克笔还被周总理指为是美国发动侵略战争遭到可耻失败的历史见证，是中朝人民团结战斗的胜利成果。所以，只能是偷鸡不成蚀把米，被周总理的一番话窘得面红耳赤，一句话也说不出来了。

中国消灭妓女了吗?

一次,还有一位心怀不轨的外国记者问周恩来总理:"总理阁下,据说解放后,全中国都已消灭了妓女卖淫的现象,是这样的吗?"周总理听后,颇为严肃地回答说:"不,还有个别地方有,如中国的台湾省。"

其实,这位外国记者用"全中国"来向周恩来总理发问本就是不无他意的。如果周总理回答时也用全称来判断,则可能会面临两种选择:要么否认台湾还有妓女卖淫现象;要么把台湾排除在中国之外。而这两种无论是哪一种,都是对中国极其不利的,所以周总理机智而明确地否定了这一全称判断,然后用"个别地方"作量项,明确地断定了台湾存在这种现象,不仅回答得十分准确、严密、有力,而且使对方无空子可钻。

中国人民银行有多少资金

周总理一生在外交方面的出色表现都是无人能及的,他在外交中的应变能力和语言艺术也是不容否认的。一次,有一位西方记者在记者招待会上向周总理发问道:"请问,中国人民银行有多少资金?"这一无理的问语既有讥笑中国资金贫乏之意,又涉及国家的机密。但周总理听后,却丝毫不见紧张,轻松地回答道:"中国人民银行的资金嘛,有十八元八角八分。"那位记者听后十分惊讶,并且大为不解。周总理又接着说:"中国人民银行发行面额为10元、5元、2元、1元、5角、2角、1角、5分、2分、1分,共10种主辅人民币,合计为18元8角8分。中国人民银行是中国人民当家做主的金融机构,有全国人民做后盾,信用卓著,实力雄厚,它发行的货币,是世界上最有信誉的一种货币,在国际上享有盛誉。"

面对这种无法回答的问题,周总理巧妙地将货币资金总额转换为银行所发行的货币总面额,一招移花接木、李代桃僵,既轻松地化解了这个无法回答的问题,又保持了记者招待会的和谐气氛。虽然周总理的回答无异于答非所问,但却远比直接用"无可奉告"直言拒答,或着指斥对方动机不良效果要好很多。所以周总理得体、有礼的精彩回答不仅十分巧妙,也因此赢得全场记者的热烈掌声。

驳"中国人口多,将来要向外扩张领土"

1960年,周总理受邀前往访问亚非六国,期间经常会面对一些记者所提出的刁钻古怪的问题。有一次,一名外国记者向周总理提出一个十分荒唐且无理的问题:"你是否认为中国人口多,将来要向外扩张领土?"这个问题的中心论点"中国要向外扩张领土",论据"中国人口多",都是对中国的不敬以及想要给中国冠上有野心之名。对此,周总理也毫不留情面地进行了有力的反驳:"我不同意你的看法。英国在第一次世界大战前,只有四千万人口,人口不算多,但长期对外侵略,有'日不落帝国'之称。美国人口也不多,还不及中国的四分之一,但军事基地遍布全球。中国虽然人口众多,但没有在外国建立一个军事基地,也没有一兵一卒在外国。可见,一个国家是否对外侵略,并不在人口多少,而是决定于它的国家制度。"

作为国家的代表,周总理回答的这段话中,先明确地以"我不同意你的看法",表示自己以及国家对那名心存不善的记者无理观点的否定。接着又以众人都无可否认的历史事实以及严密的论证,揭露了那位记者论点与论据之间的相互矛盾之处,使他的论点无须反驳就已经不攻自破。周总理在这段话中先列举了典型事例进行对比:比如号称"日不落帝国"的英国,以及人口不及中国的四分之一的美国,他们的人口都没有中国多,"但长期对外侵略","军事基地遍布全球"。并用"中国虽然人口众多,但没有在外国建立一个军事基地,也没有一兵一卒在外国"来说明中国是一个崇尚和平的国家。这样不仅形成了巨大的事实反差,并由此水到渠成地得出了一个结论:一个国家是否对外侵略,并不是因为人口多少的问题,而是决定于它的国家制度和意识。面对记者的无理,周总理就用这样几句话就轻松且彻底地驳倒了"中国人口多,将来要向外扩张领土"的谬论。

周恩来总理不仅是一位出色的领袖、外交家,更像是一位语言的艺术家,在内外交往中,他善于根据不同情况,娴熟自如地运用语言技巧征服对手、达到目的,其委婉的表达技巧也充分显示出了其独特的语言魅力。他的卓越口才不仅是举世公认、令人钦佩的,更是其善于用语言与心存不善者进行周旋、机变应对的高超智慧和个性风格的真实体现!

3. 纪晓岚卓尔不群的口才天赋

会说话对每个人来说,都是极其重要的一件事。所以古人才经常用"一言可以兴邦,一言可以误国"来教育后世子孙,意思也就是说不管是安邦治国的大事,还是关乎家庭和睦的小事,都与说话是分不开的。即便是现代,也常会听人说,巧舌如簧的人能够用一根头发牵动一头大象。这些说法虽然有言过其实的成分,但无非也就是说明说话在人们日常生活以及工作中能起到十分重要的作用。

在中国几千年的历史长河中,也不乏有很多口若悬河、能言善辩之士,他们有些人可能确实有些文采,但也有一些的确是没有什么真才实学,而凭着一张剑舌才得以活跃在当时政治舞台上的。从古至今,能言善道者有的致力于劝阻战争、化干戈为玉帛;有的则用于怒斥奸佞、以正气压倒歪风;也有的巧设比喻、以柔克刚去争取盟友;当然也不乏会有一些利用口才反唇相讥、绵里裹针、瓦解敌阵的。

在过去的史书中,诸葛亮"舌战群儒"和"智激周瑜"是家喻户晓、人尽皆知的故事。《三国演义》还在第九十回描写了诸葛亮"兵马出西秦,雄才敌万人,轻鼓三寸舌,'骂'死老奸臣"的故事。蜀魏两军对阵之时,魏臣王朗前来劝降,也就是这个舌战群儒的诸葛亮,把王朗说得一钱不值,王朗气盛,当时羞愧不已,一头撞死在马下。孔明的"三寸不烂之舌,当真抵住了成千上万的敌军!"这个故事也成为千古佳话。

一个有才干的人,完全可以通过言语、谈吐等方面的优秀表现,将自己最好的一面呈现在人前,使对方能够更进一步地了解你或者信任你,继而才能使自己在发展中得到更多的机会或者更加顺畅。而如果一个仅有学问,而没有会说话的能力与他人进行顺畅沟通的话,可能就会在无形中损失很多收获。

乾隆皇帝在位的时候,才气名满天下的大才子纪晓岚就因为会说话,所以才颇得皇上的赏识,甚至还因为能言善辩而得了一个铁嘴铜牙的称号。

一次,乾隆宴请诸位大臣。当大臣们都吃得正开心,喝得也非常畅快的时候,这位时常爱卖弄自己学问的乾隆帝又诗兴大发了,于是想出来一个十分刁钻的上联:"玉帝行兵,风刀雨箭云旗雷鼓天为阵。"并要求官员来对出下联。不料众人你看我,我看你,都对不上来。乾隆皇帝看到自己出的上联竟然没人能对得上,这下更是心花怒放,来了兴致。他一心想着要在众大臣面前显摆自己的才华,便点名要有大才子之称的纪晓岚来对下联。他心中当时自然是想着,如果这位大才子都对不出自己出的上联,在众多大臣面前出丑,那自己不是面上更有光吗?

但让他始料不及的是,大才子纪晓岚还真不愧铁嘴铜牙之称,愣是把下联对了上来"龙王设宴,日灯月烛山肴海酒地当盘。"纪晓岚语音未落,群臣们就相继发出了赞叹不已的声音,似乎是纪晓岚为他们争脸面了。但乾隆皇帝一看纪晓岚还真的对出了下联,就有些不太高兴了。他面有怒色,半日沉吟不语,众人都面面相觑、颇为纳闷。

只有纪晓岚知道是自己扫了皇帝的面子,所以得罪了皇上。于是他又赶紧打趣地说道:"皇上、众位同僚,微臣不才啊!只能以此俗句对上圣上的上联已实属侥幸,还望皇上莫要见怪啊!你们看啊,圣上您乃是天子,所以风、雨、云、雷都归你调遣,足以威震天下;而小臣们都是酒囊饭袋,因此只希望日、月、山、海都能在皇上赏赐的酒席之中。所以,圣上您才是好大神威,而小臣只不过是好大肚皮而已啊!"

乾隆一听纪晓岚主动出来打圆场,便又乐了,还连忙表扬纪晓岚说:"爱卿莫要谦虚,尽管饭量甚好,但若无胸藏万卷之书,又哪有这么大的肚皮啊?"

其实,纪晓岚对的下联并没有任何问题,而且对联还相当的工整。然而,乾隆出的上联本是为了显示一代帝王的豪迈气概的,不料纪晓岚下联一出,不仅十分工整,而且丝毫不逊于皇上,自然也就显示不出乾隆上联的才气,所以才会惹得乾隆有些不愉快。但幸好纪晓岚能够及时地发现,并巧言善辩地及时为自己开脱,甚至不惜有意地抬高乾隆、贬低自己。所以才能使君臣之间一唱一和,大家都能够尽兴。

所以说,一个会说话的人,不仅更容易和他人拉近关系,而且有时还会有一种不可思议的力量,因为他们的说话能力可以轻易影响到周围气氛的松弛与紧张。但是人有会说话的能力固然是好事,但是也要把话说到正处,说到点子上,就像纪晓岚一样,一旦发现气氛不对,就能够及时用言语将一切化解于无形之中,才能真正地显示出一个人是否真正地会说话!

一个人如果没有良好的口才天赋,那么不管他多么有才,最终都只能落得一个可悲的下场,就好像鸟儿没有羽翼一样,举步维艰。人类生活到了现在,会说话已成为决定一个人生活以及事业优劣、成败的一个关键因素。因为一个人每天所说的话,不仅可以判定他每天的工作、生活情况,而且就连他的喜怒哀乐也能从其言语上反映出来。尽管有了才干,即使没有会说话的能力,也同样可以达到成功的目的,但是那些有才干又有说话能力的人,一定会比前者成功的概率要大得多!然而值得提醒的是,会说话带来的也不全都是好处,一旦一言不慎,也有可能会招致灾祸!

4. 最具演说魅力的政治领袖丘吉尔

曾经的英国首相温斯顿·丘吉尔，是 20 世纪中在全球都颇具声誉的政治领袖之一。因为在他的英明领导下，英国才得以取得了第二次世界大战的胜利。2002 年，他还有幸被英国 BBC 评选为"有史以来最伟大的英国人"这一荣誉称号。事实上，丘吉尔不仅是一位杰出的政治家，更是一位十分优秀的演说家。

在丘吉尔的政治生涯中，曾经做过无数次精彩绝伦的演说。面对山呼海啸一般的掌声，丘吉尔的演说，就是掠过风雨的惊雷、穿透黑夜的闪电，他的话语中思想深邃、气势非凡，从而才能使英国民众的智慧与力量，道德与情感集聚在一起。我们很难用平常的笔墨，来传神地描述丘吉尔当年演讲时壮阔与轰动的场面，更无法描述出丘吉尔作为演讲者所展现出的非凡气质与风采！

在阴云密布的战争时期，面对法西斯的毁灭性进攻，丘吉尔既是向英国也是向全世界做了第二次世界大战时期最著名的战争动员演讲："我们将战斗到底！我们将在法国作战，我们将在海洋中作战，我们将以越来越大的信心和越来越强的力量在空中作战，我们将不惜一切代价保卫本土，我们将在海滩作战，我们将在敌人的登陆点作战，我们将在田野和街头作战，我们将在山区作战。我们绝不投降！"如钢铁一般的声音，不仅激起了全英国人民的斗志，也展示出了一个领袖人物钢铁般的意志。

虽然丘吉尔在战争中是一个英雄，但是在战后却失去了首相的职务。然而，他在面对政治生涯的落寞和失意时，却极有尊严地引用古希腊作家普鲁塔克的一句名言"对他们的伟大人物忘恩负义，是伟大民族的标志"来和政坛告别，这句简短的语言，不禁让人肃然起敬，而他这种思想和情怀，也非一般人所能理解的。

然而 1948 年，丘吉尔应邀在牛津大学作一个主题为"成功秘诀"的专题讲座时，则又是另外一种风采。面对充满期望的诸多牛津学子和全世界各大新闻媒体的记者，丘吉尔做了一个虽然简短却寓意十分深刻的演讲，他在演说中讲道:"我的成功秘诀有三个:第一是,决不放弃;第二是,决不、决不放弃;第三是,决不、决不、决不能放弃!我的演讲结束了。"丘吉尔的演说结束之后,会场一片凝重,听众在足足沉寂了一分钟之后,才对着已经没有演讲者的讲台,不约而同地爆发出如雷般的掌声。对于演讲者来说,听众的掌声莫过于最高的奖赏。因为一个人能够畅快淋漓地表达自己最真实的思想与感情,而且让你的思想与感情赢得成千上万人的认可和呼应,的确是一种十分痛快的事,更是一种荣耀。丘吉尔简洁的语言中包含着最执着的意志,同时也揭示出了最深刻的人生哲理。这种风采不仅震撼了牛津大学的学生们,也震撼了许多不同国籍的后人!

丘吉尔究竟何以以区区几句话就轻易获得成功呢?丘吉尔著作等身,文笔一流,掌握近五万多词汇,被传为历史上掌握英语单词词汇量最多的人之一。所以,无论他从哪个方面进行演说,相信都可以洋洋洒洒地说上半天,然而,这篇演讲的核心,他却出人意料地只说了三句话,历时不过三分钟就结束了闪电式的演讲,而且这简短的几句话不仅概括了他艰难而又卓绝的人生成功要义,还留给听众闪电般的力量。"决不放弃"是他所想要表达的信念。丘吉尔也尽可以以导师的身份,向诸多青年学子展示自己丰富的人生经历和辉煌的成就,但是他却对自己的成功避而不谈,仅把"成功秘诀"谦虚地归结为"我的",既然是"我的",于大众而言,就只是成功之路的参考而已。在激情的时代,一定要有激情的演讲。而激情的演讲,一定是奔放自己的思想、意志与情感的结晶。激情的演讲,不仅是时代的标记,更是历史的财富!其实,最自我的,往往是最人性的,而最人性的,却一定是最人类的。这大概也是丘吉尔演讲堪称经典的"秘诀"所在。

丘吉尔的一生是辉煌的,堪称是波澜壮阔,他曾在两次世界大战中出生入死、叱咤风云,是战争中的传奇英雄,又是享有世界级声誉的政治家,还是深受读者欢迎的作家、画家,获得过诺贝尔文学奖。如此出类拔萃的任务,怎么可能不赢得英国人民的爱戴?国家又怎么可能不为他而感到骄傲呢?丘吉尔能被牛津大学邀请去做成功秘诀的演讲,也堪称是当之无愧的!

流星只在一瞬间划过夜空,却被人们视为是最美丽的夜景;丘吉尔的精彩演说,又何尝不是如此呢?其实很多时候,最简洁的往往是最隽永的,最短促的反而往往是最长久的,而这种长久往往还都是最不朽的!如果一个人能选定适合自己的目标而"决不放弃",那么每个人的人生都可以获得更大的成功和更多的精彩!

5. 用语言艺术俘获人心的美国总统奥巴马

2008年11月4日,是一个令全美国人都沸腾的日子。因为在那一天,一个非洲黑人的儿子——奥巴马,登上了美国政坛世界的峰巅,于是,一个当代最美妙而又真实的神话诞生了!众所周知,美国社会从古至今都对黑人和其他有色人种都有不同程度的种族歧视。而第44任总统奥巴马,却是美国历史上第一位具有黑人血统的总统。所以,整个世界都被这则消息震惊了,全世界人的目光都齐刷刷地聚集在了奇迹的创造者奥巴马身上。

在2006年之前,奥巴马还是一个鲜少有人知晓的"年轻政客"。而他却在2008年,以一匹黑马的姿态迅速走红,一身帅气、一脸灿烂地成为美国政坛的明星领袖。其实奥巴马能够征得民众的认可成为美国总统,无疑是各种因素的综合,比如奥巴马凡事从小处着眼,以饱满的热情关心民生,又或者将国家利益与人民生计紧密相连,让人民看到希望,期盼变革。总之,奥巴马成功地利用演说使广大民众的心与自己紧紧地连接在了一起。当然,他本身的素养、品质以及才能等,也都是必不可少的因素。他亲和的姿态,也绝对不是只是做表面文章那么简单,而是发自内心的,但同时还具有一定的艺术效果,给人宽厚、豁达、包容的好感。然而,不管他的成功综合了多少种因素,唯一不可否认的是,他超凡脱俗的演讲,的确在他竞选总统获得胜利起到了至关重要的作用。可以说奥巴马能够顺利当选美国总统,其独特的语言魅力是他获得成功的最关键因素。

奥巴马的每一次演说,都能紧紧抓住群众的心。因为他的演说无论是从文稿的整体布局方面,还是演说辞的融情达意,或是激情澎湃的演讲表达,都称得上是精深独到,令人拍手称快。2009年7月4日,是美国投票选举总统候选人的日子,奥巴马就利用在早餐会上的一番讲话为自己赢得了与会人员的大加赞扬,其中他说了这样一句话:"我们向世界传递了一个信息:即使我们受到威胁,即使时局艰难,我们依然会坚持我们的原则!"这句话虽然很简短,但是既表现了奥巴马讲话具有很强的条理性,又道明了他竞选总统的坚定决心,给人一种势在必得的感觉,而也正是这充满自信的一语,才让所有支持他的民众给他投下了坚定的一票。

奥巴马决定参选总统,并在本党内获得初选胜利后所发表的演讲大气磅礴、激情奔涌,给人荡气回肠的激动。首先,他在演说中的"民主党能涌现出这样一批德才兼备的人来竞选总统,我们应为此感到骄傲。他们不仅是我的对手,更是让我受益良多的朋友、公仆和爱国者"。是对民主党内人士为国家和人民不懈努力的肯定。这一句不仅树立了民主党的威望,也突出了奥巴马的形象,给民众留下了良好的印象。

其次,奥巴马还对自己的对手希拉里给予了高度的评价,他说道:"因为有幸与希拉里·克林顿竞争,我自己也获得了提高。她创造了历史……她用她的力量、勇气和把祖国建设得更加美好的承诺激励了无数美国人。"并列举事实加以引证:"当美国最终实现全民医保的时候,那肯定是因为她的大力推动;当我们的能源政策改弦易辙、儿童免于贫穷的时候,那肯定是因为她的不懈努力。因为她,我们的党、我们的国家变得更好。"他之所以赞颂希拉里,最终的目的其实就是为了更进一步增强对前面对民主党美好形象塑造的说服力。当然,这也进一步提升了他自身的形象,并表现出他心态端正、善于欣赏他人、发现他人长处,是一个能够虚心学习他人的人。

最后,奥巴马也对下一步的竞争对手——共和党的代表人麦凯恩给予了实事求是的肯定:"麦凯恩是一个英雄,他为美国服务了很多年。我钦佩他的精神以及他的许多成就,尽管他对我采取否定的态度。"说明麦凯恩是一个重实的人,同样是美国人民需要的。而"我们之间的分歧不是个人性质的,而是不同政策之间的"。一句,既把两人关系做出了谁都能接受的界定,也为以下的论辩——到底谁的主张代表了人民埋下了伏笔。

奥巴马在演讲中还将自己心系民众、眼观民生的一面淋漓尽致地展现在了民众的面前。并细致地阐述了民众如今面临的种种困苦,比如,"结束了一天课业之后还要上夜班却仍然支付不起她妹妹医疗费的学生";"像她这样的美国人已经无法在只关注健康人和有钱人的医疗制度下继续生活四年。她需要我们的医疗制度能够覆盖到每一个急需的人并降低普通家庭的保险费用"。"布什的经济政策没能够创造待遇良好的就业机会,没能够保障我们的工人,没能够帮助美国人支付天价的学费,反而是降低了普通美国家庭的实际平均收入水平,加大了华尔街与普通民众的贫富差距,让我们的孩子背上了巨额的债务。"而最重要的是,这些事实,不是来自某些资料或者道听途,而是他的亲身体验。奥巴马曾经为了人民的生活、医疗和司法做过许多有益的工作:"在我20多年参与公共事务的过程中,……曾与芝加哥南部的社区领袖们共

307

同奋斗,亲眼目睹了为争取良好就业和教育条件而实现的黑人、白人、拉丁人之间的关系缓和。我曾与执法及民权支持者坐在一起,讨论改革一项将13个无辜的人判为死罪的刑事司法制度。我曾与共和党的友人一道致力于为更多儿童提供健康保险,为更多工薪家庭提供减税,制止核武器扩散,确保每一个美国人都了解他们税款的去向。"在具体的阐述中,奥巴马自然也就一跃成为一名"一直致力于民众生活而又脚踏实地的人",相信任何一个民众都很难不被这样的演讲打动!

奥巴马的演说中,还有这样一段话:"我期待着两党之间的辩论。美国人民需要这样一场辩论,但不希望又经历一场充斥着恐惧、影射和分裂的选举……我的理由是,尽管我们分属民主党和共和党,但我们首先都是美国人,我们永远都首先是美国人。"这段话,让民众深刻地感受到了他的一颗火热之心,以及他把国家和人民的利益放在至高无上地位的思想!

在演说即将结束时,奥巴马对国家和人民的深情厚谊的表现已经达到了顶峰,于是内心的呼唤也跟着推向高潮:"美利坚,这是我们的时刻,这是我们的时代。是时候翻过旧的一页,是时候使用新能源和新观念以应对挑战,是时候为我们的祖国开辟新的方向……在这一刻——在这个时代——人们又团结在一起,重建这个伟大的民族,那里有最好的我们和我们最高的理想。"

当一幅美国人民所盼望、所欣赏的美丽的画卷展现在他们面前时,奥巴马又巧妙地使用了"我们"这个字眼,拉近了自己与选民之间的距离,更加证实了他不仅爱人民、为人民着想,而且将会永远依靠人民。这样一来,民众自然会觉得自己的地位被抬高了,让他们有了被尊重的满足感,所以也就更加相信奥巴马就是自己的代表人。

奥巴马的整个演讲不仅声情并茂、情深意长、收放自如,而且更加贴近民众,更善于用最平实直白的语言展现他的魅力和主张,更显得真诚,可见其功力深厚,技艺的高超,细细品味,还可以领悟鉴赏之外的更多东西,收获更多。抛开奥巴马发言的激情不说,仅分析他语言的特质,就已见出他功力非凡。奥巴马拥有的嗓音是所有的政客们都梦寐以求的,他所说的每一句话都是既权威又令人感觉舒适的。这声音会给人一种君临天下的错觉,所以才会有那么多的民众折服于他动人的声音魅力之下。奥巴马的声音不仅极具魅力,而且他在演说时的措辞也特别具有感染力,他的演讲给人以共鸣和节奏感,他抑扬顿挫的声音、卓越的语言技巧充满了炽热的能量,这些都足以轻松让选民引起共鸣,从而才能俘获许多美国民众的心。

在奥巴马当选之后,经常会听到有人说,奥巴马能坐上总统宝座,是凭借他卓越的演讲口才。甚至很多人都认为他出色的口才甚至可以与美国前总统林肯和黑人民权领袖马丁·路德·金的口才相媲美！如今，奥巴马语言的魅力不仅俘获了众多美国民众的心，甚至还漂洋过海到了全世界，掳获了民众的心。奥巴马充满魅力的演讲吸引了不少人的模仿，更在全球范围内掀起一场学习奥巴马口才的"奥巴马热"！